Les dossiers du DCEM

Collection dirigée par Richard DELARUE et Jean-Sébastien HULOT

D1407144

Hépato-gastro-entérologie

deuxième édition

Professeur André QUINTON
Professeur émérite – Université Bordeaux Segalen

Professeur Franck ZERBIB
CHU de Bordeaux – Service d'hépato-gastro-entérologie

Professeur Éric RULLIER
CHU de Bordeaux – Service de chirurgie digestive

Thierry LAMIREAU
PUPH – CHU de Bordeaux – Département de pédiatrie

ISBN 978-2-7298-7131-4

©Ellipses Édition Marketing S.A., 2012

32, rue Bargue 75740 Paris cedex 15

www.editions-ellipses.fr

AVANT-PROPOS

Les épreuves nationales classantes privilégient le raisonnement clinique sur les connaissances de bases à un encyclopédisme désordonné.

Le raisonnement clinique procède en quatre étapes : la réflexion à partir des données initiales (stratégie d'interrogatoire et d'examen clinique), la conduite des examens complémentaires (stratégie d'investigation), la conduite du traitement (stratégie thérapeutique), enfin les réflexions sur le pronostic.

Les dix premiers dossiers permettent d'expliciter et d'ordonner dans le domaine de l'hépato-gastro-entérologie les éléments de ces quatre étapes du raisonnement clinique. Il est donc préférable de commencer par eux et de les faire dans l'ordre.

Ensuite ces dossiers peuvent être abordés de façon aléatoire ; au gré du hasard et dans des situations différentes vous y retrouverez les différents schémas de réflexion. Dans plusieurs dossiers nous mettons à votre disposition de petits outils de base, les *représentations mentales* (ou *modèles*), qui, sont en quelque sorte les « portraits robots » auxquels il faut apprendre à confronter les données initiales.

Près de la moitié des dossiers méritent le qualificatif de transversaux, touchant à divers domaines de l'hépato-gastro-entérologie ou d'autres disciplines, et ce sans le moindre artifice didactique.

Bon travail, bon courage...

Et bonne chance.

REMERCIEMENTS

Aux Professeurs Hervé TRILLAUD et Yves GANDON qui ont mis à notre disposition des documents radiographiques.

Au Docteur SPAAK de MOOREA qui a mis à notre disposition l'observation qui fait l'objet du dossier 51.

PROGRAMME

TROISIÈME PARTIE. ORIENTATION DIAGNOSTIQUE DEVANT...

TABLE DES MATIÈRES (À COMPLÉTER)

RAISONNEMENT CLINIQUE[1]

*Gérer des hypothèses s'imposant à l'esprit
lors du recueil des données initiales,
conduire des investigations, traiter, établir un pronostic*

1. INTRODUCTION

Le raisonnement clinique désigne les processus mentaux qui permettent au médecin de porter un diagnostic, prescrire un traitement, établir un pronostic. Le médecin fait appel à trois éléments : les connaissances qu'il a en mémoire, le raisonnement qui les utilise, la conscience de ses limites.

- **Les connaissances mémorisées** portent sur les maladies, la physiopathologie, les moyens d'investigations, les traitements, plus globalement les stratégies diagnostiques et thérapeutiques :

  - celles qui utilisées fréquemment s'imposent automatiquement à l'esprit ;

  - celles utilisées occasionnellement ne sont accessibles qu'après un « *effort de mémoire* » ;

  - d'autres connaissances limitées à un nom ou une notion permettent néanmoins d'orienter les recherches dans des documents ressources (livres, CD-roms, internet) ou de faire appel à des spécialistes du sujet.

- **Le raisonnement :**

  - ce sont les indispensables réflexions sur les données pour résoudre un problème ;

  - les unes sont immédiatement organisées, car déjà mémorisées ; elles nécessitent tout au plus « *un petit effort de réflexion* » ; d'autres doivent être élaborées par un raisonnement déductif.

- **Avoir conscience de ses limites** permet d'évaluer les probabilités avec lesquelles nos connaissances mobilisées et notre raisonnement sont justes, *de savoir ce que l'on ne sait pas*. Ceci ressort de l'honnêteté intellectuelle et de la déontologie médicale.

---

1 Ce chapitre traite les items 3 « *le raisonnement et la décision en médecine...* », et 4 « *Évaluations des examens complémentaires dans la démarche médicale* » du module 1 du programme de la 2e partie du 2e cycle des études médicales.

Le texte qui suit comprend deux parties :

– des réflexions générales sur le diagnostic, le traitement, le pronostic ;

– l'exposé des étapes du raisonnement clinique.

La mémoire est un ensemble de « registres » mémoires en réseau parmi lesquels on distingue :

- **la mémoire sémantique**, celles des définitions, des descriptions, des cours, des stratégies établies ;
- **la mémoire autobiographique** portant sur des événements personnels, mais aussi sur les grands faits historiques ;
- **la mémoire des émotions**, des réactions affectives ;
- **la mémoire des gestes** (mémoire des habiletés, des habitudes).

Pour mémoriser au mieux les connaissances médicales il faut les ancrer dans les différentes mémoires, établir des liens entre elles, varier les situations d'apprentissage. Les stages hospitaliers apportent des expériences qui sont mémorisées simultanément dans la mémoire *des événements personnels* et celle *des émotions*. Ainsi en suivant un patient arrivé aux urgences avec une douleur thoracique, l'infarctus du myocarde devient plus l'histoire d'un patient que le n^e chapitre d'un polycopié ; c'est pourquoi tant que l'événement est proche, chargé d'émotion, il faut apprendre le chapitre correspondant au patient qui a suscité de l'intérêt, de l'émotion.

2. NOTIONS GÉNÉRALES SUR LE DIAGNOSTIC, LE TRAITEMENT, LE PRONOSTIC

Pour répondre à la demande du patient, être guéri ou soulagé, le médecin porte un diagnostic, prescrit un traitement, établit un pronostic.

Porter un diagnostic est un préalable à tout traitement, y compris la réalisation des gestes d'urgence, ce qui implique de distinguer le diagnostic nosologique du diagnostic décisionnel,

Porter un diagnostic nosologique est par exemple identifier un ulcère gastrique, un infarctus du myocarde. Cet acte précis est valorisé par les esprits se voulant cartésiens.

Le **diagnostic décisionnel est le niveau suffisant pour prendre une décision thérapeutique** (opérer une péritonite bien qu'on n'en connaisse pas la cause, traiter un œdème aigu du poumon sans encore connaître l'affection sous-jacente).

Porter un diagnostic implique aussi :

– d'établir des probabilités diagnostiques : en dehors du diagnostic certain (probabilité 100 %) **les degrés de probabilités d'hypothèses sont rarement** exprimables en **valeur absolue** ; on recourt habituellement aux **probabilités relatives**, en classant par ordre de fréquence (ou de gravité) les hypothèses sans donner de chiffre ;

– de distinguer les niveaux de précision diagnostique : **la notion de niveaux de précision** diagnostique est illustrée par la différence entre simplement énoncer qu'un patient a un cancer colique et préciser qu'il s'agit d'un cancer du sigmoïde de stade T3N2M0, soit son siège et sa place dans la classification TNM (*tumor* pour l'extension de la tumeur dans la paroi, *nodes* pour l'envahissement des ganglions lymphatiques, *metastases* pour l'existence ou non de métastases).

3. LES ÉTAPES DU RAISONNEMENT CLINIQUE
(schéma page suivante)

– **Étape clinique** qui conduit, soit à un diagnostic de certitude, soit à des hypothèses.

– Éventuellement **l'étape des examens complémentaires** pour assurer et préciser le diagnostic.

– **Prescription d'un traitement.**

– **Établissement du pronostic.**

Ces quatre actions complémentaires s'interpénètrent avec l'expérience.

Les observateurs des cliniciens qui désiraient informatiser la pensée médicale ont été déroutés par la plasticité de la pensée médicale : différents médecins arrivent aux mêmes résultats avec des algorithmes différents, un même médecin confronté à des situations paraissant identiques n'utilise pas toujours la même approche.

3.1. Étape clinique
où le médecin raisonne sur les hypothèses qui s'imposent automatiquement à lui (démarche hypothético-déductive)

Dès le premier contact avec le patient **la réflexion du médecin commence. Automatiquement** il traite les propos du patient (communication verbale) et ses messages non verbaux (son allure, son comportement, sa tenue vestimentaire, sa voix) **en les organisant**

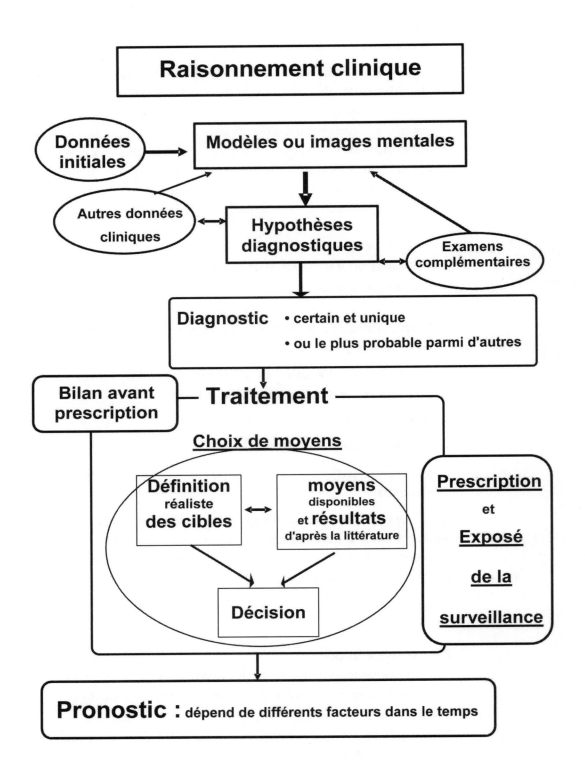

Raisonnement clinique

Données initiales → **Modèles ou images mentales**

Autres données cliniques ↔ **Hypothèses diagnostiques** ↔ **Examens complémentaires**

Diagnostic
- certain et unique
- ou le plus probable parmi d'autres

Bilan avant prescription — **Traitement** —

Choix de moyens

Définition réaliste **des cibles** ↔ **moyens** disponibles et **résultats** d'après la littérature

Décision

Prescription et **Exposé** **de la** **surveillance**

Pronostic : dépend de différents facteurs dans le temps

en ensembles qu'il compare à des modèles[1] **(ou représentations mentales)** précédemment mémorisés, qui s'imposent à sa conscience.

Ces modèles, simples ou complexes, **sont faits d'éléments sensibles** (visuels, auditifs, olfactifs, tactiles) **et de concepts** (exprimés par le langage) **dont le regroupement prend une signification**.

Tout médecin a des modèles qui lui permettent de reconnaître d'emblée une crise d'asthme, une varicelle, un syndrome parkinsonien, la description d'une douleur d'ulcère.

Les modèles sont indispensables pour orienter la recherche du diagnostic. **Sans modèle il est difficile, voire impossible, d'identifier un objet, une situation, un symbole.**

Exemple 1

Un homme de 40 ans, ne paraissant pas consommateur excessif d'alcool, consulte pour une dysphagie datant de quelques semaines et dont il désigne le siège, du plat de la main, comme rétro-sternale moyenne.

Ces premières données constituent un ensemble proche de deux modèles :

— modèle « *sujet jeune qui présente une dysphagie chronique* » évocateur d'achalasie ou de sténose peptique, avec une préférence pour la seconde hypothèse car le patient a tout de même 40 ans ;

— modèle « *dysphagie chronique du sujet alcoolo-tabagique* » évocatrice de cancer, mais ici notre patient n'a pas l'allure d'un alcoolique et on ne sait pas s'il fume.

Ces deux modèles conduisent donc à **trois hypothèses diagnostiques** *cancer, sténose peptique, achalasie,* qu'il va falloir explorer par l'interrogatoire et l'examen.

Spontanément le médecin exprime sa réflexion en termes d'hypothèses diagnostiques et non de représentations mentales, l'hypothèse étant plus synthétique et plus impersonnelle que la représentation mentale qui est une intime synthèse d'apprentissage livresque et d'expériences[2].

---

1 Le modèle mental est soit un simple élément d'orientation, soit très élaboré. L'enfant qui a vu des images d'animaux a acquis des modèles suffisants pour les reconnaître dès sa première visite d'un zoo. L'anthropologue identifie d'un coup d'œil un fragment d'os ou de poterie. Rien qu'en écoutant un moteur un mécanicien peut identifier l'origine du bruit anormal.

2 Dans cet ouvrage, les commentaires de dossiers présentent des modèles dont l'apprentissage *par cœur* vous donnera, au prix d'un modeste effort, une base de représentations mentales initiales de premier ordre pour la démarche diagnostique. Quant aux dossiers, eux-mêmes, lorsque vous vous les serez appropriés, ils seront devenus des « *modèles* » complexes.

Ayant reconnu les modèles et les hypothèses qui leur sont liées **le médecin interroge et examine le patient pour recueillir d'autres informations** affinant les poids respectifs de chaque hypothèse.

Les apports de la psychologie cognitive dans la compréhension de la façon dont les experts résolvent des problèmes.

Dans les années 1970, dans le but de reproduire avec l'ordinateur le raisonnement humain, toute une série de travaux ont porté sur la façon dont des experts résolvaient, chacun dans son domaine d'expertise, des problèmes. Au même titre que le raisonnement des joueurs d'échecs, des économistes, des mécaniciens, les raisonnements des médecins (raisonnement clinique) ont été l'objet de nombreuses études.

Il a été montré que **chez tout expert 4 et 6 représentations mentales pertinentes s'imposent à son esprit dans un délai très court** (en moyenne 20 secondes dans une étude chez les médecins). Ensuite c'est sur ces représentations mentales **que l'expert raisonne.**

Le champion d'échecs **reconnaît** sur l'échiquier une disposition des pièces qui va lui permettre de développer une stratégie mémorisée. Le **médecin identifie une situation clinique** qui se rapproche d'autres surgissant de sa mémoire et s'imposant à sa pensée ; plus ces situations sont pertinentes, plus son raisonnement sera rapide et juste.

En reprenant l'exemple précédent on va rechercher à l'interrogatoire des signes en faveur ou contre chacune des trois hypothèses, cancer, sténose peptique, achalasie.

Supposons qu'au terme de l'interrogatoire on ait appris que :

- le patient n'a jamais eu de pyrosis, ni de gastralgie ;
- la dysphagie est intermittente ;
- les liquides passent mieux que les solides (ce qui est le plus habituel)
- il n'y a pas de douleur thoracique ;
- le patient fume depuis longtemps et ne boit plus que modérément ;
- mais pendant plus de vingt ans il a été un consommateur excessif d'alcool (vin, bière, whisky).

La réflexion, ici synthétisée dans un tableau (où les items affectés du signe **+** sont favorables à l'hypothèse, ceux du signe **–** défavorables), se fait le plus souvent *mentalement* et permet de déduire que l'hypothèse de cancer est la plus probable, alors que celle de sténose peptique n'a plus qu'une faible probabilité. Le passé alcoolique et le tabagisme pèsent lourdement en faveur de l'hypothèse de cancer alors que l'impression initiale était fortement marquée par l'absence de signe d'alcoolisme actuel.

	Sténose peptique	Achalasie	Cancer	Spasmes diffus
Homme 40 ans	+	+		
Absence de consommation actuelle d'alcool	+	+		
Passé de consommation excessive d'alcool			+ + +	
Pas de pyrosis ancien	– – –			
Pas de gastralgies	–			
Dysphagie intermittente		+ +	+	+
Liquides passent mieux que les solides	+		+	
Pas de douleur	– –	+	+	–
Tabagisme			+ +	

Ensuite l'examen clinique orienté recueille des signes (mais aussi l'absence de signes) qui conduisent parfois à modifier le classement des hypothèses évoquées après l'interrogatoire. Dans l'exemple du patient de 40 ans dysphagique, compte tenu que notre interrogatoire est en faveur d'un cancer, on est particulièrement attentif à rechercher des signes qui traduiraient une extension cancéreuse : adénopathies sus-claviculaires gauches (ganglion de Troisier) ou gros foie dur métastatique.

Au terme de l'interrogatoire et de l'examen clinique on évoque un seul diagnostic ou plusieurs hypothèses diagnostiques qu'on classe par ordre de probabilité ou de gravité.

3.2 Étape de la stratégie de conduite des examens complémentaires
(Stratégie d'investigation)

Après la formulation d'un diagnostic ou de plusieurs hypothèses, la stratégie d'investigation vise à obtenir les informations nécessaires pour atteindre plus de précision, dans les meilleurs délais, avec la moindre pénibilité pour le patient, en maîtrisant les coûts.

Cette stratégie est :

– soit bien connue, quasi automatisée ;

– soit élaborée après quelques minutes de réflexion ;

– soit élaborée après une réflexion de quelques heures ou jours avec l'aide de sources documentaires ou de contacts avec des spécialistes.

Des stratégies sont conseillées à la suite de conférences de consensus, qui s'appuient sur des études cliniques, ou par des comités d'experts. On parle de médecine basée sur les preuves (*evidence based mede-*

cine), des Recommandations et Références médicales du Guide de l'Assurance-maladie, de « guide-lines », des SOR (standards, options et recommandations) des centres anti-cancéreux. La limite est que ces textes ne portent que sur une partie de l'activité médicale et que l'évolution rapide des connaissances les rend vite obsolètes.

Toute investigation apporte des informations, mais est pour le malade une contrainte, un désagrément, voire un danger, et a un coût pour le malade et la société.

En demandant un examen complémentaire il faut s'imposer des règles :

- **la demande doit avoir un but précis**, d'intérêt pratique et/ou scientifique, et il faut avoir conscience de son niveau d'utilité (indispensable, utile, ou superflu et donc à éviter) ;

- **connaître les inconvénients et risques** de l'examen ;

- **connaître ses qualités informationnelles diagnostiques** (sensibilité, spécificité, valeurs prédictives positive et négative, même approximativement) ;

- **connaître le coût**.

Exemple 2
Un homme de 52 ans présente depuis quelques jours du sang en allant à la selle alors qu'il ne souffre de nulle part.

On peut décomposer la démarche diagnostique :

- les représentations mentales ;

- les données de l'interrogatoire orienté ;

- la stratégie d'investigations.

Les représentations mentales : si on a en tête les deux modèles suivants

- Adulte de plus 40 ans – rectorragie isolée
  - hémorroïdes
  - cancer du rectum ou du sigmoïde
- Adulte de moins de 40 ans, coliques et diarrhée sanglante, pas de fièvre
  - recto-colite hémorragique le plus souvent
  - cancer colique rarement

On sait que les deux premières hypothèses sont l'une « hémorroïdes » et l'autre « cancer du rectum ou du sigmoïde » si les rectorragies sont isolées, mais qu'on pourrait aussi évoquer une recto-colite hémorragique si on a en fait une diarrhée sanglante.

L'interrogatoire recherche d'autres éléments pour ou contre chacune des hypothèses.

Supposons qu'il s'agisse de sang rouge survenant lors de l'émission de selles. L'émission de sang éclabousse-t-elle la cuvette des WC ? La réponse du patient peut rester évasive s'il n'a pas porté attention à ce point. Positive, elle serait en faveur d'un saignement hémorroïdaire ; négative, elle ne l'exclurait pas.

Par ailleurs le patient n'a pas d'autre saignement.

Supposons qu'un interrogatoire systématique ne nous ait rien apporté : le patient a un transit régulier, il est en bonne forme.

La stratégie d'investigations

- **Les moyens** : trois actes sont possibles : l'examen anal avec anuscopie, la rectoscopie, la coloscopie.

  - **L'examen anal et l'anuscopie** son réalisables au cabinet, peu coûteux. La limite est que l'examen ne porte que sur la marge anale, le canal anal, et le bas rectum.

  - **La recto-sigmoïdoscopie** (ou coloscopie courte sur au plus 60 cm), plus complexe, a l'avantage de permettre, d'abord l'examen de la marge anale et du canal anal, puis celui du rectum, du sigmoïde et de la partie basse du côlon descendant. Elle nécessite que le patient soit examiné par un gastro-entérologue. La vacuité du bas intestin est nécessaire pour l'examen, ce qui implique que le patient se fasse un lavement évacuateur au moins une heure ou deux avant. L'examen peut être un peu douloureux et comporte un risque de perforation (2 à 5 pour 1 000). Par contre il est réalisable dans le simple contexte d'une consultation.

  - **La coloscopie** (longue ou complète), permettant l'exploration de tout le côlon, est complexe : nécessité d'anesthésie générale (donc d'une consultation d'anesthésie une semaine avant), d'une hospitalisation d'une journée, d'une purge pour éliminer toutes les matières de l'intestin, et, comme pour l'examen précédent, risque de perforation colique.

- **La stratégie d'investigation chez ce patient précis est la suivante.**
L'examen anal et l'anuscopie sont les premiers à effectuer par leur simplicité. Si on met en évidence des hémorroïdes encore suintantes de sang et l'absence de sang dans l'ampoule rectale, il est raisonnable de s'en tenir là.

Si l'examen anal et l'anuscopie ne permettent pas d'affirmer le diagnostic il faut passer à un autre examen.

Deux solutions sont possibles, à discuter avec le patient.

  - **La coloscopie courte peut suffire** :
    - soit elle permet d'observer un polype ou un cancer, ou des signes de recto-colite hémorragique ;

- soit elle ne montre pas de lésion susceptible de saigner dans le rectum, le sigmoïde et le bas du côlon descendant, mais, étant donné que le patient présente du sang rouge à l'émission des selles, on peut estimer par déduction que le saignement a été d'origine hémorroïdaire.

- **Une coloscopie longue** n'est pas justifiée si on s'en tient à la notion de rectorragie isolée de son contexte.
  Par contre elle devient logique chez ce patient de 52 ans : lui faire une coloscopie est aussi permettre une exploration colique dans le cadre d'un dépistage individuel de tumeur recto-colique.

L'affaire est à discuter avec lui.

3.3 Étape de la stratégie thérapeutique
incluant la stratégie des examens complémentaires nécessaires pour une discussion thérapeutique

Les phases de cette étape, réflexion, prescription, organisation du suivi, sont plus ou moins rapides et aisées selon l'affection en cause, le terrain, les moyens thérapeutiques, les enjeux du traitement.

3.3.1 L'indispensable réflexion avant la prescription fait intervenir plusieurs éléments

- **la définition des cibles** en décomposant l'objectif général (guérir ou soulager) en éléments concrets accessibles au(x) traitement(s) et **l'explicitation du résultat attendu** : guérison, amélioration, stabilisation, simple ralentissement d'un processus morbide ;

- **une revue des moyens disponibles** avec leurs avantages, inconvénients et résultats possibles ;

- **un bilan pré-thérapeutique** peut être nécessaire pour préciser les indications d'un traitement, ses limites et ses risques. C'est le cas du bilan d'extension des cancers, des bilans pré-opératoires.

Cette réflexion est complexe, la pensée parcourant un réseau d'informations en allant de l'un à l'autre de ces éléments. Exposer ce raisonnement n'est possible qu'à son terme.

3.3.2 La prise de décision : la rédaction d'une prescription

Au minimum il s'agit de conseils sur le mode de vie, l'hygiène alimentaire.

Souvent c'est la rédaction d'une **ordonnance** *« dans la forme et les termes où elle serait remise à un malade »*.

Il peut s'agir de prescriptions destinées à une infirmière (cas d'un programme de réhydratation).

Enfin ce peut être l'établissement d'un programme thérapeutique complexe.

3.3.3 Les éléments de la surveillance

La surveillance a pour buts d'estimer l'efficacité du traitement, prévenir et détecter les effets secondaires. Elle est clinique, éventuellement aidée par des examens complémentaires.

Exemple 3 : traitement d'une colopathie fonctionnelle

Une femme de 46 ans présente depuis quelques années des sensations de ballonnements intestinaux, quelques douleurs du flanc et de la fosse iliaque gauche, une constipation, allant à selle une ou deux fois par semaine. Il y a un an elle a passé une coloscopie qui a été normale.

L'origine fonctionnelle des troubles repose sur le fait qu'ils sont anciens, qu'il n'y a pas de signes inquiétants (pas de rectorragie, pas de faux besoin), enfin qu'un an auparavant une coloscopie n'a montré aucune lésion.

Réflexion avant la prescription

Les cibles sont la régularisation du transit, la disparition des douleurs et du ballonnement. Il est peu probable que le résultat obtenu se pérennise en l'absence de poursuite de traitement.

Le résultat attendu est au minimum une amélioration. Néanmoins si le contexte de vie est difficile, si la patiente est très anxieuse, ou tendue, il est possible qu'on n'arrive pas à faire disparaître les troubles. Les troubles fonctionnels intestinaux sont chroniques.

Les moyens disponibles sont nombreux.

— **Le régime alimentaire** intervient par l'apport des aliments végétaux dont les fibres facilitent le transit ; mais les végétaux sont aussi le substrat des fermentations qui produisent des gaz, ce qui est un inconvénient chez un patient ballonné. L'apport de fibres se fera donc par les mucilages, alors qu'on limitera l'apport des fibres par l'alimentation.

— **Les mucilages**, fibres ayant une forte hydrophilie et non utilisées par les bactéries, constituent un laxatif de lest. On donne ici du TRANSILANE.

— **Les antispasmodiques** diminuant l'intensité des contractions coliques, donc les douleurs. On donne ici du DICETEL.

– **Un autre laxatif** peut être ajouté. La préférence ira à l'huile de paraffine qui agit comme lubrifiant et est bien tolérée ; on donne ici de la LANSOYL gelée. En cas d'échec du traitement laxatif par mucilage et paraffine on pourra utiliser un laxatif osmotique. Par contre le recours à un laxatif de contact est exclu, ce type de médicament étant indiqué dans les constipations avec hypotonie colique.

Prescription

Docteur LE TUYO   Bordeaux 3 octobre 2002

Mme Esther LABUL

    DICETEL
    1 comprimé avant les repas de midi et du soir

    LANSOYL gelée
    1 cuillerée à soupe avant le repas de midi

    TRANSILANE
    1 cuillerée à soupe dans un verre d'eau
    après le repas du soir

Traitement pour un mois.

On explique par ailleurs à la patiente qu'elle doit éviter les aliments comportant de grosses fibres (choux, choux-fleurs, poireaux, haricots, céleri, fruits à peaux et pépins). Elle peut prendre des carottes râpées, de la salade cuite, des fruits mûrs en laissant la peau.

Suivi

Les médicaments prescrits ne nécessitent pas de surveillance particulière ; néanmoins on demande à la patiente de reprendre contact si quelque chose n'allait pas.

La patiente sera revue dans un mois. On peut penser que son état sera amélioré ; elle devrait ne plus souffrir, aller plus régulièrement à selle, être moins gênée par des ballonnements.

S'il en est ainsi on pourra élargir son régime alimentaire, arrêter les antispasmodiques et la paraffine. Par contre il faudra poursuivre les mucilages.

À terme il est possible qu'elle n'ait plus besoin de médicament.

C'est un acte à trois volets :

– **scientifique** : prévision et anticipation des événements susceptibles de survenir ;

– **humain** : information du patient sur sa maladie et son traitement ;

– **social** : aider le patient à se situer dans la société.

3.4.1   Acte scientifique : anticipation des événements susceptibles de survenir

Faire un pronostic est toujours difficile car il faut tenir compte des probabilités d'évolution à partir des connaissances générales sur la maladie, des données propres au malade, des résultats attendus et des inconvénients des traitements.

On identifie d'abord les facteurs du pronostic et on en fait une synthèse pertinente.

On imagine ensuite leur évolution dans le temps, **les quatre temps possibles du pronostic** étant « immédiat », « à court terme », « à moyen terme » et à « long terme ». Selon les cas il faut s'intéresser au pronostic immédiat (situation d'urgence) et à court terme, ou au contraire n'aborder que le pronostic à moyen et long terme. **Il n'y a pas de règle et pour chaque cas il faut expliciter ce qu'on entend par court, moyen et long terme.**

Cette réflexion permet d'estimer ce qui va se passer et de réfléchir à la quantité et à la qualité d'informations qui seront données au patient.

3.4.2   L'information du patient, acte humain, l'éclaire sur son avenir[1]

Le texte de l'**article 35 du Code de déontologie médicale** expose clairement l'importance de cette étape.

Le médecin doit à la personne qu'il examine, qu'il soigne, ou qu'il conseille, une information loyale, claire et appropriée sur son état, les investigations et les soins qu'il lui propose. Tout au long de la maladie, il tient compte de la personnalité du patient dans ses explications et veille à leur compréhension.

Toutefois dans l'intérêt du malade et pour des raisons légitimes que le praticien apprécie en conscience, un malade peut être tenu dans l'ignorance d'un diagnostic ou d'un pronostic graves, sauf dans les

---

1   L'information du patient est un des éléments de l'item 6 « *Le dossier médical. L'information du malade. Le secret médical* » du module 1

cas où l'affection dont il est atteint expose les tiers à un risque de contamination.

Un pronostic fatal ne doit être révélé qu'avec circonspection, mais les proches doivent en être prévenus, sauf exception ou si le malade a préalablement interdit cette révélation ou désigné les tiers auxquels elle doit être faite.

Le pronostic sera actualisé en fonction des résultats obtenus avec le traitement.

L'information du patient est une forte préoccupation des médecins, des patients et des juristes, et l'objet de nombreux débats. La loi de mars 2002 sur l'accès direct du patient à son dossier médical en est une illustration.

3.4.3 Le pronostic est un acte social

Un certain nombre d'actes concrétisent un pronostic :

- fixer une durée d'arrêt de travail, un niveau de prise en charge ;

- donner au patient les indications nécessaires pour qu'il puisse faire des choix dans l'organisation de sa vie familiale, profession-nelle, sociale, parfois aborder la phase de « *mettre ses affaires en ordre* » ;

- éventuellement le pronostic peut avoir un retentissement public, ayant des conséquences sur l'organisation d'une entreprise, d'un service, d'une association.

Exemple 4

Un homme de 36 ans vient de faire une poussée de pancréatite aiguë qui a nécessité dix jours d'hospitalisation ; cette PA a été révélatrice d'une pancréatite chronique d'origine alcoolique. Le patient est encore fatigué mais ne souffre plus.

C'est un homme dont la consommation d'alcool était, jusqu'ici, importante : apéritif tous les soirs, un demi-litre de vin à table, volontiers quelques bières dans la journée.

Il est architecte, travaille dans un cabinet d'études où il est apprécié pour sa créativité.

Il s'est marié il y a trois ans, a une petite fille de deux ans. Il a quelques diffi-cultés financières ayant fait un emprunt pour acheter un appartement.

Prévision et anticipation des événements susceptibles de survenir

• Facteurs du pronostic

C'est un homme jeune n'ayant jamais eu de maladie grave. Il n'y a donc aucune tare viscérale susceptible de grever le pronostic.

Les 2 grands facteurs de pronostic sont la maladie pancréatique et la consommation d'alcool.

La pancréatite aiguë a été une « poussée de pancréatite aiguë révélatrice d'une pancréatite chronique ».

- Si le patient devient abstinent, la maladie pancréatique peut arrêter d'évoluer.

- Si, au contraire, il continue à prendre de l'alcool, la maladie pancréatique suivra son cours :

    - avec à court et moyen termes le risque de nouvelles poussées de pancréatite aiguë, avec complication possible par un pseudo-kyste du pancréas (avec possibilité de compression cholédocienne, duodénale, voire vasculaire) ;

    - à long terme risque d'insuffisance pancréatique exocrine (stéatorrhée) et endocrine (diabète), à l'origine de dénutrition.

En ce qui concerne la consommation d'alcool il faut déterminer si le patient est simplement un consommateur excessif ou s'il est alcoolo-dépendant.

S'il est consommateur excessif une explication détaillée des risques est susceptible de l'inciter à arrêter toute consommation d'alcool. S'il est alcoolo-dépendant l'affaire sera plus complexe, nécessitant une prise en charge longue et difficile. Il y a cependant plusieurs facteurs favorables : le patient a un métier valorisant, il est marié et a un enfant.

Si le patient arrête sa consommation d'alcool, la maladie pancréatique n'évoluera plus. Dans le cas contraire la pancréatite évoluera et d'autres conséquences de l'alcoolisme pourront être observées : encéphalopathie et neuropathie périphérique, stéatose et hépatite alcoolique, puis cirrhose, et à long terme cancer du foie, enfin cancers des voies aéro-digestives supérieures.

En outre l'alcoolisme peut compromettre sa vie professionnelle, sociale, familiale, être à l'origine d'accidents.

- **Le pronostic dans le temps**

À court terme (trois mois) c'est le risque d'une nouvelle poussée de pancréatite aiguë, surtout si le patient reprenait sa consommation d'alcool.

À moyen terme (un an) le pronostic est celui du comportement vis-à-vis de l'alcool : soit arrêt définitif de toute consommation, soit poursuite.

À long terme le pronostic est excellent si le patient réussit à arrêter l'alcool. En cas de poursuite de son intoxication il est exposé :

- dans les dix ans qui viennent à présenter de nouvelles poussées de pancréatite aiguë, à faire des accidents nerveux (delirium tremens) ;

- plus tard à présenter des signes d'insuffisance pancréatique, une cirrhose ;

- et dans une vingtaine d'années un cancer des voies aéro-digestives supérieures.

- **L'information du patient**

L'information du patient est déterminante pour son avenir. Elle consiste à lui exposer en termes simples ce qui précède.

- **Acte social**

Le patient peut bénéficier d'un arrêt de travail de deux semaines.

La reprise d'activité doit se faire le plus rapidement possible pour que le patient retrouve son milieu de travail et y reprenne sa place et ses dossiers.

4. CONCLUSION

Cette présentation du raisonnement clinique est ce à quoi il faut tendre, même si la pratique peut donner le sentiment que les choses sont plus simples.

Chacun peut relever ses dysfonctionnements et ceux des autres. Des démarches diagnostiques sont aberrantes parce que les modèles mentaux mobilisés sont inappropriés. Des examens complémentaires sont redondants ou inutiles, par manque de réflexion et de réelle stratégie d'investigation. Des traitements défient le bon sens par l'accumulation de prescriptions inutiles. Des propos tenus au malade sont sommaires et le conduisent à douter de tout ce qui lui est dit quand il constate que rien ne se déroule comme on le lui a annoncé.

Acquérir cette démarche n'est pas aisé et nécessite des efforts : apprendre lors des stages en confrontant la pratique aux textes des livres, s'exercer dans les enseignements dirigés et les conférences, « *s'entraîner à faire des cas cliniques* ».

Remarque : Les exemples pris se réfèrent à des items du programme :

- Exemple 1 : item 308 *Dysphagie*
- Exemple 2 : item 205 *Hémorragies digestives*
- Exemple 3 : item 224 *Colopathies fonctionnelles*
- Exemple 4 : item 268 *Pancréatite aiguë*

REMARQUES GÉNÉRALES
SUR LES GRILLES DE CORRECTION ET LA NOTATION

GRILLE DE CORRECTION

La notation de milliers de dossiers relève de la seule responsabilité du jury de correction, néanmoins soumis à quelques règles édictées par le CNCI (et qui peuvent donc évoluer). Les membres du jury, répartis en autant de groupes qu'il y a de dossiers cliniques différents (actuellement 9), connaissent les enjeux et tiennent à effectuer les corrections avec le maximum d'équité.

Établir la grille de correction est la première tâche d'un groupe de correcteurs. Ils procèdent en sorte que la correction permette de distinguer les items importants tout en évitant une grille trop longue. Selon les dossiers et les jurys, le nombre d'items retenus est très variable. Le jury recherche la meilleure solution pour distinguer le nombre d'items nécessaires à une notation objective et la durée de la correction. Ainsi informés les candidats doivent plus axer leurs efforts sur une rédaction pertinente que dans l'étalage d'une foule de données qui ne figureront pas dans une grille car d'intérêt minime.

L'établissement de la grille est un processus long (plusieurs heures), objet d'un débat mené par des spécialistes du sujet mais dans lequel interviennent largement les autres membres du groupe. La grille est donc issue d'un consensus multidisciplinaire, chaque membre du groupe de correction ayant été convaincu de la pertinence des items.

Par item il faut entendre l'entité qui est notée. Elle est constituée d'un seul concept ou de plusieurs (chacun étant alors mineur). Ces concepts sont souvent exprimés par des termes ou expressions précises consacrés par l'usage (les fameux mots clés), mais pas exclusivement, les synonymes étant aussi retenus.

Tout auteur de dossier clinique adressé au CNCI le remet avec des indications sur ce qu'il attendrait comme réponses et sa grille de correction. Mais le groupe de correction ne prend connaissance de ces indications qu'après avoir élaboré sa propre grille pour rester dans la situation des candidats en ce qui concerne la compréhension des textes du cas clinique et des questions. Le jury de correction n'est pas tenu par les indications et la grille de l'auteur du dossier.

NOTATION

La notation porte sur 100 points répartis entre les items.

Le poids d'un item est très variable : nombre sont des poids plume (1 point), mais d'autres des poids lourds (de 10 à 15 points par exemple). Ces « poids lourds » ne sont pas nécessairement les concepts connus de tous : des connaissances plus précises connues de quelques uns, une expression juste pour définir une attitude, peuvent être des poids lourds. Il s'agit d'items discriminants qui améliorent la qualité du classement.

Zéro à une question

C'est l'omission de ce que tout le monde doit savoir ou l'irruption d'une énorme sottise qui font donner zéro... à la réponse (curieuse habitude qui fait dire et écrire zéro à la question !). Ainsi des items, poids plume en apport de points, peuvent, absents, devenir les boulets qui font plonger une copie.

Points de valorisation (ou de bonus)

Tout correcteur reste frappé par la qualité d'exposition de certains candidats : excellente compréhension du sujet, expressions justes, adroit compromis entre l'irritant style télégraphique et l'insupportable verbiage, écriture lisible et bonne mise en page. Au terme d'une correction on est surpris qu'en suivant une grille « fermée » ce bon candidat ne soit pas distingué par une meilleure note.

Ces expériences de correcteurs sont à l'origine des points de valorisation qui peuvent être « réservés » par un groupe de correction pour l'ensemble du dossier ou dans une question plus importante et complexe que les autres.

CORRECTION

Les dossiers sont répartis entre des binômes de correcteurs, chaque dossier bénéficiant d'une double correction.

Les membres d'un même groupe de correction sont réunis mais corrigent de façon individuelle, reportant directement sur ordinateur les points qu'ils attribuent à chaque item. Il n'y a pas de possibilité d'erreur de saisie, seules les touches numériques, annuler et valider, du clavier étant accessibles.

Pour ne pas être particulièrement enthousiastes à passer plusieurs journées de suite à corriger matin, après-midi et soirée, avec des pauses café d'une dizaine de minutes, les correcteurs n'en font pas moins le travail avec attention et rigueur.

Les informations étant centralisées en direct la progression des corrections sont suivies continuellement, de même que les distributions des notes de chaque correcteur et de chaque groupe de correction. En cas d'écarts marqués entre deux correcteurs faisant partie d'un même binôme ceux-ci sont invités à revoir ensemble les copies où ils diffèrent.

M. David F., 38 ans, anxieux, présente depuis quelque trois semaines une difficulté à avaler.

On laisse parler le patient et on recueille ainsi plusieurs données. La sensation d'obstacle siège au niveau de l'appendice xiphoïde. La gêne n'est pas régulière, certains repas passant sans difficulté. Les liquides passent mieux que les solides, mais même pour boire le patient est parfois gêné. De temps en temps il ressent une sensation de brûlures dans la poitrine : en disant cela, il désigne la partie haute de la région thoracique, en avant du sternum. Parfois il lui arrive de rejeter des aliments, « *comme ça, d'un coup, sans effort* ». Avant il lui était arrivé occasionnellement, en général à la suite de repas particulièrement importants, d'avoir des brûlures d'estomac. Une nuit il avait d'ailleurs été réveillé par des brûlures épigastriques avec « *une remontée d'acide* » qui lui avait piqué la gorge.

Il avait pris du poids (environ 7 kg) dans les mois qui précèdent, mais a récemment perdu trois kilos. Pour une taille de 1,77 m il pèse 90 kg.

Contexte :

– M. F. a des soucis. Négociant en vins il a perdu récemment un marché important et doit se démener pour retrouver l'équivalent.

– Il fume une dizaine de cigarettes par jour, un cigare de temps en temps. Il boit de façon irrégulière : en général au moins deux verres de vin à table. Son métier le conduit à des réunions ou des discussions qui se passent dans un contexte d'alcoolisation, certes professionnelle.

– Il est marié, a trois enfants.

Antécédents :

– Une pleurésie à 18 ans qui avait été traitée plusieurs mois par des antibiotiques.

– Une sévère entorse du genou qui avait fini par nécessiter une intervention chirurgicale il y a une dizaine d'années.

Question 1

Compte tenu de ces données, avant même de reprendre l'interrogatoire et de poser des questions, avant d'examiner ce patient, vous avez des hypothèses diagnostiques. Énumérez ces hypothèses, puis reprenez chacune en expliquant pourquoi elle est venue à votre esprit et en indiquant quels points d'interrogatoire vous feriez préciser.

Question 2

Compte tenu de vos hypothèses, décrivez sommairement votre examen clinique en précisant les points qui vous semblent les plus importants. *physique*

Question 3

Votre examen clinique vous montre un foie débordant de trois centimètres le rebord costal, mais plus mou que ferme. Comment interprétez-vous cette donnée?

Exposez votre stratégie globale d'investigation (à visée seulement diagnostique) en justifiant tout examen complémentaire et en décrivant les résultats qu'il peut apporter.

Retenez l'hypothèse diagnostique qui vous paraît la plus probable (pour faciliter la correction énoncez à nouveau cette hypothèse) pour répondre aux questions 4 et 5.

Question 4

Exposez le(s) mécanisme(s) de cette affection et de la dysphagie.

Question 5

Exposez les moyens possibles pour traiter la dysphagie.

GRILLE DE CORRECTION

Compte tenu de ces données, avant même de reprendre l'interrogatoire et de poser des questions, avant d'examiner ce patient, vous avez des hypothèses diagnostiques. Énumérez ces hypothèses, puis reprenez-les en expliquant pour chacune pourquoi elle est venue à votre esprit et en indiquant quels points d'interrogatoire vous feriez préciser.

- Énumération des hypothèses: œsophagite peptique, cancer de l'œsophage ou de l'estomac, achalasie
- Reprise de chaque hypothèse:
  argumentation, stratégie d'interrogatoire:
  - œsophagite peptique avec sténose:
    - en faveur les nombreux symptômes évocateurs de l'observation .... 3 points
    - (notion de RGO avec pyrosis, dysphagie prédominant sur les solides)
  - cancer de l'œsophage:
    - cancer glandulaire, complication à long terme d'une œsophagite .... 5 points
    - cancer épidermoïde chez un fumeur peut-être consommateur excessif d'alcool .... 4 points
    - préciser l'ancienneté de la consommation de deux toxiques .... 3 points
  - cancer de l'estomac:
    - un cancer glandulaire de la partie haute de l'estomac est plausible .... 2 points
  - achalasie:
    - le caractère capricieux de la dysphagie est le seul élément pouvant faire évoquer cette hypothèse .... 3 points

→ *Introduire d'autres hypothèses sans une argumentation crédible expose à perdre la totalité des points en cas d'absurdité... perdant ainsi le bénéfice d'avoir formulé des hypothèses pertinentes.*

Compte tenu de vos hypothèses, décrivez sommairement votre examen clinique en précisant les points qui vous semblent les plus importants.

- L'examen recherche plus précisément:
  - des signes d'extension néoplasique .... 5 points
    - épanchement pleural, toux, ganglion de Troisier, gros foie dur
  - des signes d'intoxication alcoolique:
    - parotidose, modification du teint du visage (visage bouffi, faciès grisâtre ou vultueux) trémulation des extrémités .... 2 points
    - un gros foie d'hépatopathie alcoolique .... 3 points
    - des signes neurologiques: tremblement des extrémités, crampes des mollets, hyper ou hyporéflexie tendineuse .... 5 points

Votre examen clinique vous montre un foie débordant de trois centimètres le rebord costal, mais plus mou que ferme. Comment interprétez-vous cette donnée ?

Exposez votre stratégie globale d'investigation (à visée seulement diagnostique) en justifiant tout examen complémentaire et en décrivant les résultats qu'il peut apporter.

- ▪ Le gros foie mou fait évoquer une stéatose
  (alcoolisme et surcharge pondérale).................................... 5 points
- → *Exposez votre stratégie globale d'investigation (à visée*
  seulement diagnostique) en justifiant tout examen
  complémentaire et en décrivant les résultats qu'il peut apporter.
- ▪ À visée diagnostique la stratégie d'investigation
  se limite à une fibroscopie et un bilan biologique :
  - • la fibroscopie peut montrer :
    - — une œsophagite (muqueuse rouge
      ± enduits pultacés ± érosions) .... 2 points
    - — une sténose peptique centrée
      (franchissable ou non) .... 2 points
    - — au-dessous de la sténose on verrait
      un endobrachy-œsophage .... 3 points
    - — éventuellement une hernie hiatale............................... 2 points
    - — un cancer en muqueuse malpighienne .... 2 points
    - — un cancer en muqueuse glandulaire .... 2 points
    - — un cancer du cardia .... 2 points
    - — des signes d'achalasie : stase œsophagienne
      sans anomalie pariétale, passage dans l'estomac
      impossible ou avec ressaut .... 2 points
    - — mais peut-être aussi des varices œsophagiennes
      du fait du terrain .... 2 points
    - — une endoscopie normale est possible
      (achalasie au début) .... 1 point
  - • le bilan biologique recherche :
    - — les signes d'alcoolisme : macrocytose globulaire .... 1 point
    - — élévation des gamma-GT .... 1 point
    - — une cytolyse avec rapport ASAT/ALAT > 1 .... 1 point
    - — une insuffisance hépatique : taux bas de TP
      et d'albumine... 1 point
    - — une élévation des triglycérides .... 1 point
  - • une échographie (un scanner) pour explorer le foie
    (confirmer la stéatose et éliminer des métastases).............. 5 points
- → *Une demande d'examen inappropriée et sans la moindre*
  justification crédible (pH-métrie, manométrie, écho-endoscopie,
  etc.) peut faire perdre la totalité des points.

Retenez l'hypothèse diagnostique qui vous paraît la plus probable (pour faciliter la correction énoncez à nouveau cette hypothèse) pour répondre aux questions 4 et 5.

Exposez le(s) mécanisme(s) de cette affection et de la dysphagie.

- **L'hypothèse la plus probable est l'œsophagite peptique avec sténose**
- **Les mécanismes sont :**
  - défaillance de la barrière anti-reflux en général :
    - hypotonie du sphincter inférieur de l'œsophage .... 3 points
    - augmentation des relaxations transitoires du sphincter inférieur de l'œsophage .... 2 points
  - associée éventuellement à une hernie hiatale .... 3 points
  - le reflux acide lèse la muqueuse malpighienne remplacée par de la muqueuse glandulaire .... 5 points
  - l'inflammation génère la sténose .... 3 points
  - la muqueuse glandulaire peut être le siège d'un cancer .... 4 points
- → *Ce sont donc les mécanismes du RGO et de la sténose peptique qui sont attendus. Néanmoins une présentation correcte de la physiopathologie du cancer ou de l'achalasie, peut apporter la moitié des points (soit 10 points) si l'erreur d'orientation est présentée de façon acceptable.*

Exposez les moyens possibles pour traiter la dysphagie.

- **Le traitement médical de l'œsophagite par IPP peut suffire si la sténose est lâche, sans fibrose .... 5 points**
- **Dilatation par bougies si la sténose est fibreuse, serrée .... 5 points**
- → *Proposer le traitement chirurgical du RGO par fundoplicature n'apporte pas de point. En revanche proposer une résection du bas œsophage avec anastomose donne zéro à la question et ne permettrait pas de bénéficier des points de bonus qui pourraient être réservés par le jury pour valoriser une bonne compréhension du dossier.*

COMMENTAIRES

Une grande partie de ce dossier porte sur la réflexion à partir des données initiales avec la stratégie d'interrogatoire et d'examen clinique (voir au début de l'ouvrage le chapitre sur le Raisonnement clinique).

La dysphagie est souvent le premier motif de consultation chez des patients présentant un reflux gastro-œsophagien jusque-là peu ou pas symptomatique.

Question 1

Compte tenu de ces données, avant même de reprendre l'interrogatoire et de poser des questions, avant d'examiner ce patient, vous avez des hypothèses diagnostiques. Énumérez ces hypothèses, puis reprenez-les en expliquant pour chacune *pourquoi **elle est venue à votre esprit*** et en indiquant quels points d'interrogatoire vous feriez préciser.

Question 2

Compte tenu de vos hypothèses, décrivez sommairement votre examen en précisant les points qui vous semblent les plus importants.

Ces questions portent sur la stratégie d'interrogatoire et d'examen clinique à partir des **données initiales qui ont du sens** si elles suscitent chez le médecin **l'émergence** dans sa mémoire de **modèles**.

Voici six modèles sur les dysphagies. Ils sont présentés de la façon suivante :

- en *caractères italiques* le regroupement de données initiales constituant le modèle ;
- en caractères standard les hypothèses diagnostiques auxquelles il conduit ; les retraits soulignent la hiérarchie des hypothèses.

- *Personne jeune – dysphagie chronique*
    - achalasie
    - sténose peptique
- *Dysphagie chronique – passé de pyrosis*
    - sténose peptique
- *Dysphagie chronique mais récente – alcoolo-tabagisme*
    - cancer œsophagien
- *Dysphagie chronique – toux à la déglutition*
    - fausse route
    - fistule œso-bronchique
- *Vieillard – dysphagie haute chronique – ni alcoolisme ni tabagisme*
    - diverticule de Zenker (= spasme du sphincter supérieur de l'œsophage)
- *Dysphagie brutale et douloureuse au cours d'un repas*
    - corps étranger alimentaire ou dans les aliments
    - possibilité que l'incident révèle une sténose lâche (par néo ou sténose peptique)

En hépato-gastro-entérologie l'interrogation « *chez ce patient ai-je affaire à un cancer ?* » est un appel lancinant auquel on répond implicitement en fonction de données et d'expériences diverses.

Pour en revenir à l'histoire de M. David F., la **question 1** ne porte pas sur « les causes de dysphagie » en général, mais sur les causes possibles chez ce patient. Il serait donc absurde de plaquer ici le catalogue des dysphagies en partant du principe que l'auteur du cas peut dissimuler une information importante (par exemple que dans les antécédents il y a une sténose caustique ou une gastrectomie pour cancer !). Le point de départ de la réflexion est d'évoquer les trois premiers modèles.

La **question 2** fait expliciter les éléments importants d'un examen clinique qui, en pratique, n'est jamais « complet » (ce qu'on trouve écrit trop souvent et n'a guère de sens). L'examen est guidé par les hypothèses diagnostiques et la rigueur qu'on s'impose pour une approche globale sans être exhaustive.

La **question 3** porte sur la stratégie d'investigation. Il est évident que tout le monde pense à la fibroscopie ; par contre il est important de préciser ce qu'elle peut montrer.

L'adjonction de la découverte d'un gros foie doit conduire à élargir, mais raisonnablement, le champ des investigations. Voici un homme avec une surcharge pondérale et une consommation excessive d'alcool : le risque est de se laisser « intoxiquer » par le gros foie et de perdre de vue que le problème majeur est la dysphagie.

Un bon exercice est de faire un schéma qui illustre la description endoscopique. À vous !

La **question 4** porte sur des notions de physiopathologie qui expliquent très directement les troubles, les anomalies endoscopiques, et auxquelles sont liées les mesures thérapeutiques.

La **question 5** porte volontairement sur le traitement de la dysphagie et non sur celui du RGO. En lisant attentivement la grille de correction on constate qu'on ne peut pas totalement éluder le mécanisme de la dysphagie pour le traitement, même symptomatique, de la dysphagie.

M. Yves N., homme de 32 ans, robuste et en pleine forme, consulte parce qu'il « fait » du sang rouge par l'anus et souffre de l'anus.

Ces données constituent une situation banale qui suscite à l'esprit des hypothèses diagnostiques à explorer par l'interrogatoire et l'examen clinique.

Antécédents : Vous connaissez M. N. pour lui avoir rédigé il y a deux ans un certificat pour la pratique du tennis. Le seul antécédent notable est un pneumothorax spontané à 19 ans.

Par contre vous savez que son père a été opéré il y a trois ans, à l'âge de 57 ans, d'un cancer du côlon droit révélé par une occlusion. Cet homme est actuellement en parfait état clinique.

Contexte : M. N. est un artisan maçon qui travaille, soit comme sous-traitant pour des promoteurs immobiliers, soit pour des particuliers. Sa petite entreprise avec cinq ouvriers traverse une période de difficultés : la faillite d'un entrepreneur lui cause, momentanément espère-t-il, une perte de quinze mille euros, et l'ouverture d'un chantier prévue pour dans deux mois est repoussée d'un an.

Vous savez tout cela parce que vous avez eu l'occasion de discuter récemment avec M. N. lors de la kermesse scolaire, vos fils étant dans la même classe.

Question 1

Énumérer par ordre de probabilité décroissante vos hypothèses diagnostiques. Reprenez chacune de ces hypothèses en faisant préciser quelles données positives d'un interrogatoire précis l'étaieraient fortement.

Question 2

Décrivez l'examen proctologique que vous envisagez de faire à M. N., sachant que vous disposez du matériel nécessaire pour effectuer une anuscopie dans de bonnes conditions.

Question 3

Décrivez les différentes lésions susceptibles de saignement rouge que vous pourriez constater lors de votre examen clinique et anuscopique.

Question 4

Finalement, au terme de votre interrogatoire vous avez simplement la notion que M. N. présente du sang rouge lors de l'émission de selles, par ailleurs normales, et qu'il ne présente que très occasionnellement une légère sensation de brûlure anale lors de la défécation.
L'examen de la marge anale et du canal anal n'a pas montré d'anomalie et n'a pas provoqué de douleur.
À l'anuscopie (elle aussi faite sans provoquer de douleurs) vous avez remarqué dans le bas de l'ampoule rectale (seule partie du rectum accessible en anuscopie) de petites flaques de sang sur la paroi.
Quelles hypothèses diagnostiques subsistent?

Question 5

Entre la coloscopie courte (sur 60 cm, sans anesthésie générale et ne nécessitant pas d'hospitalisation) et la coloscopie longue (examen complet du côlon, avec anesthésie générale et hospitalisation), lequel des deux examens allez-vous demander? Justifiez votre réponse.

Question 6

C'est soulagé que M. N. vous a téléphoné dès le soir de l'examen pour vous dire que le gastro-entérologue lui avait enlevé un gros polype amarré à la paroi colique par un long pied. Une semaine plus tard vous avez le résultat de l'examen anatomo-pathologique: polype hyperplasique.
Quel est le pronostic?
Faut-il envisager un contrôle colique ultérieur? Si oui, selon quelle(s) modalité(s)? Justifiez votre réponse.

Question 1

30 points

Énumérer par ordre de probabilité décroissante vos hypothèses diagnostiques. Reprenez chacune de ces hypothèses en faisant préciser quelles données positives d'un interrogatoire précis l'étaieraient fortement.

- ▪ **Énumération :**
  - • **surtout hémorroïdes et complications hémorroïdaires, fissures anales, ensuite polypes, recto-colite hémorragique, cancer du rectum ou du sigmoïde, cancer de l'anus**.. 2 points
- ▪ **Reprise des hypothèses et pour chacune données positives d'un interrogatoire précis qui l'étaierait fortement :**
  - • **hémorroïdes :**
    - — **possibilité de douleur lors de la défécation** .... 1 point
    - — **sang très rouge, « artérialisé »** .... 1 point
    - — **qui gicle, éclaboussant en pomme d'arrosoir la cuvette des toilettes** .... 2 points
    - — **thromboses hémorroïdaires externe ou interne, toujours accompagnées de vives douleurs** .... 1 point
    - — **des formations anormales anales ou péri-anales perçues par le patient** .... 1 point
  - • **fissure anale** .... 1 point
    - — **douleur en trois temps (pendant la défécation, pause, reprise)** .... 2 points
  - • **polype** .... 1 point
    - — **le sang enrobe les selles** .... 1 point
    - — **mais il ne donne aucune douleur** .... 1 point
  - • **recto-colite hémorragique : recherche** .... 1 point
    - — **d'émission de glaires, de faux besoins** .... 2 points
    - — **souvent diarrhée** .... 1 point
    - — **mais constipation possible** .... 1 point
    - — **M. N. a des soucis** .... 1 point
  - • **cancer du rectum et du sigmoïde** ....1 + 1 point
    - — **pour les deux recherches :**
      - — **d'émission de glaires** .... 1 point
      - — **de faux besoins** .... 2 points
    - — **le père de M. N. a eu un cancer colique** .... 1 point
    - — **les douleurs anales ne leur seraient pas liées**
    - — **pour le cancer du rectum : en plus recherche de ténesme** .... 1 point
  - • **cancer de l'anus** .... 1 point
    - — **le patient dirait avoir remarqué une zone indurée** .... 1 point
    - — **(mais ce cancer survient plutôt chez des sujets âgés)** ...... 1 point
- → *Ulcération thermométrique anale. On ne voit pas quelle raison aurait conduit ce sujet robuste et en pleine forme à prendre sa température rectale : cette hypothèse ne donne pas de point.*

Décrivez l'examen proctologique que vous envisagez de faire à M. N., sachant que vous disposez du matériel nécessaire pour effectuer une anuscopie dans de bonnes conditions.

- Patient en position genu-pectorale
  ou en décubitus latéral gauche .... 3 points
- Inspection de la marge anale en déplissant les plis radiés .... 4 points
- Toucher rectal avec un doigtier lubrifié .... 2 points
- Avec douceur et sans insister si on provoque
  une douleur anale .... 4 points
- Anuscopie .... 2 points

Décrivez les différentes lésions susceptibles de saignement rouge que vous pourriez constater lors de votre examen clinique et anuscopique.

- Hémorroïdes .... 1 point
  - description... .... 2 points
- Prolapsus hémorroïdaire .... 2 points
- Thrombose hémorroïdaire externe .... 1 point
- Description de la formation rougeâtre,
  plus ou moins extériorisée .... 2 points
  - correspondant à un caillot sous tension
    dans la muqueuse du canal anal .... 2 points
- Thrombose hémorroïdaire interne .... 2 points
  - description de la formation œdémateuse
    en bourrelet péri-anal .... 3 points
- Fissure anale .... 1 point
  - « en coup de bistouri » ou fissure en raquette .... 2 points
- Cancer de l'anus .... 1 point
  - formation infiltrée et/ou végétante sur la muqueuse anale ...... 1 point
- Cancer du rectum .... 1 point
  - bas rectum perçu au TR et visible en endoscopie .... 1 point
  - moyen rectum : perçu au TR : on peut estimer
    la distance entre le pôle inférieur et la marge anale .... 2 points
- Rectite :
  - un piqueté hémorragique ferait évoquer cette hypothèse .... 1 point

Finalement, au terme de votre interrogatoire vous avez simplement la notion que M. N. présente du sang rouge lors de l'émission de selles, par ailleurs normales, et qu'il ne présente que très occasionnellement une légère sensation de brûlure anale lors de la défécation.

L'examen de la marge anale et du canal anal n'a pas montré d'anomalie et n'a pas provoqué de douleur.

À l'anuscopie (elle aussi faite sans provoquer de douleurs) vous avez remarqué dans le bas de l'ampoule rectale (seule partie du rectum accessible en anuscopie) de petites flaques de sang sur la paroi.

Quelles hypothèses diagnostiques subsistent ?

- **Polype** .... 1 point
- **Rectite simple** .... 1 point
- **Recto-colite hémorragique** .... 1 point
- **Cancer du rectum** .... 1 point
- **Cancer du sigmoïde** .... 1 point

Entre la coloscopie courte (sur 60 cm, sans anesthésie générale et ne nécessitant pas d'hospitalisation) et la coloscopie longue (examen complet du côlon, avec anesthésie générale et hospitalisation) lequel des deux examens allez-vous demander ? Justifiez votre réponse.

- **Coloscopie longue ; en effet, on la ferait de toute façon** .... 2 points
- **Si on commençait par une coloscopie courte :**
  - **l'absence de lésion conduirait à une coloscopie longue** .... 4 points
  - **la découverte d'un polype ou d'un cancer ferait compléter le bilan** .... 4 points

C'est soulagé que M. N. vous a téléphoné dès le soir de l'examen pour vous dire que le gastro-entérologue lui avait enlevé un gros polype amarré à la paroi colique par un long pied. Une semaine plus tard vous avez le résultat de l'examen anatomo-pathologique : polype hyperplasique ?

Quel est le pronostic ?

Faut-il envisager un contrôle colique ultérieur ? Si oui, selon quelle(s) modalité(s) ? Justifiez votre réponse.

- **Le polype hyperplasique est une lésion bénigne** .... 3 points
- **Sans potentiel de dégénérescence** .... 3 points
- **Un contrôle colique sera à effectuer** .... 1 point
- **Coloscopie endoscopique classique** .... 3 points
- **Ou coloscopie virtuelle** .... 3 points
- **Lorsque M. N. arrivera à la cinquantaine** .... 1 point
- **D'autant plus qu'il a un antécédent paternel de cancer colique** .... 1 point

COMMENTAIRES

Ce dossier illustre d'abord une réflexion à partir de données initiales dont le noyau dur est dans la première phrase : M. Yves N., homme de 32 ans, robuste et en pleine forme, consulte parce qu'il émet du **sang rouge par l'anus et souffre de l'anus.**

À partir de ces données initiales vous devez automatiquement mobiliser un modèle dans votre esprit :

- *Rectorragies et douleurs anales*
  - hémorroïdes (et leurs complications)
  - fissure anale

« Énumérez par ordre de probabilité décroissante vos hypothèses diagnostiques. Reprenez chacune de ces hypothèses... »

Les hypothèses suscitées par ce modèle doivent être discutées en premier. Ensuite d'autres hypothèses viennent de la connaissance d'autres modèles (voire à la fin des commentaires) mais qui en diffèrent par un élément important, l'absence de douleurs anales.

Vous trouverez régulièrement dans ces dossiers une question formulée *Énumérez vos hypothèses, puis reprenez chacune de ces hypothèses...* Le but est de vous convaincre d'adopter spontanément ce mode de présentation des hypothèses qui permet d'emblée au correcteur d'avoir une approche de votre pertinence et de votre concision et de vous apprécier (ou au contraire de constater votre mauvaise compréhension du problème). De façon générale cette énumération ne donne pas de points ; ici où le nombre d'hypothèses est important il est demandé *« par ordre de probabilité décroissante »*, effort qui est « rétribué » 2 points.

Ce dossier clinique touche ensuite à différents chapitres :

- la conduite à tenir devant des rectorragies, partie volontiers négligée du chapitre des hémorragies digestives ;
- les hémorroïdes : signes, complications, diagnostic différentiel ;
- les tumeurs colo-rectales, dont font évidemment partie les polypes.

Ce dossier met en condition de devoir faire une anuscopie : c'est un examen simple et tout généraliste devrait disposer d'anuscopes. La fréquence des hémorroïdes est telle qu'il n'y a pas lieu de prévoir systématiquement une coloscopie lorsqu'on trouve d'évidentes hémorroïdes avec des signes de saignement récent ou saignotant au contact de l'anuscope.

Le polype hyperplasique est classiquement un assez gros polype (2-3 cm de diamètre), bosselé, et macroscopiquement on peut parfois observer de petites formations kystiques. Il est cause de rectorragies, parfois impressionnantes, chez l'enfant ou l'adolescent ; néanmoins il s'observe parfois chez l'adulte. En lui-même il ne comporte aucun risque de dégénérescence ; par contre il peut être associé à des adénomes coliques. Le savoir est un plus « payant » à l'ECN, l'ignorer pénalise peu.

L'évocation du suivi d'un patient à risque de cancer recto-colique un peu au-dessus de celui de la population générale du fait d'un antécédent familial, conduit à citer la coloscopie virtuelle qui est susceptible de se substituer en routine à la coloscopie classique dans quelques années.

Quatre autres modèles sur les rectorragies

- *Adulte de moins de 40 ans – rectorragie isolée*
    - hémorroïdes (mais s'assurer par une rectoscopie qu'il n'y a pas un cancer du rectum)
- *Adulte de plus 40 ans – rectorragie isolée*
    - hémorroïdes
    - cancer du rectum ou du sigmoïde
- *Adulte de moins de 40 ans, coliques et diarrhée sanglante, pas de fièvre*
    - recto-colite hémorragique le plus souvent
    - cancer colique rarement
- *Rectorragies et faux besoins*
    - cancer du rectum
    - recto-colite hémorragique

M. L. Benoît, 72 ans, vous consulte parce qu'il se sent fatigué et essoufflé depuis trois ou quatre jours.

Il rentre de congé ; tout aurait été parfait s'il n'avait présenté pendant une quinzaine de jours une tendinite du coude qui a été traitée avec succès par un anti-inflammatoire prescrit par le médecin qu'il a consulté sur son lieu de vacances.

Votre interrogatoire vous apporte d'emblée une information importante : il présente un melæna, mais M. L. n'avait pas imaginé que cette couleur noire des selles était du sang.

Vous allez revenir sur cet interrogatoire à la question 1.

Antécédents :

- Intervention sur le ménisque du genou droit il y a six ans.
- En 1983 lors d'un accident (il a été heurté par une voiture) il a eu un écrasement du rein ayant nécessité une néphrectomie.
- Son père était diabétique, traité par « des comprimés ».

Contexte :

- Marié, a eu quatre enfants.
- Ancien inspecteur au Trésor.
- M. L. prend occasionnellement de l'alcool. Il ne fume plus depuis 15 ans.

Examen :

M. L. est en bon état général ; pour une taille de 1,77 m il pèse 82 kg. La pression artérielle est à 10-7 cm Hg.

L'épigastre est un peu sensible à la palpation.

Vous êtes surpris de palper un foie ferme qui déborde de deux centimètres au creux épigastrique.

Le reste de l'examen clinique est normal.

Question 1

Présentez vos premières hypothèses diagnostiques en les argumentant et en précisant pour chacune quel(s) point(s) d'interrogatoire vous feriez préciser, quelle(s) donnée(s) d'examen vous rechercheriez avec une particulière attention.

Question 2

Voici le résultat de la numération globulaire :

- Hématies .... $2,9 \times 10^6$/mm³
  - Hémoglobine .... 9 g/dl
  - VGM .... 87 µ³
  - Hématocrite .... 25 %
- Leucocytes........................ 8 500/mm³
  - neutrophiles .... 72 %
  - éosinophiles................. 1 %
  - lymphocytes................. 20 %
  - monocytes .... 7 %
- Plaquettes 235 000/mm³

Faut-il faire une transfusion à ce patient ? Justifiez votre réponse

Question 3

Compte tenu de vos précédentes réflexions exposez votre stratégie d'investigation pour diagnostiquer la cause directe de l'hémorragie (nous reviendrons sur le gros foie) en vous aidant d'un arbre de décision que vous commenterez si cela est nécessaire à sa compréhension.

Question 4

Quelles investigations envisagez-vous, et dans quel délai, pour expliquer le gros foie ? Justifiez votre réponse.

Question 5

Bien entendu vous arrêtez le traitement anti-inflammatoire de M. L. : qu'allez-vous lui prescrire pour continuer à agir sur sa douleur de tendinite ?

Question 6

M. L. n'est pas un homme facile. Il reproche au médecin de lui avoir prescrit un médicament dangereux ; sur les conseils d'un ami membre d'une Association de défense des victimes des accidents médicaux il semble prêt à porter plainte.
Quelles « bonnes pratiques de prescription » a (ou aurait) dû observer le médecin qui a prescrit l'anti-inflammatoire pour être à l'abri de toute critique ?

GRILLE DE CORRECTION

Présentez vos premières hypothèses diagnostiques en les argumentant et en précisant pour chacune quel(s) point(s) d'interrogatoire vous feriez préciser, quelle(s) donnée(s) d'examen vous rechercheriez avec une particulière attention.

- Un melæna peut venir de n'importe quel organe digestif .... 1 point
- Les causes hautes sont les plus fréquentes après prise d'AINS .... 1 point
- Un saignement sous AINS peut être le fait :
  - d'une lésion due à l'AINS (érosion, ulcère) .... 1 point
  - d'une lésion préexistante que l'AINS révèle .... 1 point
- Au niveau de l'œsophage on pense à :
  - des varices œsophagiennes chez ce patient .... 1 point
  - au gros foie évocateur de cirrhose .... 1 point
  - probablement post-virale, contamination transfusionnelle ? .... 1 point
  - une œsophagite ; rechercher pyrosis, notion de RGO .... 1 point
  - cancer de l'œsophage (rarement révélé par un melæna) .... 1 point
  - rechercher une dysphagie .... 1 point
- Au niveau de l'estomac et du duodénum :
  - ulcère provoqué par l'AINS .... 1 point
  - cancer gastrique révélé par l'AINS .... 1 point
  - gastrite ou duodénite érosive provoquées par l'AINS .... 1 point
  - recherche de douleurs épigastriques postprandiales .... 1 point
  - angiome gastrique ou duodénal .... 1 point
- Au niveau du grêle :
  - ulcère dû à l'AINS .... 1 point
  - tumeur, plus souvent bénigne que maligne .... 1 point
- Au niveau du côlon :
  - polype ou cancer, révélé par la prise d'AINS .... 1 point
  - angiodysplasie .... 1 point
  - diverticule : il donne rarement un melæna .... 1 point
  - mais l'AINS est un facteur de risque de saignement ++

Faut-il faire une transfusion à ce patient ? Justifiez votre réponse

- L'indication est limite : patient avec 9 g/dl d'hémoglobine .... 2 points
- Il faut préciser l'importance de la gêne évoquée dans la phrase « *se sent fatigué et essoufflé depuis 3 ou 4 jours* » .... 2 points
- La transfusion est indiquée si l'anémie est mal tolérée .... 1 point

Compte tenu de vos précédentes réflexions exposez votre stratégie d'investigation pour diagnostiquer la cause directe de l'hémorragie (nous reviendrons sur le gros foie) en vous aidant d'un arbre de décision que vous commenterez si cela est nécessaire à sa compréhension.

- Commencer par une fibroscopie haute .... 2 points
- On s'arrête là si elle montre une cause haute
  (varices, œsophagite ou cancer œsophagien,
  ulcère gastrique, cancer, gastrite, ulcère duodénal,
  duodénite érosive) .... 2 points
  - la découverte de varices peut faire pratiquer
    un écho-Doppler du tronc porte à la recherche
    d'une thrombose portale .... 2 points
  - en cas d'ulcère faire rechercher une gastrite
    à *Helicobacter pylori* .... 2 points
- Si fibroscopie normale ou montrant une lésion
  peu susceptible de saigner il faut faire une coloscopie .... 2 points
- On s'arrête là si la coloscopie montre .... 2 points
  - un cancer, un polype avec des signes permettant
    de penser qu'il a saigné (gros polype, zone érodée,
    traces de sang) .... 2 points
  - une angiodysplasie, diverticule
    avec traces de saignement .... 2 points
- Si la fibroscopie haute et la coloscopie sont normales
  et que l'état du patient est bon .... 5 points
  - les hypothèses d'ulcère actuel et de tumeur
    sont écartées .... 4 points
  - la prise d'AINS a pu provoquer des lésions
    actuellement guéries .... 5 points
  - deux attitudes sont possibles :
    — se limiter à une surveillance clinique
      et biologique (hémogramme) .... 5 points
    — poursuivre les investigations par l'intestin grêle,
      endoscopie par vidéo-capsule .... 5 points

→ *Dans toute cette partie il n'y a pas de points pour la simple reprise des causes car il y a redondance avec la question 1 ; par contre l'adjonction de remarques pertinentes est gratifiante.*

→ *Voir suggestion d'arbre de décision dans les commentaires.*

Quelles investigations, et dans quel délai, envisagez-vous pour expliquer le gros foie? Justifiez votre réponse.

- **Recherche des marqueurs des virus B et C pour rechercher la cause de la cirrhose:**
  - **virus B: antigène HBs et anticorps anti-HBc** .... 1 point
    - si positif recherche de l'ADN .... 1 point
  - **virus C: anticorps anti-HCV** .... 1 point
    - si positif recherche de l'ARN .... 1 point
- **Si les marqueurs viraux sont négatifs, l'origine alcoolique étant exclue:**
  - **rechercher une hémochromatose:**
    - **l'anémie peut rendre difficile d'interpréter le fer sérique** .... 1 point
    - **la ferritine serait néanmoins élevée (car stade de cirrhose)** .... 1 point
    - **rechercher la mutation C282Y homozygote** .... 2 points
  - **échographie hépatique**
  - **ce bilan n'est pas une urgence, on peut attendre que le patient aille mieux** .... 2 points
- → *La réalisation d'une échographie n'apporte aucun point car tout le monde donne cette réponse. Par contre ne pas faire d'échographie ferait perdre 5 points.*

Bien entendu vous arrêtez le traitement anti-inflammatoire de M. L.: qu'allez-vous lui prescrire pour continuer à agir sur sa douleur de tendinite?

- **Paracétamol à une posologie de 1 à 3 g** .... 5 points

M. L. n'est pas un homme facile. Il reproche au médecin de lui avoir prescrit un médicament dangereux; sur les conseils d'un ami membre d'une Association de défense des victimes des accidents médicaux il semble prêt à porter plainte.

Quelles « bonnes pratiques de prescription » a (ou aurait) dû observer le médecin qui a prescrit l'anti-inflammatoire pour être à l'abri de toute critique?

- **S'assurer de l'absence d'antécédent d'ulcère** .... 3 points
- **Associer une protection gastrique du fait que le patient a plus de 65 ans** .... 2 points
- **Prévenir le patient des risques d'effets secondaires** .... 2 points
- **Insister sur le risque rénal des AINS (antécédent de néphrectomie) ++** .... 3 points

COMMENTAIRES

Ce dossier illustre les problèmes diagnostiques chez un sujet présentant un melæna dans un contexte de prise d'anti-inflammatoire qui peut créer une lésion mais aussi en révéler une sous-jacente. L'insertion d'un gros foie ferme ajoute une note dont il faut tenir compte chez un sujet non alcoolique.

Les modèles à mobiliser sont au nombre de quatre :

- *Melæna*
    - saignement dans n'importe quel point du tube digestif, de l'œsophage au côlon
    - le plus souvent au niveau de l'estomac ou du duodénum
- *Melæna et prise d'AINS*
    - le modèle précédent +
    - l'AINS est cause de lésion ou révélateur de lésion
- *Gros foie ferme à bord inférieur tranchant*
    - cirrhose

Attention le modèle est incomplet dans l'observation de M. Benoît L. : la notion de bord tranchant est importante.

- *Melæna et cirrhose*
    - varices œsophagiennes
    - autre saignement sur la filière digestive

La stratégie d'investigation constitue l'essentiel du questionnement dans ce dossier.

Il n'est pas habituel de demander la construction d'un arbre de décision et pourtant *l'item 5* du programme *Indications et stratégie d'utilisation des principaux examens d'imagerie*, d'une part n'est pas propre à la radiologie, d'autre part est un véritable appel à l'utilisation d'un arbre de décision par la précision *argumenter et hiérarchiser l'apport des principales techniques d'imagerie*.

S'entraîner à construire un tel arbre est un exercice de discipline de la pensée. Il montre bien que pour être suivi et compris par le correcteur, il est nécessaire qu'un plan rigoureux rende clair l'exposé linéaire habituel, et qu'il y a tout intérêt à soigner la présentation par le recours à des titres et intertitres écrits plus gros que le reste du texte, voire en MAJUSCULES s'il s'agit d'un mot (ET CERTAINEMENT PAS D'UNE PHRASE SI, COMME ICI, ELLE EST LONGUE CE QUI REND ALORS LA LECTURE PLUS DIFFICILE), aux retraits de paragraphe, aux soulignements.

Voici une suggestion d'organigramme adapté à ce cas.

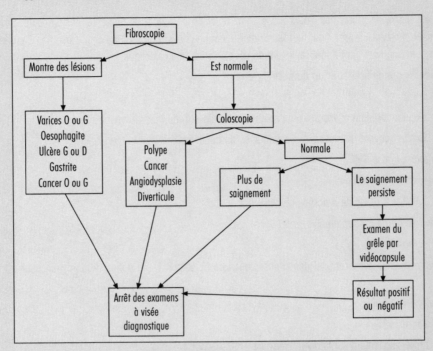

Nous avons fait une présentation de haut en bas ; on peut la concevoir de gauche à droite. Dans un tel exercice on juge souvent plus la logique de la pensée que la justesse des choix, ce d'autant qu'il n'y a pas de consensus fixé sur tout.

Pour illustrer les variations possibles d'attitude voici une autre position. On peut prendre en considération que cet homme n'a jamais eu de coloscopie et que c'est l'occasion d'un dépistage de tumeur recto-colique. Il est alors aisé de faire sous anesthésie générale fibroscopie et coloscopie dans un même temps, en commençant par la coloscopie (si on commence par la fibroscopie on risque lors de la coloscopie d'être gêné par la distension intestinale par l'air insufflé).

La dernière question fait référence à deux autres items du programme :

— n° 181 : Iatrogénie. Diagnostic et prévention.

— n° 174 : Prescriptions et surveillance des anti-inflammatoires stéroïdiens et non stéroïdiens.

Mme T. Denise, 62 ans, présente une augmentation de volume de son abdomen.

En l'espace de quelques jours elle a constaté que son abdomen augmentait de volume au point qu'elle a dû prendre des vêtements amples et renoncer au port de pantalon.

En dehors de cet inconfort abdominal elle ne ressent aucun trouble. Elle a peut-être un peu moins d'appétit. Elle souligne que son poids n'a pas changé (72 kg) : c'était le même il y a six mois et le mois dernier sur la même balance.

Antécédents :

- Appendicectomie à 32 ans.

- Cancer du sein droit opéré il y a quinze ans. Le dernier bilan effectué il y a six mois au centre anticancéreux qui la suit était normal.

- Elle a eu un accident de moto à Noël 1982 avec une fracture ouverte du tibia et une plaie de l'arcade sourcilière qui avait beaucoup saigné « *j'étais couverte de sang et je n'avais plus de tension quand je suis arrivée aux Urgences* ». En faisant la part de l'exagération il n'est pas exclu qu'elle ait pu être transfusée.

- Un accouchement il y a 36 ans. Un avortement spontané il y a 38 ans. Mme T. est ménopausée depuis 12 ou 13 ans.

L'examen clinique montre une patiente de 1,66 m pour ses 72 kg.

- Elle vous paraît fatiguée bien qu'elle dise se sentir en forme.

- L'abdomen est augmenté de volume, quoique pas considérablement distendu, la paroi abdominale de la patiente étant tonique et de bonne qualité. L'abdomen est cependant totalement mat à la percussion ; on n'arrive pas à mettre en évidence une matité déclive.

- Le foie n'est pas perceptible.

- L'ombilic n'est pas déplissé. Il est difficile d'affirmer l'existence d'une circulation collatérale.

- Il n'y a pas d'anomalie cardiaque, vasculaire (la pression artérielle est à 12-7 cm Hg, les pouls périphériques perçus), respiratoire. Il n'y a pas d'œdèmes. Les aires ganglionnaires sont libres. La palpation du thorax ne montre pas d'anomalie. Les réflexes tendineux sont un peu faibles. La malade se déplace sans gêne malgré son gros abdomen. La peau est un peu sèche, en particulier aux avant-bras et aux jambes. On note un début de maladie de Dupuytren aux paumes des mains.

Contexte:

- Mme T. est retraitée de la SNCF depuis l'âge de 55 ans. Elle avait travaillé dans les bureaux administratifs.

- Elle a toujours fumé de façon « modérée », autour de cinq cigarettes par jour ; elle fume peut-être un peu plus depuis le décès de son mari. Celui-ci est décédé il y a trois ans d'un cancer de l'œsophage : « *lui, fumait beaucoup* ».

- Elle boit « *modérément* » de l'alcool. Elle prend régulièrement un à deux verres de vin rosé aux repas. Depuis quelques années, la retraite et le décès du mari, elle s'accorde volontiers « *un petit whisky le soir devant la télé* ».

- Elle n'est pas isolée. Elle sort avec des amies et c'est l'occasion de « *bons petits repas* ».

Question 1

Sous forme d'énumération faites une synthèse de ces données en précisant vos hypothèses sur la nature de ce gros abdomen.

Question 2

Quelles sont la ou les lacunes de l'examen décrit ci-dessus ?

Question 3

En fonction des données dont vous disposez quelles sont les hypothèses diagnostiques qui peuvent être formulées : énumérer ces hypothèses, puis reprendre chacune en développant vos arguments.

Question 4

Avant d'aller plus loin vous demandez un premier bilan de débrouillage.
Le lendemain vous recevez votre courrier du laboratoire et, pensant d'abord à Mme T. vous vous concentrez sur les résultats suivants :

Hématies	$4,8 \times 10^6/mm^3$	Bilirubine totale	18 µmol/l
– Hémoglobine	14,3 g/dl	Transaminases ASAT	25 UI/l (N < 35)
– VGM	89 µ³	Transaminases ALAT	23 UI/l (N < 35)
– Hématocrite	45 %	Glycémie	5,2 mmol
Leucocytes	6 500/mm³	Cholestérol	2,1 g/l (< 2)
– neutrophiles	72 %	Protides	73 g/l (60-80)
– éosinophiles	1 %	Albumine	43 g/l (35-50)
– lymphocytes	20 %	Taux de prothrombine	96 %
– monocytes	7 %		
Plaquettes	238 000		

Avec la ou lesquelles de vos hypothèses ce bilan est-il compatible ? Pourquoi ?

Vous vérifiez le nom du patient sur la fiche de résultat : erreur de votre part, ce n'était pas le bilan de Denise T. mais celui de son homonyme, M. Bernard T., que vous suivez pour un diabète.

Cette fois-ci, après avoir bien vérifié, vous prenez connaissance du bilan de Mme T.

Voici ces résultats :

Hématies	$3,5 \times 10^6$/mm³	Bilirubine totale	18 µmol/l
— Hémoglobine	10,9 g/dl	— conjuguée	0 µmol/l
— VGM	102 µ³	— non conjuguée	18 µmol/l
— Hématocrite	36 %	Phosphatases alcalines	120 UI/l (N < 80)
Leucocytes	6 500/mm³	Transaminases ASAT	154 UI/l (N < 35)
— neutrophiles	71,5 %	Transaminases ALAT	73 UI/l (N < 35)
— éosinophiles	0,5 %	Protides	56 g/l (60-80)
— lymphocytes	22 %	Albumine	32 g/l (35-50)
— monocytes	6 %	Taux de prothrombine	56 %
Plaquettes	93 000/mm³	C réactive protéine	46 mg/l (<10)

Commentez ces résultats en fonction de vos hypothèses diagnostiques.

Formulez les hypothèses diagnostiques que vous retenez et exposez votre stratégie d'investigations en justifiant l'ordonnancement de vos examens complémentaires et en justifiant chacun d'eux.

GRILLE DE CORRECTION

Question 1

15 points

Sous forme d'énumération faites une synthèse de ces données en précisant vos hypothèses sur la nature de ce gros abdomen.

- **Femme de 62 ans**
- **Fatiguée**
- **Gros abdomen :**
  - **« liquidien » ascite**...1 point
  - **« liquidien » gros kyste de l'ovaire**..............................3 points
  - **ou volumineuse tumeur abdominale**..............................3 points

- **Amaigrissement (masqué par le poids du liquide dans l'abdomen)**...2 points
- **Antécédent de mammectomie pour cancer**.......................3 points
- **Possible antécédent de transfusion**..................................2 points
- **Consommation excessive d'alcool**..1 point

Question 2

5 points

Quelles sont la ou les lacunes de l'examen décrit ci-dessus ?

- **Les touchers pelviens n'ont pas été faits**.........................5 points
- → *Ne pas s'en apercevoir retire 10 points à la note générale du dossier.*

Question 3

10 points

En fonction des données dont vous disposez quelles sont les hypothèses diagnostiques qui peuvent être formulées : énumérer ces hypothèses, puis reprendre chacune en développant vos arguments.

- **Cirrhose :**
  - **alcoolique car consommation excessive ancienne**.......................1 point
  - **post-hépatitique C car antécédent possible de transfusion**...1 point
- **Cancer secondaire du foie (antécédent de cancer du sein)**...........2 points
- **Kyste de l'ovaire occupant tout l'abdomen**.........................2 points
- **Tumeur non liquidienne occupant tout l'abdomen**.........................2 points
- **Carcinomatose péritonéale (antécédent de cancer mais aussi cancer de l'ovaire)**.......................2 points

Avec la ou lesquelles de vos hypothèses ce bilan est-il compatible ? Pourquoi ?

■ **Les examens explorant les fonctions hépatiques
(taux de prothrombine, albumine bilirubine,
transaminases), l'hémogramme, sont normaux,
ce qui est peu compatible avec le bilan d'une cirrhose
au stade d'insuffisance hépatique (car ascite)**................................. 10 points
■ **Le bilan est compatible avec :**
  ● **kyste de l'ovaire occupant tout l'abdomen**................................. 5 points
  ● **tumeur non liquidienne de l'abdomen** .... 2 points
  ● **carcinomatose péritonéale (antécédent de cancer
    mais aussi cancer de l'ovaire)**.. 3 points

Commentez ces résultats en fonction de vos hypothèses diagnostiques.

■ **Ce bilan montre :**
  ● **une insuffisance cellulaire hépatique (albumine – TP)**............ 5 points
  ● **une cytolyse peu marquée**.. 2 points
    — **mais avec rapport ASAT/ALAT
      évocateur d'une atteinte alcoolique du foie**...................... 5 points
  ● **une anémie avec une macrocytose compatible
    avec une atteinte alcoolique** .... 3 points
  ● **une thrombopénie évoquant un hypersplénisme** .... 2 points
    — **secondaire à l'hypertension portale**................................ 3 points
---

Question 6

30 points

Formulez les hypothèses diagnostiques que vous retenez et exposez votre stratégie d'investigations en justifiant l'ordonnancement de vos examens complémentaires et en justifiant chacun d'eux.

- Il existe certainement une atteinte hépatique, mais tant qu'on n'est pas certain de l'ascite il faut être prudent. Les hypothèses diagnostiques sont donc :
  - essentiellement cirrhose alcoolique, cirrhose post-hépatitique .... 1 point
  - cancer secondaire du foie .... 1 point
    - mais aussi hépato-carcinome compliquant une cirrhose.. 1 point
  - on ne peut formellement exclure un kyste ou un cancer de l'ovaire... 1 point
- Les examens vont être orientés dans plusieurs directions :
  - un scanner thoraco-abdomino-pelvien :
    - thorax :
      - recherche d'adénopathies ou de masses médiastinales... 2 points
      - de métastases pulmonaires ou pleurales.................... 1 point
    - abdomen :
      - distingue ascite, kyste géant de l'ovaire, tumeur non liquidienne... 5 points
      - recherche les bosselures d'un foie de cirrhose .... 2 points
      - recherche des nodules hépatiques............................ 1 point
      - avec la difficulté de distinguer certains nodules cirrhotiques de nodules cancéreux .... 1 point
    - pelvis :
      - recherche kyste ou cancer ovarien .... 1 point
      - un gros utérus serait suspect chez cette patiente ménopausée.......................... 1 point
  - si le scanner confirme l'existence d'une ascite :
    - prélèvement d'ascite pour étude cytologique .... 2 points
      - dosage des protides, numération des éléments, bactériologie .... 1 point
    - recherche des marqueurs des hépatites virales :
      - anticorps anti-HCV .... 2 points
      - antigène HBs, anticorps anti-HBs et anticorps anti-HBc .... 1 point
    - recherche des marqueurs tumoraux :
      - CA125 surtout .... 2 points
      - mais aussi CA 15-3, ACE, CA19-9, alpha-fœto-protéine .... 1 point
  - si le scanner montrait un kyste de l'ovaire :
    - il ne faudrait pas ponctionner le kyste...................... 1 point
    - mais faire la recherche des marqueurs tumoraux et des hépatites, le kyste n'expliquant pas le bilan biologique .... 1 point

COMMENTAIRES

Question 1

Ce dossier illustre la démarche diagnostique devant un gros abdomen (obésité étant exclue par la présentation de la patiente, grossesse par son âge, globe vésical car on ne parle pas de troubles urinaires).

La particularité est de devoir discuter l'existence même d'une ascite.

De volumineux kystes de l'ovaire occupent tout l'abdomen qui est alors totalement mat à la percussion, tant en décubitus dorsal que latéral. Comme la notion de matité déclive n'est plus valable dans les volumineuses ascites, l'examen clinique ne résout pas le problème.

On observe de temps à autre de volumineuses tumeurs abdominales, mésenchymateuses, rattachées ou non à un organe (fibrome, myxome, etc.) qui peuvent occuper tout un abdomen.

Question 2

La question 2 teste votre vigilance et votre logique d'examen. Ne pas repérer que les touchers pelviens n'ont pas été faits retire 10 points au dossier.

Dans cette observation il est probable que la patiente ait une ascite. Avant tout bilan il est logique d'évoquer les hypothèses qui ont été présentées. Il faut revenir sur celle de carcinomatose en rapport avec l'antécédent de cancer du sein. On peut en effet observer à des années de distance des récidives de cancer du sein, sous forme de pleurésies, médiastinites (responsables de compressions diverses), carcinomatoses péritonéales.

Pour l'interprétation des examens complémentaires vous avez ici une confrontation ludique à la lecture de résultats qui ne sont pas ceux de la patiente avec deux objectifs : surtout montrer qu'il est improbable qu'une ascite soit d'origine hépatique en l'absence de tout signe biologique d'insuffisance hépatique, accessoirement rappeler qu'il faut faire attention à ne pas faire d'erreur lorsqu'on reçoit plusieurs résultats de patients différents.

Dans les investigations le scanner a une place majeure et est la seule investigation d'imagerie à proposer. Ici, toute autre investigation (radio thoracique, abdomen sans préparation, et même échographie) serait une perte de temps, un désagrément pour la patiente : de toute façon on doit faire le scanner. Néanmoins, les faire ne serait pas pénalisant mais n'apporterait pas de point ; par contre une débauche d'investigations peut en faire perdre.

Quelques modèles sur le thème de l'ascite :

- *Ascite chez un alcoolique*
  - cirrhose
  - hépatite alcoolique
  - hépatocarcinome
- *Personne jeune — ascite — pas d'ictère — alcoolisme exclu*
  - tuberculose péritonéale
- *Femme de plus de 50 ans — ascite — alcoolisme*
  - cirrhose alcoolique
  - cancer de l'ovaire
- *Femme de plus de 50 ans — ascite — pas alcoolisme*
  - cancer de l'ovaire

M. Dao N'D., 72 ans, africain noir, présente un ictère depuis environ trois semaines. Il vous est amené par son fils, installé en France depuis environ trente-cinq ans comme prothésiste dentaire.

L'ictère ne fait pas de doute : les conjonctives sont intensément jaunes.

Depuis quelques semaines M. N'D. n'est plus très en forme. Il ressent une certaine lassitude, a moins d'appétit. Il sait que ses urines sont foncées, par contre il n'a pas pensé à regarder la couleur de ses selles.

Il ressent un vague inconfort abdominal qu'il ne sait pas définir ; il n'y a pas de douleur.

Au cours des trois semaines passées, il n'y a eu aucun fait particulier. M. N'D. a patienté, pensant que tout finirait par rentrer dans l'ordre.

Vous constatez que M. N'D. se gratte les avant-bras, la tête, les jambes, tout en répondant aux questions. Cela fait un peu plus d'une semaine qu'il présente ces démangeaisons.

Antécédents : Il semble que M. N'D. n'ait jamais eu de maladie grave. Il dit avoir eu de temps en temps de la fièvre et avoir été traité de façon traditionnelle. La dernière crise remonte à plus d'un an.

Contexte : M. N'D. vit dans un gros bourg du Togo. Il est marié, a six enfants. Il a beaucoup voyagé en Afrique pour son commerce. Il est venu à plusieurs reprises passer quelques jours en France où vivent deux de ses fils.

Lui, ses fils surtout, estiment qu'il est préférable qu'il se fasse soigner en France. Bien entendu M. N'D. ne bénéficie d'aucune prise en charge et les frais inhérents à son traitement seront totalement à la charge de la famille.

Sur ces données d'interrogatoire, ce premier contact avec M. N'D., avant tout examen clinique, quelles sont les hypothèses que vous évoquez pour expliquer cet ictère?

D'abord énumérez vos hypothèses. Ensuite reprenez-les une à une en précisant pourquoi vous l'évoquez et éventuellement sur quel(s) point(s) vous reviendriez à l'interrogatoire et seriez plus particulièrement attentif à l'examen.

Question 2

Après avoir écrit ce qu'en théorie vous rechercheriez, il faut maintenant vous confronter à la dureté de la pratique: vous examinez un homme de 1,80 m, pesant 115 kg. Malgré tout le soin porté à l'examen de l'abdomen, il ne vous est pas possible de recueillir les informations souhaitées du fait de l'obésité et du pannicule adipeux. L'examen cardiaque est normal, mais la pression artérielle est à 17-11 cm Hg, non connue. L'examen pulmonaire est normal. Les aires ganglionnaires périphériques sont libres. M. N'D. se déplace avec aisance.

Élément évident: des lésions de grattage un peu partout sur le corps. Un bilan a déjà été pratiqué grâce à un parent qui travaille dans un laboratoire d'analyses médicales.

Voici ce bilan:

Hématies	$4,5 \times 10^6/mm^3$	Bilirubine totale	352 µmol/l
— Hémoglobine	14,1 g/dl	— conjuguée	279 µmol/l (N < 5)
— VGM	88 µ³	— non conjuguée	73 µmol/l (N < 20)
— Hématocrite	40 %	Phosphatases alcalines	1 387 UI/l (N < 80)
Leucocytes	5 500/mm³	Transaminases ASAT	56 UI/l (N < 35)
— neutrophiles	73 %	Transaminases ALAT	83 UI/l (N < 35)
— éosinophiles	2 %	Protides	58 g/l
— lymphocytes	19 %	Albumine	37 g/l
— monocytes	6 %	Taux de prothrombine	43 %
Plaquettes	223 000/mm³	C réactive protéine	19 mg/l (N < 5)

Commentez ces données de laboratoire en les interprétant.

Question 3

Compte tenu de l'ensemble des données cliniques et biologiques, quelles hypothèses données en réponse à la question 1 sont à retenir, car compatibles avec ce bilan de laboratoire?

Question 4

Il est temps de réfléchir à l'apport possible de l'imagerie radiologique. Indépendamment de toutes considérations financières, présentez l'intérêt respectif (et les limites) des différentes techniques d'imagerie possibles pour progresser dans le diagnostic de la cause de l'ictère de M. N'D.

Question 5

Retour au concret : vous savez que tous les frais d'investigation sont à la charge de la famille N'D. Quel examen d'imagerie demandez-vous en premier ? Justifiez votre réponse.

Question 6

Vous aviez prescrit un traitement symptomatique.
Une semaine a passé... L'ictère s'est encore majoré (402 µmol/l), mais le taux de prothrombine est redevenu normal.
Quelles sont les explications les plus logiques de ces évolutions apparemment discordantes ?

Question 7

Une semaine a donc passé. Le bilan a montré une tumeur d'environ 5 cm de diamètre obstruant la partie basse du cholédoque, repoussant la paroi duodénale qu'elle envahit, englobant la papille dont l'orifice n'est pas repérable. À la biopsie il s'agit d'un adénocarcinome. Les voies biliaires intra-hépatiques et extra-hépatiques (dont la vésicule) sont distendues.
Donnez le ou les noms par lesquels on désigne ce cancer.

GRILLE DE CORRECTION

Quelles sont les hypothèses que vous évoquez pour expliquer cet ictère?

D'abord énumérez vos hypothèses. Ensuite reprenez-les une à une en précisant pourquoi vous l'évoquez et éventuellement sur quel(s) point(s) vous reviendriez à l'interrogatoire et seriez plus particulièrement attentif à l'examen.

- ■ **Cancer de la tête du pancréas, ampullome, cancer sur la voie biliaire principale (VBP), calcul du cholédoque, cancers du foie, primitif ou secondaire, pancréatite chronique, hépatite virale ou médicamenteuse**
- ■ **Cancer de la tête du pancréas, ampullome, cancer sur la VBP** .... 1 + 1 + 1 point
  - • **ictère progressif** .... 2 points
  - • **sans fièvre** .... 2 points
  - • **sans colique hépatique** .... 2 points
  - • **à l'examen on recherche:**
    - — **un gros foie de cholestase** .... 2 points
    - — **une grosse vésicule en cas de cancer du pancréas, d'ampullome ou de cholangiocarcinome sous l'abouchement du cystique à la VBP** .... 2 points
    - — **pas de grosse vésicule si l'obstacle est au-dessus de cet abouchement** .... 1 point
- ■ **Calcul du cholédoque enclavé dans l'ampoule de Vater** .... 1 point
  - • **(forme pseudo-néoplasique, sans douleur ni fièvre, de la lithiase du cholédoque)** .... 1 point
  - → *La notion d'accès fébriles dans les antécédents prend un certain intérêt dans cette hypothèse.*
- ■ **Cancers du foie:**
  - • **secondaires: certains sont découverts sur un tableau d'ictère nu** .... 1 point
    - — **d'où recherche à l'interrogatoire des symptômes possibles d'un cancer primitif, digestif, rénal, pulmonaire, etc** .... 1 point
  - • **hépatocarcinome révélé par un ictère: nombreux cas en Afrique du fait de l'hépatite B** .... 2 points
    - — **à l'examen on trouverait un gros foie dur, régulier ou non** .... 1 point
- ■ **Pancréatite chronique, mais il est exceptionnel qu'une pancréatite chronique aie comme première manifestation un ictère** .... 1 point
- ■ **Hépatites:**
  - • **virale peu plausible chez un homme de 72 ans** .... 1 point
  - • **médicamenteuse: vérifier si M. N'D. prend des médicaments y compris traditionnels** .... 1 point
  - → *L'omission du cancer du pancréas donne zéro à la question.*

Question 2

10 points

Commentez ces données en les interprétant.

- **Syndrome de cholestase très important (bilirubine et phosphatases alcalines)** ....1 point
  - **évoquant un obstacle à l'écoulement biliaire**..............................2 points
- **Légère cytolyse, habituelle dans un ictère par obstruction** ....2 points
  - **qui évolue depuis 3 semaines**
- **Taux de prothrombine bas** ....2 points
  - **probablement par déficit (du fait d'une malabsorption) en vitamine K**..3 points
  - **hémogramme normal**

Question 3

5 points

Compte tenu de l'ensemble des données cliniques et biologiques, quelles hypothèses données en réponse à la question 1 sont à retenir, car compatibles avec ce bilan de laboratoire ?

- **Les hypothèses compatibles sont :**
  - **celles faisant intervenir un obstacle sur la VBP**..........................2 points
  - **les cancers du foie** ....2 points
- **Serait compatible une hypothèse d'hépatite cholestatique sur laquelle on pourrait revenir si on ne trouve pas d'autre cause**...1 point

Question 4

35 points

Indépendamment de toutes considérations financières, présentez l'intérêt respectif (et les limites) des différentes techniques d'imagerie possibles pour progresser dans le diagnostic de la cause de l'ictère de M. N'D.

- Trois examens d'imagerie, non invasifs, l'échographie, le scanner et l'examen par résonance magnétique nucléaire peuvent apporter des informations :
  - au niveau des voies biliaires extra-hépatiques sur :
    - l'existence et l'importance d'une distension de la voie biliaire principale .... 5 points
    - le niveau d'un éventuel obstacle .... 2 points
    - la nature de l'obstacle .... 2 points
    - la distension ou non de la vésicule .... 2 points
    - la présence ou non d'une lithiase vésiculaire .... 2 points
  - au niveau du foie sur :
    - l'importance d'une distension des voies biliaires intra-hépatiques .... 3 points
    - la présence de nodules ou masses denses, suspectes d'être cancéreuses .... 3 points
  - au niveau du pancréas :
    - la présence d'une masse tumorale .... 4 points
    - des calcifications pancréatiques .... 2 points
    - une distension du wirsung .... 2 points
  - l'échographie :
    - explore bien le foie et les voies biliaires, moins bien le pancréas
    - mais risque de difficultés chez un sujet pléthorique .... 2 points
  - le scanner :
    - explore bien le foie et les voies biliaires, le pancréas
    - la continuité de la voie biliaire est à reconstituer mentalement .... 2 points
  - l'examen par résonance magnétique nucléaire :
    - explore bien le foie et les voies biliaires, le pancréas ; la technique dite de « bili-IRM » donne des images frontales des voies biliaires et pancréatiques .... 4 points

Question 5

10 points

Retour au concret : vous savez que tous les frais d'investigation sont à la charge de la famille N'D. Quel examen d'imagerie demandez-vous en premier ? Justifiez votre réponse.

- L'examen par scanner peut apporter toutes les informations nécessaires à la prise de décision .... 5 points
- Il est donc justifié de faire pratiquer cet examen en 1er (dans la majorité des cas, l'échographie, moins coûteuse est en fait suivie d'un scanner) .... 5 points

Vous aviez prescrit un traitement symptomatique.

Une semaine a passé... L'ictère s'est encore majoré (402 µmol/l), mais le taux de prothrombine est redevenu normal.

Quelles sont les explications les plus logiques de ces évolutions apparemment discordantes?

▪ **La persistance de l'obstacle conduit à la majoration de l'ictère**	**2 points**
▪ **M. N'D. a reçu de la vitamine K**	**3 points**
• **par voie intraveineuse pour remonter son taux de prothrombine**	**5 points**

Donnez le ou les noms par lesquels on désigne ce cancer.

▪ **Ampullome vatérien**	**3 points**
▪ **Tumeur de la région papillaire**	**2 points**

COMMENTAIRES

La stratégie diagnostique devant un tableau d'ictère commence par une approche séméiologique rigoureuse tenant compte de l'âge du sujet atteint. Le bilan « hépatique » de base (bilirubine, transaminases, phosphatases alcalines, taux de prothrombine) est l'indispensable complément de réflexion dans tout ictère.

Questions 1 : Les hypothèses diagnostiques sont nombreuses.

Ne revenons pas sur les « grandes », cancer de la tête du pancréas, ampullome, cholangiocarcinome depuis le hile hépatique jusqu'à la partie intra-pancréatique de la voie biliaire principale. Y penser rapporte peu, car tout le monde y pense : les oublier pénaliserait lourdement (zéro à la question 1).

La lithiase du cholédoque enclavée dans l'ampoule de Vater est rare, mais quelle chance pour le malade ayant un ensemble clinico-biologique aussi évocateur de cancer de la tête du pancréas ! Le diagnostic est généralement fait par l'imagerie, mais il est des cas où on hésite sur la nature du petit obstacle du bas cholédoque.

Les cancers du foie : les formes cliniques avec ictère révélateur sont peu fréquentes mais bien réelles.

La pancréatite chronique dont la première manifestation est un ictère obstructif est une autre chance insolente. La difficulté peut même subsister jusqu'à l'intervention. Si des patients ayant eu une dérivation biliaire (ou maintenant une prothèse biliaire) pour « *tumeur inextirpable* » survivent allègrement des années, cette évolution infirme le diagnostic fâcheux qui a été posé.

Quant aux cholestases intra-hépatiques dues à des affections touchant les fines voies biliaires (donc sans distension des voies biliaires intra-hépatiques en imagerie), ce sont des casse-tête plus ou moins complexes pour spécialistes. Seul le concept doit être connu de vous.

Le paragraphe ci-dessus a **intimement trait au problème d'un ictère nu** (ce qui sous-entend sans douleurs ni fièvre, encore faut-il le rappeler dans votre propos) **chez un sujet âgé.** Il est bien évident que si nous étions dans une situation inverse, que ce soit M. Albert N'D. qui vous aie amené son jeune neveu de 17 ans avec un ictère, votre première hypothèse aurait été celle d'hépatite virale, votre bilan aurait montré une « belle » cytolyse avec des transaminases de l'ordre de 1 500 UI/l et plus, et vous n'auriez plus eu qu'à chercher quel virus pouvait être en cause. C'est une autre histoire...

Question 2 : L'interprétation du bilan biologique (biochimique) est simple.

Tous les obstacles sur les voies biliaires extra-hépatiques et les grosses voies biliaires intra-hépatiques (tumeurs ou compressions), mais aussi sur les plus fines voies biliaires intra-hépatiques (un type en est la cirrhose biliaire primitive) **donnent le même profil biologique de cholestase :** augmentation des bilirubines conjuguée et non conjuguée (mais prédominance de la conjuguée), des phosphatases alcalines, et possibilité de la baisse du taux de prothrombine (par déficit d'absorption de la vitamine K en l'absence de sels biliaires).

Vous aurez peut-être remarqué que le taux des gamma-GT ne figure pas dans ce bilan. Ce n'est pas une omission, c'est une volonté didactique : chez un tel patient ce dosage est sans intérêt, redondant avec les autres. Les indications majeures du dosage des gamma-GT sont le dépistage de l'alcoolisme, le suivi d'un patient qui doit être abstinent ; ce dosage, ainsi que celui des transaminases, peut avoir son intérêt dans le suivi de traitements médicamenteux susceptibles d'avoir des effets secondaires hépatiques.

Questions 4 et 5 sur l'imagerie…

Ce dossier vous pousse à comparer les apports possibles de trois techniques d'imagerie, depuis l'échographie, simple et peu coûteuse mais parfois limitée, à l'IRM plus difficilement accessible et coûteuse. Le corrigé de la réponse à la question 4 vous donne le plan à suivre pour présenter les résultats d'échographie (ou de scanner, ou d'IRM) dans le bilan d'un ictère : les voies biliaires extra-hépatiques et intra-hépatiques, le foie, le pancréas. Tout a été dit dans la correction.

Il est peu probable qu'on vous pousse à ce point dans vos retranchements en demandant quel examen vous demanderez en premier (question 5) : le but est de vous faire réaliser que certaines étapes traditionnelles sont superflues et inutilement coûteuses. Combien d'échographies précèdent un scanner qui sera de toute façon effectué quel que soit le résultat de l'échographie !

Question 6

Elle incite à réfléchir sur le traitement symptomatique qui ne peut être ici que l'administration de vitamine K par voie intra-veineuse (et surtout ni par voie orale, du fait de la non-absorption, ni par voie intra-musculaire, risque d'hématomes). Pour ceux qui se sont laissés aller à prescrire de la cholestyramine (QUESTRAN®), la réponse à cette erreur est dans un autre dossier de cet ouvrage.

Quelques modèles d'ictères :

* *Sujet jeune — en forme — légèrement ictérique de temps en temps*
  - maladie de Gilbert
* *Sujet jeune — fatigué — ictérique*
  - hépatite virale aiguë
* *Colique hépatique, fièvre, ictère* ou *Ictère et fièvre* ou *colique hépatique et ictère* ou *ictère et frissons*
  - lithiase du cholédoque
    - ampullome
* *Ictère — gros foie — grosse vésicule*
  - cancer du pancréas
    - ampullome
* *Ictère — grosse vésicule*
  - cancer du pancréas
    - ampullome
* *Ictère — gros foie — **pas de** grosse vésicule*
  - cancer du hile
    - ou bien c'est qu'on n'arrive pas à palper la grosse vésicule
* *Ictère — fièvre — confusion*
  - angiocholite
    - encéphalopathie hépatique au cours d'une cirrhose
      - leptospirose

M. Marcel R., 55 ans, présente une dysphagie.

Depuis quelques mois il présente de temps à autre un pyrosis. Depuis une semaine il ressent par moments une difficulté à avaler : « *ça se bloque* » dit-il en désignant la partie basse de son sternum ; en fait le blocage est arrivé deux fois et depuis il veille à mastiquer soigneusement et éviter les grosses bouchées dures.

Il est en bon état général.

L'examen clinique montre une surcharge pondérale (pour une taille de 1,76 m il pèse 96 kg).

L'auscultation des bases pulmonaires permet de percevoir quelques râles bronchiques.

Le reste de l'examen clinique est normal.

Antécédents : cure de hernie inguinale il y a dix ans

Contexte :

- M. R. est responsable d'une station-service dans un centre commercial.
- Il est marié, sans enfant.
- Il prend un verre de vin par repas. Il fume une dizaine de cigarettes par jour.

Question 1   Vous demandez une fibroscopie. Compte tenu des données de l'observation, quelles sont les différentes constatations qui seraient possibles chez ce malade? Argumentez vos réponses.

Question 2   L'endoscopiste a constaté une sévère œsophagite, et l'endoscope a buté à 34 cm des arcades dentaires sur un anneau fibreux, circulaire. La biopsie montre simplement des lésions inflammatoires.
Exposez les objectifs thérapeutiques pour le court terme (8 semaines) et citez les grands moyens pour atteindre cet objectif.

Question 3   Présentez en quelques mots les classes et modes d'action des médicaments auxquels on peut recourir pour traiter l'œsophagite de M. R.

Question 4   Rédigez les recommandations que vous feriez à M. R.
Rédigez, exactement comme si vous la remettiez au patient, une ordonnance pour M. R. pour un traitement de huit semaines. *À signaler que pour cette partie de l'épreuve vous vous nommez Dr Knock.*

Question 5   Le gastro-entérologue vous écrit qu'il va faire des dilatations d'œsophage à M. R.
En quoi consiste ce traitement?
Quels risques comporte-t-il?

Question 6   En cas de reflux gastro-œsophagien répondant insuffisamment à un traitement médical bien conduit (alors même que le calibre de l'œsophage est redevenu normal) on propose volontiers une intervention.
Exposez les principes de cette intervention en mentionnant la voie d'abord la plus fréquente.

Question 1

22 points

Vous demandez une fibroscopie. Compte tenu des données de l'observation, quelles sont les différentes constatations qui seraient possibles chez ce malade.

> ■ **Des anomalies en rapport avec un reflux gastro-œsophagien :**
> - • évoqué sur la notion de pyrosis ....1 point
> - • œsophagite plus ou moins sévère...2 points
> - • sténose peptique ....2 points
> - • endobrachyœsophage..4 points
> - • ulcère de l'œsophage ....2 points
> - • hernie hiatale par glissement..3 points
>
> ■ **Cancer de l'œsophage :**
> - • **du fait du tabagisme possibilité**..1 point
>   - — cancer épidermoïde..1 point
>   - — en muqueuse malpighienne..1 point
> - • **du fait du RGO possibilité**..1 point
>   - — d'un adénocarcinome..1 point
>   - — en muqueuse glandulaire..1 point
>
> → *Omettre le cancer ou les anomalies dues au RGO donne zéro*
>   *à l'ensemble de la question.*

Question 2

18 points

L'endoscopiste a constaté une sévère œsophagite, et l'endoscope a buté à 34 cm des arcades dentaires sur un anneau fibreux, circulaire. La biopsie montre simplement des lésions inflammatoires.
Exposez les objectifs thérapeutiques pour le court terme (huit semaines) et citez les grands moyens pour atteindre cet objectif.

> ■ **Objectifs :**
> - • guérir l'œsophagite ....5 points
> - • rendre à l'œsophage du patient un diamètre permettant
>   une alimentation normale..5 points
>
> ■ **Grands moyens :**
> - • supprimer le caractère acide du reflux ....5 points
> - • faire des recommandations pour éviter les conditions
>   de reflux ....2 points
> - • faire arrêter le tabac ....1 point

Présentez en quelques mots les classes et modes d'action des médicaments auxquels on peut recourir pour traiter le reflux gastro-œsophagien et l'œsophagite de Mme F.

> ▪ **Anti-sécrétoires gastriques:**
>   ◦ **IPP**..**5 points**
>   — **mode d'action**..**8 points**
> ▪ **Prokinétiques** ....**2 points**

Rédigez les recommandations que vous feriez à M. R.
Rédigez, exactement comme si vous la remettiez au patient, une ordonnance pour M. R. pour un traitement de huit semaines. À signaler que pour cette partie de l'épreuve vous vous nommez Dr Knock.

> ▪ **Recommandations:**
>   ◦ **pas de vêtements serrés**..**1 point**
>   ◦ **ne pas s'étendre après les repas, s'enfoncer
>   dans un fauteuil profond** ....**1 point**
>   ◦ **si possible éviter de travailler baissé, accroupi** ....**1 point**
>   ◦ **éventuellement surélever la tête du lit si gêné la nuit
>   par le RGO** ....**1 point**
>   ◦ **arrêter le tabac**..**1 point**
> ▪ **Ordonnance:**
>   ◦ **en-tête au nom de Knock**......................................**1 point**
>   ◦ **date**..**1 point**
>   ◦ **nom du patient**..**1 point**
>   ◦ **un IPP:**
>   — **nom (dénomination commune internationale
>   ou de spécialité)**..**2 points**
>   — **dosage**..**2 points**
>   — **posologie double car œsophagite sévère**....................**2 points**
>   — **traitement pour 4 semaines**................................**1 point**
>   — **à renouveler pour 4 semaines**..............................**2 points**
>   ◦ **une prescription pour aider le patient
>   dans son sevrage tabagique**....................................**2 points**
>   ◦ **signature lisible**..**1 point**

Le gastro-entérologue vous écrit qu'il va faire des dilatations d'œsophage à M. R.

En quoi consiste ce traitement? Quels risques comporte-t-il?

> ▪ **Dilatation avec des bougies de calibre croissant** .... 5 points
> ▪ **Plaie de l'œsophage responsable**..1 point
>   • **de douleur** ....1 point
>   • **d'hémorragie** ....1 point
>   • **voire rupture (perforation) de l'œsophage**..................................1 point
>   • **avec risque de médiastinite**..1 point

En cas de reflux gastro-œsophagien répondant insuffisamment à un traitement médical bien conduit (alors même que le calibre de l'œsophage est redevenu normal) on propose volontiers une intervention. Exposez les principes de cette intervention en mentionnant la voie d'abord la plus fréquente.

> ▪ **Faire un montage anti-reflux** .... 5 points
> ▪ **En cas de hernie hiatale par glissement, réintégration**
>   **de la partie gastrique herniée dans l'abdomen** .... 5 points
> ▪ *Fundo-plicature* **(ou cardiopexie)** .... 5 points
>   • **constitution d'une valve autour de la partie basse de**
>   **l'œsophage**... 2 points
>   — **à partir de la grosse tubérosité gastrique** .... 3 points
>   • **la voie d'abord la plus fréquente est la cœlioscopie**.................. 2 points
>   • **avec conversion en cas de difficultés**... 3 points

COMMENTAIRES

Ce dossier porte essentiellement sur le traitement d'un reflux gastro-œsophagien compliqué d'œsophagite avec sténose peptique.

Dans la plupart des cas le traitement associant la prescription d'IPP, quelques conseils, et quelques séances de dilatation de l'œsophage permet d'obtenir un résultat satisfaisant.

Un patient devenu peu ou pas symptomatique après un tel traitement sera généralement engagé dans un traitement au long cours avec un IPP à demi-posologie par rapport au traitement de la phase initiale. Si l'amélioration est durable on essaie généralement d'arrêter l'IPP, quitte à le reprendre à la demande en cas de réapparition des troubles.

Exemple d'ordonnance :

Docteur Knock   Romains-Ville 12 septembre 2004

M. Marcel Radar
- Lansoprazole 30 mg
  1 comprimé au lever
  1 comprimé avant le repas du soir, à jeun.
- Gaviscon
  1 cuillerée à dessert après les repas
  tant que les douleurs persistent

Traitement pour un mois à renouveler pendant 1 mois.

                                                  Knock

La cure chirurgicale de reflux, la fundoplicature, est effectuée dans les cas rebelles à un traitement médical bien conduit, ou du fait de la gêne mécanique entraînée par des reflux qui ont perdu sous IPP leur caractère acide. Les indications sont posées avec mesure car on observe fréquemment des troubles fonctionnels digestifs (dyspepsie, dysphagie, aérophagie bloquée) chez des sujets ayant eu une cure de RGO.

Dans la plupart des dossiers pour l'ECN la réflexion sur le traitement est balisée comme dans ce dossier-ci. Dans d'autres cas une question sur le traitement sera plus générale ; il est alors opportun de suivre le plan **réflexions** (sur les objectifs, les moyens, le terrain, l'éventuel bilan pré-thérapeutique), **prescriptions**, **suivi**.

M. Mohamed A., 32 ans a « *mal à l'estomac* ». Depuis une dizaine de jours il présente en cours d'après-midi des douleurs épigastriques assez régulières dans leur intensité, modérée ; elles surviennent vers 17 h et durent environ une demi-heure.

Quelques jours auparavant vous lui aviez prescrit un traitement par piroxicam (FELDÈNE®) pendant 5 jours pour une sciatalgie.

Antécédents :

- Appendicectomie à 18 ans.
- Il y a environ cinq ans il aurait été traité pour une gastrite alors qu'il travaillait sur un chantier dans l'est.

Contexte :

- Il est soudeur, employé par la même entreprise depuis quinze ans. Il a travaillé sur divers chantiers un peu partout en France.

Examen :

- Cet homme est en bon état général. Pour une taille de 1,78 m il pèse 80 kg.
- L'examen clinique est normal.
- Il fume au moins un paquet de cigarettes par jour depuis son service militaire.

Question 1 Quelles sont vos hypothèses diagnostiques? Justifiez votre réponse.

Question 2 La fibroscopie a montré un ulcère bulbaire de 8 mm de diamètre, peu profond, à bords réguliers.

On ne dispose pas encore du résultat des biopsies faites au cours de l'examen.

Quelles informations sont susceptibles d'apporter les biopsies? Qu'en déduirez-vous?

Question 3 Ce patient demande évidemment à être soulagé. Les questions suivantes portent toutes sur le traitement, son suivi, ses résultats possibles.

Exposez vos objectifs.

Question 4 Exposez les moyens thérapeutiques médicaux dont on dispose de façon générale pour traiter un ulcère bulbaire. Pour chacun précisez le mode d'action.

Question 5 Faites un choix concret de traitement immédiat pour ce patient et justifiez-le.

Question 6 Dans quelle mesure le résultat des biopsies peut-il influencer votre traitement?

Question 7 Comment s'assurer de l'efficacité de votre traitement (prendre en compte l'influence du résultat des biopsies)?

Question 8 Si la poussée ulcéreuse guérit, quel est le pronostic à long terme de cet ulcère? Comment prévenir une récidive?

GRILLE DE CORRECTION

Question 1

10 points

Quelles sont vos hypothèses diagnostiques ? Justifiez votre réponse.

> ▪ **La prise récente d'un anti-inflammatoire** ....**1 point**
>   - • **et la sémiologie douloureuse** ....**1 point**
>   - • **font évoquer en premier lieu :**
>   - — **un ulcère du bulbe** ....**2 points**
>   - — **un ulcère gastrique** ....**2 points**
>   - — **une gastrite** ....**2 points**
> ▪ **Compte tenu de l'âge il est peu probable que la prise d'AINS** ....**1 point**
>   - • **révèle un cancer gastrique** ....**1 point**

Question 2

10 points

La fibroscopie a montré un ulcère bulbaire de 8 mm de diamètre, peu profond, à bords réguliers. On ne dispose pas encore du résultat des biopsies faites au cours de l'examen.

Quelles informations sont susceptibles d'apporter les biopsies ? Qu'en déduirez-vous ?

> ▪ **Montrer une gastrite en précisant :**
>   - • **les lésions superficielles** ....**1 point**
>   - • **les lésions profondes** ....**1 point**
>   - — **diminution des glandes gastriques** ....**1 point**
>   - — **infiltration inflammatoire du chorion** ....**1 point**
> ▪ **Avec présence ou non de *Helicobacter pylori*** ....**2 points**
> ▪ **Si les biopsies montrent une gastrite à *Helicobacter pylori* :**
>   - • **il peut y avoir une maladie ulcéreuse de fond**
>   **(notion de « gastrite » il y a cinq ans)** ....**1 point**
>   - • **et la poussée a été favorisée par la prise d'AINS** ....**1 point**
>   - • **ou l'ulcère est le fait de la prise d'AINS** ....**1 point**
> ▪ **Si les biopsies ne montrent pas une gastrite**
>   **à *Helicobacter pylori* :**
>   - • **l'ulcère est le fait de la prise d'AINS** ....**1 point**

Question 3

5 points

Ce patient demande évidemment à être soulagé. Les questions suivantes portent toutes sur le traitement, son suivi, ses résultats possibles.

Exposez vos objectifs.

> ▪ **Calmer les douleurs** ....**1 point**
> ▪ **Cicatriser l'ulcère** ....**2 points**
> ▪ **Prévenir les récidives** ....**2 points**

Question 4

15 points

Exposez les moyens thérapeutiques médicaux dont on dispose de façon générale pour traiter un ulcère bulbaire. Pour chacun précisez le mode d'action.

> ▪ **Les antisécrétoires :**
> • **inhibiteurs de la pompe à protons** .... **4 points**
>   — **bloquent l'excrétion des ions H⁺ au pôle apical**
>   **de la cellule pariétale** .... **6 points**
> ▪ **Les antibiotiques pour éradiquer** *Helicobacter pylori* .... **2 points**
> ▪ **Arrêt de l'anti-inflammatoire** .... **2 points**
> ▪ **L'arrêt du tabac est souhaitable** .... **1 point**

Question 5

5 points

Faites un choix concret de traitement immédiat pour ce patient et justifiez-le.

> ▪ **Un inhibiteur de la pompe à protons** .... **1 point**
> • **à simple dose** .... **1 point**
> ▪ **Pas d'antibiotique tant qu'on n'a pas la preuve**
>   **de l'infection par** *Helicobacter pylori* .... **1 point**
> ▪ **Arrêt de l'anti-inflammatoire** .... **1 point**
> ▪ **Arrêt du tabac** .... **1 point**

Question 6

12 points

Dans quelle mesure le résultat des biopsies peut-il influencer votre traitement ?

> ▪ **La mise en évidence d'***Helicobacter pylori* **conduirait :**
> • **à une antibiothérapie** .... **2 points**
>   — **associant amoxicilline** .... **2 points**
>   — **et un autre antibiotique (clarythromacine,**
>   **metronidazole)** .... **2 points**
> • **à doubler la posologie de l'IPP** .... **2 points**
> • **à faire le traitement pendant une semaine seulement**
>   **si le patient est asymptomatique à la fin de la semaine**
>   **de traitement** .... **2 points**
> • **sinon il faut poursuivre 4 à 6 semaines** .... **2 points**

Comment s'assurer de l'efficacité de votre traitement (prendre en compte l'influence du résultat des biopsies)?

- Dans tous les cas (présence ou non d'*Helicobacter pylori*)
  l'efficacité du traitement est jugée sur:
  - la disparition des douleurs ....1 point
  - et l'absence de survenue de complication ....1 point
  - un contrôle endoscopique est inutile... 2 points
- Si gastrite à *Helicobacter pylori* une vérification
  de l'éradication est souhaitable:
  - par le test respiratoire à l'urée marquée.......................................1 point
    — *Helicobacter pylori* sécrétant une réasse.............................1 point
    — l'ingestion d'urée marquée ....1 point
    — est suivie d'une production d'ammoniac
      dans la respiration..1 point

Si la poussée ulcéreuse guérit, quel est le pronostic à long terme de cet ulcère? Comment prévenir une récidive?

- → *Le pronostic dépend de la cause de l'ulcère, et dans le cas*
  où il est dû à Helicobacter pylori, *sur l'éradication ou non*
  de la bactérie par le traitement antibiotique.
- Si l'ulcère est simplement dû à l'AINS:
  - pas de récidive spontanée.. 5 points
  - mais risque de récidive avec prise d'anti-inflammatoire .... 2 points
- Si l'ulcère était associé à une gastrite à *Helicobacter pylori*:
  - en cas d'éradication d'*Helicobacter pylori*:
    — pronostic excellent:
      — pas de récidive... 2 points
      — pas de risque de complication................................... 2 points
    — très faible probabilité de nouvelle contamination .... 2 points
    — pas de traitement de fond à envisager .... 2 points
  - en l'absence d'éradication d'*Helicobacter pylori*:
    — possibilité de récidive de l'ulcère .... 5 points
    — risque de complications:
      — hémorragie ....1 point
      — perforation ....1 point
      — sténose..1 point
  - dans ce cas pour essayer d'éviter les récidives:
    — vérifier si le traitement a été correctement suivi............. 2 points
    — si le traitement a été mal suivi, faire un nouvel essai........1 point
    — si le traitement a été bien suivi:
      — essayer une autre association antibiotique..............1 point
      — ou faire de nouvelles biopsies pour prélever
        Helicobacter pylori et faire un antibiogramme ....1 point
  - en cas d'échec de la tentative d'éradication,
    traitement de fond par IPP à demi-dose à envisager................. 2 points

À propos de la **question 1** quelques modèles sur le thème des gastralgies :

- *Gastralgies postprandiales tardives*
  - ulcère duodénal ou gastrique
- *Sujet jeune – Gastralgies postprandiales tardives*
  - ulcère duodénal
- *Gastralgies sans rythme – prise d'AINS*
  - gastrite
  - ulcère duodénal
  - ulcère gastrique
- *Gastralgies avec rythme – prise d'AINS*
  - ulcère duodénal
  - ulcère gastrique
  - gastrite
- *Gastralgies avec ou sans rythme chez un sujet de plus de 50 ans sans antécédent ulcéreux*
  - ulcère gastrique
  - cancer gastrique

Ce dossier permet d'exposer les différences entre les ulcères dus à *Helicobacter pylori* et ceux dus à des anti-inflammatoires aux plans de la physiopathologie, du traitement et du pronostic à long terme.

Les questions sur le traitement pourraient conduire à demander la construction d'un arbre de décision. En pratique, pour répondre à une question de ce type, il est souvent utile de construire au brouillon un arbre de décision qui sert ensuite de plan à la rédaction.

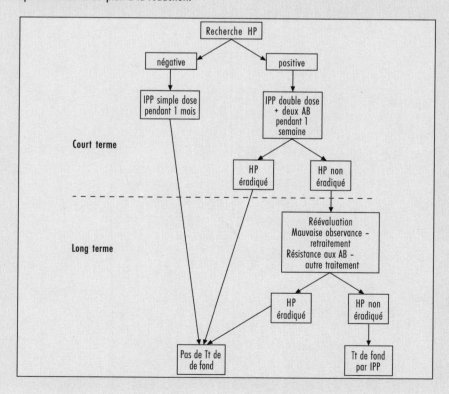

Mme Rodica S., 72 ans, vient d'arriver aux Urgences, adressée par le médecin de sa fille chez laquelle elle est venue passer quelques jours en ce début d'été.

Mme S. paraît fatiguée ; elle vient de vomir une centaine de ml d'un liquide grisâtre avec des glaires et des débris alimentaires. La fiche de soins commencée par une infirmière indique que la pression artérielle est à 9-6 cm Hg, le pouls à 90/min, la température normale.

Mme S. est roumaine et, grâce à vos communs efforts, l'infirmière et vous avez compris :

- qu'elle a des douleurs épigastriques depuis quelque temps ;
- qu'elle a mal à la tête ;
- qu'elle présente depuis des années ce qu'elle appelle des « allergies alimentaires » : trois ou quatre fois dans l'année, des crises de vomissements accompagnées de maux de têtes, frontaux, ou temporaux, droits ou gauches ;
- qu'elle aurait actuellement des sensations nauséeuses ou vertigineuses (vous n'avez pas réussi à faire préciser).

Sa fille, qui vit en France depuis trente ans, retardée auprès de l'ambulancier, va vous servir d'interprète.

Mais votre pensée est lancée...

Question 1

Quelles sont les quelques hypothèses (ou groupes d'hypothèses) que vous ne pouvez pas manquer d'évoquer en fonction de ces premières données ?

Question 2

Vous commencez à examiner Mme S. Présentez les grandes lignes de votre examen clinique en précisant ce que vous recherchez.

Question 3

L'interrogatoire mené avec l'aide de la fille de Mme S. vous a permis de préciser :
– que ses troubles actuels sont des nausées et des vomissements qui ont commencé il y a une dizaine de jours, un mal de tête diffus mais peu intense ;
– que depuis quelque temps son appétit a diminué et qu'elle a une certaine gêne épigastrique ;
– qu'elle a pris il y a une quinzaine de jours des médicaments pour calmer les douleurs de sa hanche (elle a une coxarthrose droite), et vous avez le plaisir de déchiffrer que ce médicament est du kétoprofène sur la notice en roumain qui vous est montrée.

Antécédents :
– Mme S. a été opérée d'un cancer du sein gauche il y a une dizaine d'années et elle garde un lymphœdème.
– Elle a trois enfants : cette fille en France, deux fils en Roumanie.

Contexte :
– Elle vit à Bucarest ; c'est une ancienne professeur d'histoire. Sa fille laisse entendre qu'elle a connu des moments difficiles.

Compte tenu des précisions qui viennent d'être apportées quelles sont les hypothèses que vous retenez pour expliquer les vomissements passés et actuels de Mme S.

Question 4

Votre examen clinique vous a simplement permis de constater une déshydratation : bouche un peu sèche, pli cutané, pression abaissée à 10-8 cm Hg (sa pression artérielle normale serait 14-9 cm Hg).
Il est temps de mettre en place un traitement symptomatique :
– indiquez vos objectifs ;
– rédigez avec précision votre prescription (on vous rappelle que vous êtes dans un service d'urgence : il s'agit donc d'une prescription qui sera effectuée par une infirmière) ;
– indiquez les éléments de surveillance.

Voici le bilan :

Hématies	$5,5 \times 10^6/mm^3$	Na⁺	131 mmol/l (135-145)
— Hémoglobine	17,2 g/dl	Cl	70 mmol/l (95-107)
— VGM	88 μ^3	K	2,3 mmol/l (3,5-5)
— Hématocrite	48 %	CO_3H	40 mmol/l (24-32)
Leucocytes	13 500/mm³	PCO_2	7,2 kPA (5-6,5)
— neutrophiles	73 %	pH	7,52
— éosinophiles	2 %	Protides	86 g/l (60-80)
— lymphocytes	19 %	Albumine	53 g/l (35-50)
— monocytes	6 %	Urée	12,5 mmol/l (3,5-7)
Plaquettes	353 000/mm³	Créatinine	102 µmol/l (62-124)

Interprétez ces résultats.

Deux jours plus tard, l'état clinique de Mᵐᵉ S. est plus satisfaisant. Une fibroscopie gastrique montre que Mᵐᵉ S. présente une sténose du pylore, avec à ce niveau une ulcération anfractueuse qui commence sur le versant antral du pylore. La sténose n'est pas franchissable. Quelles sont les questions diagnostiques qui se posent ?

GRILLE DE CORRECTION

Question 1

10 points

Quelles sont les quelques hypothèses (ou groupes d'hypothèses) que vous ne pouvez pas manquer d'évoquer en fonction de ces premières données ?

- **Migraines** .... 2 points
- **Hypertension intracrânienne, syndrome méningé** .... 2 points
- **Vertiges d'origine ORL ou cérébelleux** .... 2 points
- **Vomissements d'origine digestive :**
  - **sténose haute, gastrique, pylorique ou duodénale :**
    - — **par ulcère ou cancer gastrique** .... 1 point
    - — **par ulcère duodénal** .... 1 point
    - — **par compression duodénale** .... 1 point
  - **occlusion haute : obstacle jéjunal** .... 1 point

Question 2

15 points

Présentez les grandes lignes de votre examen clinique en précisant ce que vous recherchez.

- **Recherche de signes de déshydratation** .... 1 point
  - **langue sèche** .... 1 point
  - **pli cutané** .... 1 point
- **Examen cardio-vasculaire :**
  - **auscultation, pression artérielle, pouls** .... 1 point
- **Examen respiratoire ; fréquence et amplitude respiratoire** .... 1 point
- **Examen abdominal : recherche :**
  - **d'un clapotage gastrique (sténose pylorique ou duodénale)** .... 2 points
- **Examen neurologique :**
  - **recherche d'un déficit moteur** .... 2 points
  - **éliminer un syndrome méningé (rechercher une raideur de la nuque)** .... 2 points
  - **recherche d'une diplopie** .... 2 points
  - **recherche d'un trouble cérébelleux (épreuve doigt-nez, « les marionnettes »)** .... 2 points

Question 3

15 points

Compte tenu des précisions apportées ci-dessus quelles sont les hypothèses que vous retenez pour expliquer les vomissements passés et actuels de Mme S.

- **Surtout causes gastro-duodénales :**
  - **ulcère du fait de la prise d'AINS** .... 5 points
  - **cancer** .... 5 points
- **Hypertension intra-crânienne par métastase de cancer du sein** .... 5 points

Il est temps de mettre en place un traitement symptomatique :
- indiquez vos objectifs ;
- rédigez avec précision votre prescription (on vous rappelle que vous êtes dans un service d'urgence : il s'agit donc d'une prescription qui sera effectuée par une infirmière) ;
- indiquez les éléments de surveillance.

- **Objectifs :**
  - traiter les vomissements de façon symptomatique.................. 3 points
  - réhydrater.. 3 points
- **Modalités :**
  - perfuser dans les 3 heures 2 litres d'un soluté isotonique poly-ionique.. 2 points
    - (ClNa, ClK, glucose)... 3 points
  - injection intra-veineuse d'une ampoule de métoclopramide... 2 points
    - (sont acceptés PRIMPÉRAN®, métopimazine ou VOGALÈNE®)
  - en plus deux ampoules dans le soluté perfusé......................... 2 points
  - sonde d'aspiration gastrique en cas de stase gastrique............. 5 points
- **Suivi :**
  - l'état clinique :
    - soif, pli cutané, sécheresse des muqueuses...................... 1 point
    - prise de la pression artérielle... 1 point
    - auscultation des bases pulmonaires pour prévenir toute surcharge chez cette femme de 72 ans...................... 1 point
    - la diurèse.. 1 point
  - les dosages des électrolytes sanguins, de l'hématocrite et de l'urée... 1 point

Interprétez ces résultats.

- **Alcalose métabolique hypochlorémique car**.......................... 5 points
  - **pH et bicarbonates élevés**... 2 points
  - **Cl bas**... 1 point
  - **du fait de la perte d'ions Cl⁻**.. 1 point
  - **et H⁺ du fait des vomissements**.. 2 points
- **La déshydratation explique :**
  - **l'élévation de l'hématocrite et des éléments**........................ 2 points
  - **l'élévation des protides, de l'albumine**................................ 2 points
  - **l'insuffisance rénale (probablement fonctionnelle)**................ 2 points

Quelles sont les questions diagnostiques qui se posent?

> ▪ **Deux niveaux de questions:**
>   - ulcère ou cancer gastrique.. 4 points
> ▪ **En cas d'ulcère:**
>   - ulcère dû à la prise d'AINS .... 4 points
>   - ulcère associé à *Helicobacter pylori* .... 5 points
> ▪ **Il est nécessaire d'attendre les résultats des biopsies faites**
>   **sur l'ulcère et la muqueuse gastrique**....................................... 5 points

COMMENTAIRES

Ce dossier est sans grande difficulté.

Il interpelle d'abord sur les causes de vomissements et il n'est pas judicieux de vouloir être exhaustif sur celles-ci lors d'un premier contact avec un patient.

Des modèles donnent les premières pistes :

- *Vomissements répétés et gastralgies*
  - ulcère avec sténose
  - cancer sténosant

- *Vomissements abondants, noirâtres = vomito negro*
  - sténose digestive... siégeant n'importe où de l'estomac au rectum

- *Vomissements chez une femme en période d'activité génitale*
  - début de grossesse → faire les βHCG avant toute autre investigation diagnostique

- *Vomissements répétés sans autre signe chez une jeune fille*
  - début de grossesse
  - avec prudence penser à l'anorexie mentale

- *Vomissements et maux de tête*
  - migraine
  - méningite aiguë
  - hémorragie méningée
  - hypertension intracrânienne

- *Vomissements répétés et vertiges rotatoires*
  - c'est le vertige qui donne les vomissements (et non l'inverse) ; en dehors de vertiges dans le cadre d'un malaise vagal, l'origine du trouble n'est pas digestive

Petit rappel de vocabulaire : un obstacle complet sur la filière digestive entraîne une **sténose** en amont de l'angle de Treitz, une **occlusion** en aval.

Ce dossier présente **un bilan typique de déshydratation et d'alcalose métabolique.**

Des détails pourraient être demandés sur le mécanisme des troubles. Des vomissements abondants entraînent :

- la perte d'eau et de sodium responsable d'une déshydratation globale ;
- la perte d'ions H^+ et Cl^- d'où l'alcalose métabolique hypochlorémique, aggravée par deux mécanismes :
  - la perte de potassium dans les vomissements ;
  - l'acidurie paradoxale : le rein ne corrige pas des alcaloses métaboliques ;
- exceptionnellement, la perte de calcium est suffisamment importante pour entraîner des manifestations de tétanie.

Dans ce dossier il est demandé d'établir un traitement symptomatique des vomissements.

Par référence à la présentation de la **stratégie thérapeutique** faite à propos du dossier précédent on constate une adaptation logique du plan de base :

- **la réflexion** se limite aux objectifs ; en effet il serait superflu dans ce dossier de discuter des moyens, du terrain, d'un bilan pré-thérapeutique, pour prendre les premières mesures (noter que le traitement symptomatique est à établir avant d'avoir le bilan biologique/biochimique) ;

- **la prescription** doit être détaillée, la lettre P apparaissant dans le libellé de la question 345 portant sur les vomissements. Dans une période où l'accent est mis au plus haut niveau sur les médicaments génériques il est judicieux d'apprendre les noms de DCI de ceux dont la prescription peut être demandée dans le cadre de l'ECN ;

- **le suivi** est détaillé.

Mme G. Raymonde, 52 ans, a été opérée il y a un mois d'un cancer de l'estomac. Il s'agissait d'une tumeur bourgeonnante de l'antre gastrique pré-pylorique, de 2 cm de diamètre, qui avait été révélée par des vomissements du fait d'une sténose. L'intervention a consisté en une gastrectomie des deux-tiers avec anastomose gastro-jéjunale (gastrectomie type FINSTERER).

L'intervention a montré que la tumeur occupait toute l'épaisseur de la paroi (atteignant la séreuse), mais ne comportait pas d'envahissement ganglionnaire ni de métastase.

C'était une patiente obèse (80 kg pour 1,66 m) qui a perdu 15 kg dans l'affaire.

Actuellement elle apprécie d'être rassasiée avec peu de chose, mais se plaint d'avoir deux ou trois selles par jour (antérieurement elle avait tendance à être constipée).

Antécédents :

- Intervention sur la cloison nasale il y a trente ans
- Cholécystectomie pour lithiase il y a sept ans
- La récente intervention gastrique.

Contexte :

- C'est un professeur de français dans un collège.
- Elle est mariée, a deux enfants de 24 et 21 ans. Elle fume au moins un paquet de cigarettes par jour (« *c'est indispensable pour corriger des copies* » dit-elle).
- Elle a un diabète non insulino-dépendant qui était mal contrôlé par le traitement avant l'intervention.

L'examen clinique est actuellement normal.

Mme G. a toujours été anxieuse et précise « *je ne veux pas souffrir* ».

Question 1
Compte tenu de la lésion, en quoi a consisté l'intervention (soyez précis sur l'étendue de l'exérèse et le mode de rétablissement de la continuité)?

Question 2
Faire deux schémas :
– un représentant et situant simplement le cancer gastrique avant l'intervention, sur un schéma de l'estomac de face ;
– un de la situation anatomique après l'intervention (en y situant foie, voies biliaires et pancréas).

Question 3
Par référence à l'anatomie et à la physiologie comment peut-on expliquer les troubles actuels?

Question 4
Exposez le pronostic de cette patiente à moyen terme (pour les 5 ans à venir) en précisant :
– les facteurs du pronostic ;
– les modalités évolutives possibles.

Question 5
Exposez le pronostic de cette patiente à long terme (au-delà de 5 ans) en précisant :
– les facteurs du pronostic ;
– les modalités évolutives possibles.

Question 6
Exposez dans ses grandes lignes ce que vous allez expliquer à la malade en ce qui concerne le suivi de son état et son pronostic.

Question 7
Le fait que Mme G. ait eu un cancer gastrique a-t-il une incidence (autre qu'émotionnelle) pour ses enfants?

Question 1

5 points

Compte tenu de la lésion, en quoi a consisté l'intervention (soyez précis sur l'étendue de l'exérèse et le mode de rétablissement de la continuité) ?

- Gastrectomie des deux tiers..1 point
- Enlevant une partie du fundus, l'antre, le pylore, le bulbe..............1 point
- Les aires ganglionnaires au contact de la tumeur............................1 point
- Les éventuelles adénopathies cœliaques ....1 point
- Anastomose gastro-jéjunale..1 point

Question 2

10 points

Faire deux schémas :
- un représentant et situant simplement le cancer gastrique avant l'intervention, sur un schéma de l'estomac de face ;
- un de la situation anatomique après l'intervention (en y situant foie, voies biliaires et pancréas).

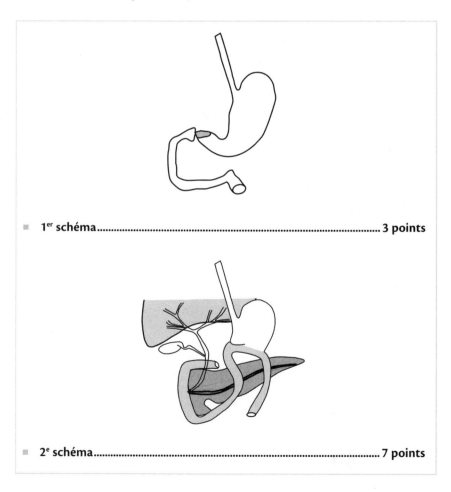

- 1er schéma...3 points

- 2e schéma..7 points

Question 3

15 points

Par référence à l'anatomie et à la physiologie comment peut-on expliquer les troubles actuels ?

- **La satiété précoce est due à la réduction du volume gastrique .... 5 points**
- **La diarrhée peut être due à :**
  - **l'absence de pylore qui accélère la vidange gastrique............... 5 points**
  - **la section de branches des nerfs pneumogastriques................. 5 points**

Question 4

35 points

Exposez le pronostic de cette patiente à moyen terme (pour les 5 ans à venir) en précisant :
– les facteurs du pronostic ;
– les modalités évolutives possibles.

- **Pronostic à 5 ans est lié à deux facteurs :**
  - **le facteur essentiel est le cancer gastrique............................ 5 points**
  - **les conséquences de la résection gastrique................................ 2 points**
- **Modalités évolutives possibles :**
  - **le taux de guérison à 5 ans d'une tumeur T3**
    est environ de 40 %.. 5 points
  - **il y a des risques :**
    - **de récidives locales... 1 point**
      - **douleurs.. 2 points**
      - **hémorragies.. 1 point**
      - **sténose... 2 points**
    - **d'extension régionale .... 1 point**
      - **ictère par envahissement**
        du pédicule hépatique .... 2 points
      - **envahissement du foie.. 1 point**
      - **carcinomatose péritonéale .... 1 point**
    - **de métastases .... 1 point**
      - **hépatiques .... 1 point**
      - **pulmonaires .... 1 point**
- **La résection gastrique peut être à l'origine :**
  - **de troubles fonctionnels.. 5 points**
  - **de diarrhée .... 2 points**
  - **d'amaigrissement, voire de dénutrition.............................. 2 points**

Exposez le pronostic de cette patiente à long terme (au-delà de 5 ans) en précisant :
– les facteurs du pronostic ;
– les modalités évolutives possibles.

- ■ **Le pronostic au-delà de cinq ans n'est plus lié au cancer mais au terrain ; les facteurs sont :**
  - • l'âge : Mme G. aura 57 ans ....1 point
  - • le diabète ....1 point
  - • le tabagisme ....1 point
- ■ **Les modalités évolutives possibles :**
  - • dans 5 ans Mme G. aura 57 ans : son âge n'interviendra pas directement sur le pronostic ....2 points
  - • le diabète :
    - — il est en partie lié à l'obésité ....1 point
    - — il est probable que la perte de poids suite à l'intervention aura eu un effet favorable sur ce diabète ....1 point
    - — essentiellement complications vasculaires dégénératives :
      - — coronariennes ....2 points
      - — vasculaires cérébrales ....2 points
      - — rénales ....1 point
  - • le tabagisme, s'il est poursuivi :
    - — aggraverait les conséquences du diabète ....1 point
    - — exposerait aux risques de cancers des voies aéro-digestives supérieures ....2 points

---

Exposez dans ses grandes lignes ce que vous allez expliquer à la malade en ce qui concerne le suivi de son état et son pronostic.

- ■ **En ce qui concerne le suivi :**
  - • l'intérêt de consultations régulières (tous les trois mois)...........1 point
    - — pour l'état digestif ....1 point
    - — le diabète...1 point
    - — le sevrage tabagique ....1 point
  - • d'examens complémentaires à la demande ....1 point
- ■ **En ce qui concerne le pronostic :**
  - • vis-à-vis de son cancer :
    - — il y a environ une chance sur deux pour qu'elle soit guérie ....1 point
    - — en cas de récidives d'autres traitements sont possibles... 1 point
  - • vis-à-vis de son diabète et de son tabagisme :
    - — le pronostic est étroitement lié à ses possibilités de respecter un régime alimentaire pour contrôler son diabète...2 points
    - — ne plus fumer...2 points
    - — une aide psychologique peut lui être apportée.................1 point

Le fait que Mme G. ait eu un cancer gastrique a-t-il une incidence (autre qu'émotionnelle) pour ses enfants ?

- **Par rapport à la population générale ils ont un risque accru de développer un cancer gastrique**............ 3 points
- **Il faut discuter chez eux l'opportunité d'une recherche d'une gastrite à** *Helicobacter pylori* **et, si positive, l'éradication d'***Helicobacter pylori*.. 5 points

COMMENTAIRES

Ce dossier sur le cancer gastrique ne porte pas sur les aspects relativement faciles du diagnostic, du bilan et du traitement. Il analyse la compréhension des principes de la chirurgie, sonde des connaissances élémentaires d'anatomie et de physiologie, enfin pousse à réfléchir au pronostic en tenant compte de différents facteurs, ici un diabète non insulino-dépendant et un tabagisme.

Question 2 : des schémas !

Demander l'exécution de schémas simples est un pas qui, logiquement, devrait être franchi dans les épreuves de l'ECN. Outre le principe général qu'un dessin vaut mieux que de longs discours il est aisé de noter un schéma (tant sur son fond que sur sa qualité graphique), et un médecin peut être amené à faire des schémas pour donner des explications à des patients.

Question 3 : demander une explication physiopathologique ?

Une telle demande, lorsque la question est simple est dans le principe de l'ECN.

Questions 4, 5 et 6 : le pronostic.

L'aspect scientifique (*prévision et anticipation des événements susceptibles de survenir*) et **l'aspect humain** (*information du patient* sur sa maladie et le traitement) sont les deux aspects du pronostic abordés dans ce dossier. L'aspect **social** (aide du patient à se situer dans la société, les modes de prise en charge, les droits divers) n'est pas abordé.

Appliquée au cas de Mme G. la réflexion sur le pronostic conduit, mentalement, ou sur le papier, à construire le tableau suivant.

Les temps du pronostic		
Facteurs	**Pronostic à 5 ans (moyen terme)**	**Pronostic à long terme (au-delà de 5 ans)**
Le cancer gastrique opéré	Récidives Séquelles : troubles fonctionnels Amaigrissement	Peu de risque de récidive après 5 ans
Age		Plus de 20 ans de vie
Diabète		Complications vasculaires dégénératives
Tabac		Complications vasculaires dégénératives Cancers voies aéro-digestives supérieures

Ensuite il ne reste plus qu'à rédiger en veillant à l'équilibre des différentes parties.

Inutile de préciser qu'il ne faut pas se lancer directement dans la rédaction du pronostic car c'est un exercice difficile où l'interaction des facteurs donne son originalité au cas... surtout si on y ajoute d'autres réflexions sur le plan des choix de vie, la vie sociale et professionnelle.

Mme Annie D., 42 ans, vient d'arriver aux Urgences (il est 12 h 30). Elle présente depuis un peu plus d'une heure une violente crise douloureuse abdominale.

Vers 11 h ce matin, sur son lieu de travail (elle est employée de bureau dans une société d'assurances), elle a ressenti un inconfort épigastrique qui, en une dizaine de minutes, a évolué en une douleur intense.

Le SAMU a été appelé. Le médecin a injecté par voie veineuse un antispasmodique qui a peut-être atténué la douleur. Il a aussi fait un électrocardiogramme qui est normal.

Elle vient d'avoir un vomissement alimentaire (le petit-déjeuner pris à 8 h…), ce qui a un peu soulagé la douleur.

Antécédents : Mme D. a eu la varicelle et la rougeole dans son enfance. À 22 ans elle a dû être opérée des dents de sagesse.

Il y a cinq ans elle a été gênée par un tennis-elbow et a pris pendant quelque temps des anti-inflammatoires.

Elle a deux enfants de 14 et 9 ans, le second accouchement ayant nécessité une césarienne.

Son père est diabétique. Sa mère a eu des calculs vésiculaires et a été cholécystectomisée il y a une quinzaine d'années.

Contexte : Mariée, deux enfants, elle est sportive, faisant régulièrement de la gymnastique, jouant au tennis et faisant encore quelques compétitions lors de ses vacances.

Elle mesure 1,66 m et pèse 53 kg.

Elle se dit gourmande mais « faisant attention à son poids ». Elle ne prend qu'occasionnellement du vin ou un apéritif.

Son seul problème est de présenter des accès de migraines, environ 5 à 6 crises par an.

Au point où nous en sommes :

Mme D. continue à souffrir mais l'injection de Viscéralgine qui vient de lui être faite semble la soulager. Elle paraît fatiguée par sa douleur, mais son état n'inspire pas l'inquiétude. Elle s'exprime clairement. Elle respire normalement, son pouls est à 82/min, sa pression artérielle à 12-7 cm Hg.

Nous sommes donc dans l'urgence. Vous remplacez pendant quelques heures un collègue.

Question 1

D'abord énumérer les hypothèses diagnostiques qui vous viennent à l'esprit sur ces premières données.

Reprenez chacune des hypothèses en trois points : la ou les raisons qui vous la font évoquer, les symptômes et les signes d'examen (positifs et négatifs) qui étayeraient l'hypothèse.

Question 2

Compte tenu des hypothèses que vous avez formulées présentez les premiers examens complémentaires (ou la première ligne d'examens complémentaires) que vous allez faire pratiquer en explicitant ce que vous attendez de chacun d'eux, aux plans diagnostique et pronostique. *Pour la simplicité de l'exposé et éviter des répétitions, vous pouvez regrouper en une même discussion certains examens.*

Question 3

Le collègue que vous remplaciez a pris la suite et vous n'aviez pas su ce qu'était devenue Mme D.

Dix jours plus tard le hasard fait que vous remplacez le médecin traitant de Mme D. qui vient en consultation. Vous avez la lettre de l'hôpital.

Mme D. a fait une pancréatite aiguë peu sévère. Tout s'est limité à la violente crise douloureuse, qui a fini par être calmée en six heures. Elle n'a été hospitalisée que quatre jours. Elle est sortie de l'hôpital il y a une semaine.

Une lithiase vésiculaire a été diagnostiquée. Le scanner a montré simplement un œdème de la tête du pancréas. Il a été conseillé une cholécystectomie.

Mme D. est en pleine forme. Elle ne comprend pas la nécessité d'une intervention. Sa mère avait pu passer des années sans faire de crise, ce qui lui a permis d'attendre avant de se faire opérer. Bien sûr, si l'intervention doit guérir ses migraines, elle acceptera volontiers de se faire opérer. Quelque chose l'a inquiété : on lui a parlé d'une opération « sans ouvrir le ventre », est-ce bien sérieux ? !!

Voici donc la question : Quel est le pronostic lié à la lithiase en l'absence d'intervention ?

Question 4

Expliquez à la patiente les modalités de l'intervention proposée.

Question 5

Quels sont les risques de l'intervention ?

Question 6

Quel est le pronostic à long terme après intervention. Quelle influence l'intervention aura-t-elle sur les migraines de Mme D. ?

Question 1

25 points

D'abord énumérer les hypothèses diagnostiques qui vous viennent à l'esprit sur ces premières données.

Reprenez chacune des hypothèses en trois points : la ou les raisons qui vous la font évoquer, les symptômes et signes d'examen (positifs et négatifs) qui étayeraient l'hypothèse.

- **Les 3 hypothèses attendues : colique hépatique atypique, pancréatite aiguë, ulcère perforé**
- **Colique hépatique atypique : en faveur :**
  - femme de la quarantaine .... 1 point
  - des douleurs biliaires peuvent être épigastriques .... 2 points
  - interrogatoire : analyse séméiologique
    (inhibition respiratoire, irradiations) .... 2 points
  - examen : abdomen souple .... 2 points
  - mère avec lithiase .... 1 point
- **Pancréatite aiguë (PA) lithiasique :**
  - même terrain que la colique hépatique .... 1 point
  - et alcoolisme exclu .... 2 points
  - interrogatoire : analyse séméiologique
    (irradiations dorsales, compression abdominale,
    position « enroulée sur le pancréas ») .... 2 points
  - simple défense épigastrique .... 1 point
- **Ulcère perforé :**
  - évoqué sur le siège de la douleur .... 1 point
  - s'enquérir de la prise récente d'aspirine
    chez cette migraineuse .... 2 points
  - examen : recherche d'une contracture .... 2 points
- **Autre hypothèse (étranglement de hernie interne,
  ischémie d'une anse grêle...)** .... 2 points
- **À condition qu'elle soit pertinente** .... 4 points
- → *L'improbable omission de l'une des 2 grandes hypothèses
  (pancréatite aiguë, ulcère perforé) conduirait à noter zéro la question.*

Compte tenu des hypothèses que vous avez formulées présentez les premiers examens complémentaires (ou la première ligne d'examens complémentaires) que vous allez faire pratiquer en explicitant ce que vous attendez de chacun d'eux, aux plans diagnostique et/ou pronostique. Pour la simplicité de l'exposé et éviter des répétitions, vous pouvez regrouper en une même discussion certains examens.

- Amylase et lipase : taux élevés si pancréatite aiguë (intérêt diagnostique) .... 3 points
- Bilirubine, phosphatases alcalines, transaminases : des taux élevés seraient cohérents avec une colique hépatique et une PA biliaire. (intérêt diagnostique) .... 3 points
- Hémogramme : une leucocytose, témoin d'une infection serait cohérente avec les 3 hypothèses, de mauvais pronostic dans une PA si > 16 000/mm³ .... 2 points
- Seraient facteurs de mauvais pronostic dans une PA :
  - une calcémie basse .... 2 points
  - une glycémie élevée .... 2 points
  - une acidose respiratoire à l'analyse des gaz du sang .... 2 points
  - un taux d'urée et/ou de créatinine élevé .... 2 points
- Si on dispose de la possibilité de faire un scanner en urgence, c'est cet examen qui sera demandé permettant :
  - de mettre en évidence une lithiase vésiculaire .... 1 point
  - parfois de constater une dilatation de la voie biliaire principale .... 1 point
  - d'apprécier l'aspect du pancréas :
    - le scanner avec injection permet de distinguer les zones saines des zones touchées par la pancréatite (non opacifiées) .... 2 points
    - la région péri-pancréatique .... 1 point
    - de calculer le score de Balthazar .... 2 points
- En l'absence de possibilité de faire un scanner :
  - l'abdomen sans préparation, debout, de face avec les coupoles
  - un pneumo-péritoine (croissants gazeux sous les coupoles) imposerait le diagnostic de perforation .... 2 points
  - une PA serait évoquée par l'absence de pneumo-péritoine .... 1 point
    - une anse sentinelle (duodénale ou jéjunale) .... 1 point
    - un calcul biliaire opaque aux rayons X .... 1 point
- L'échographie abdominale :
  - souvent gênée par des gaz .... 1 point
  - lithiase vésiculaire .... 4 points
  - gros pancréas .... 2 points

Question 3

10 points

Quel est le pronostic lié à la lithiase en l'absence d'intervention ?

- ■ **Les risques de toute lithiase biliaire :**
  - • **colique hépatique**..1 point
  - • **cholécystite aiguë**..2 points
  - • **lithiase du cholédoque**..2 points
  - • **nouvelle poussée de PA**..1 point
  - • **avec risque cette fois d'une forme nécrotico-hémorragique**...2 points
  - • **risque de cancer (n'apporte aucun point car le problème n'est pas là)**
  - • **mais la lithiase peut ne jamais entraîner d'autres troubles**..2 points
- → *L'omission des complications proprement biliaires (colique hépatique, cholécystite aiguë, lithiase du cholédoque) fait noter zéro la question.*

Question 4

10 points

Expliquez à la patiente les modalités de l'intervention proposée.

- ■ **Il faut utiliser un langage simple, compréhensible, le seul mot spécialisé étant cœliochirurgie ; les principes techniques de l'intervention sont :**
  - • **insufflation d'air dans l'abdomen permettant de constituer une voûte au-dessus des viscères**.........................2 points
  - • **des trocarts sont introduits dans l'abdomen par de petites incisions**...1 point
  - • **dans ces trocarts on fait passer une caméra miniaturisée et des instruments à long manche qu'on manipule depuis l'extérieur**...1 point
  - • **le chirurgien travaille en regardant un écran de télévision**........1 point
  - • **la vésicule sera retirée comme on retirerait une bourse**............1 point
  - • **le chirurgien fera une radio du canal cholédoque**......................1 point
  - • **en cas de difficulté pendant l'intervention le chirurgien peut être conduit à ouvrir l'abdomen (conversion)**...................1 point
- ■ **Pour mieux expliquer je ferai un schéma ou j'utiliserai des images**...2 points
- → *L'omission de la radio de la voie biliaire principale ou de l'éventualité de conversion fait donner zéro à cette question.*

Question 5

10 points

Quels sont les risques de l'intervention ?

- ■ **D'abord les risques de toute intervention :**
  - • **risque accident anesthésique (1 pour mille)**...............................1 point
  - • **phlébite, embolie pulmonaire**..2 points
- ■ **Ensuite les complications spécifiques :**
  - • **plaie de la voie biliaire**..2 points
  - • **pancréatite aiguë post-opératoire**..5 points

Quel est le pronostic à long terme après intervention. Quelle influence l'intervention aura-t-elle sur les migraines de Mme D.

- **Il arrive que des patients fassent de nouveaux calculs dans leur cholédoque**..**2 points**
  - **exposant aux risques de colique hépatique, angiocholite, pancréatite**..**3 points**
- **La cholécystectomie n'a aucune influence sur une maladie migraineuse**..**3 points**
- **Il ne faut pas faire de la maladie migraineuse un argument pour la cholécystectomie**..**1 point**
- **Mais une part psychologique intervenant dans les migraines on peut laisser entendre qu'il est possible que la cholécystectomie ait une influence favorable**..**1 point**

COMMENTAIRES

Ce dossier comprend trois parties différentes :
- une réflexion simple sur les données initiales menant à une première étape dans la demande des examens complémentaires ;
- une question sur le pronostic ;
- deux questions sur l'intervention, dont une est à rédiger en termes compréhensibles par quelqu'un n'ayant pas de connaissance médicale.

La question 1 fait travailler sur les hypothèses diagnostiques devant une douleur épigastrique intense.

Le nombre de modèles est limité :
- *Douleurs brutales et intenses sus-ombilicales sans alcoolisme*
  - ulcère perforé
  - colique hépatique atypique
  - pancréatite aiguë d'origine biliaire
- *Douleurs brutales et intenses sus-ombilicales — alcoolisme*
  - pancréatite aiguë alcoolique
  - ulcère perforé

Nul mystère, seuls les ignares pourraient ne pas reconnaître d'emblée un tableau de pancréatite aiguë ; ils seront donc aidés par la lecture de l'ensemble du dossier (comme il faut le faire habituellement). Mais ils n'iront pas loin pour si peu.

La question 3 a trait au pronostic.

Cette question sur le pronostic revient à exposer les **modalités évolutives possibles**. Dans tous les chapitres de pathologie, la partie réservée aux *modalités évolutives* donne des éléments importants pour répondre à des questions sur le pronostic.

De nombreux items sont indispensables : mentionné, chacun rapporte peu (1 à 3 points), omis ils peuvent conduire à noter zéro la question.

Pour la question 4 c'est la simplicité et la clarté de l'explication qui sont importantes : c'est à la patiente que vous vous adressez et non au correcteur. Néanmoins le correcteur attend des notions importantes : la réalisation d'une radiographie per-opératoire de la voie biliaire, l'annonce d'une possible *conversion* en cas de difficulté.

La question 5 sur les risques opératoires est l'occasion de proposer un petit plan utile pour chaque question de ce type : complications générales, complications spécifiques, complications liées au terrain. Ici, chez cette femme de 42 ans, le paragraphe *complications liées au terrain* serait saugrenu.

La question 6 permet de gagner 5 points en étant prudent dans la réponse sur l'influence possible de la cholécystectomie sur la lithiase. Dans une question centrée sur la migraine le leurre pourrait être de rendre une patiente demandeuse d'une cholécystectomie pour une lithiase **a**symptomatique.

M. V. Luc, 65 ans, retraité depuis un an, signale voir du sang rouge dans ses selles, ce qu'il a volontiers attribué à des hémorroïdes. Il n'a pas de troubles du transit intestinal ni de faux besoins.

L'examen clinique général ne montre rien d'anormal mais on perçoit au toucher rectal une masse irrégulière, dure, mobile.

Antécédents : infarctus du myocarde il y a dix ans ayant conduit à la pose d'un stent. Il suit un traitement comportant un hypocholestérolémiant, un bêtabloquant et un anti-agrégant plaquettaire.

Contexte : marié, n'a pas d'enfant. A travaillé dans l'aéronavale.

Question 1

Quel est le premier examen à envisager et qu'en attendez-vous ?

Question 2

Quels sont les examens complémentaires indispensables au bilan et qui vont permettre de définir la stratégie thérapeutique ?

Question 3

Les biopsies ont confirmé l'adénocarcinome. Dans l'hypothèse où la tumeur n'a pas donné de métastases, donnez les indications d'un traitement pré ou postopératoire, c'est-à-dire néoadjuvant ou adjuvant ?

Question 4

Décrivez :
- le type d'opération à envisager chez ce patient qui est porteur d'une tumeur du moyen rectum ;
- les séquelles de la chirurgie dont il faut informer le patient.

Question 5

Quel est le protocole de surveillance à long terme ?

GRILLE DE CORRECTION

Question 1

15 points

Quel est le premier examen à envisager et qu'en attendez-vous ?

- Si coloscopie complète d'emblée sans passer
  par la rectosigmoïdoscopie .... 5 points
  - pour confirmation de la tumeur .... 2 points
  - mesure de la distance entre le pôle inférieur de la tumeur
    et la marge anale .... 3 points
  - biopsie pour ana-path .... 2 points
  - recherche d'autre(s) tumeur(s), polype(s) ou cancer(s) .... 3 points
- → *Mais si rectoscopie, puis coloscopie (en réponse à cette question*
  ou à la question 2) 2 points seulement à la 1re ligne.

Question 2

25 points

Quels sont les examens complémentaires indispensables au bilan et qui vont permettre de définir la stratégie thérapeutique ?

- Bilan de la tumeur :
  - loco-régional .... 1 point
    - écho-endoscopie rectale pour .... 3 points
    - apprécier l'extension dans la paroi .... 2 points
    - la présence d'adénopathies au contact
      de la paroi rectale .... 2 points
    - IRM si tumeur volumineuse ayant franchi
      la paroi pour apprécier l'extension
      vers le méso-rectum et la limite externe
      de la loge rectale .... 4 points
  - à distance :
    - échographie ou scanner abdominal .... 2 points
      - recherche de métastases hépatiques .... 1 point
    - radiographie pulmonaire ou scanner thoracique .... 2 points
      - recherche de métastases pulmonaires .... 1 point
- → *L'adjonction d'autres examens dans le cadre d'un bilan*
  d'extension n'apporte pas de points.
- Recherche d'autre tumeur colique par coloscopie
  (voir question précédente)
- Bilan du terrain :
  - consultation auprès de l'anesthésiste une semaine
    avant l'intervention .... 2 points
  - consultation cardiologique qui jugera de la nécessité
    ou non d'un bilan au-delà de la réalisation d'un ECG .... 2 points
  - bilan biologique dont dosage du cholestérol .... 3 points

Les biopsies ont confirmé l'adénocarcinome. Dans l'hypothèse où la tumeur n'a pas donné de métastases, donnez les indications d'un traitement pré ou postopératoire, c'est-à-dire néo-adjuvant ou adjuvant?

- **Radiothérapie pré-opératoire**.. 5 points
  - **si la tumeur est de stade T3 ou T4**
    (ou termes équivalents).. 3 points
  - **ou avec N1 (ou termes équivalents)** .... 2 points
- **Chimiothérapie post-opératoire**... 5 points
  - **pour tumeur avec N1 ou plus**... 5 points

Décrivez :
- le type d'opération à envisager chez ce patient qui est porteur d'une tumeur du moyen rectum ;
- les séquelles de la chirurgie dont il faut informer le patient.

- **Exérèse du rectum**.. 1 point
  - **avec exérèse du mésorectum** .... 2 points
  - **anastomose colo-rectale basse** .... 2 points
  - **avec colostomie temporaire**.. 4 points
- **Émissions quotidiennes de plusieurs selles**........................... 2 points
  - **risque d'incontinence**.. 4 points
  - **impuissance, troubles de l'éjaculation, de la miction** .... 4 points

Quel est le protocole de surveillance à long terme?

- **Tous les 3 mois pendant trois ans**.................................... 4 points
  - **examen clinique abdominal, toucher rectal**....................... 3 points
- **Pendant 5 ans**.. 2 points
  - **échographie abdominale tous les 3 à 6 mois** .... 2 points
  - **radiographie pulmonaire une fois par an**......................... 2 points
- **Coloscopie totale**.. 2 points
  - **à 3 ans**.. 3 points
  - **puis tous les 5 ans**.. 2 points

COMMENTAIRES

Ce dossier porte sur le bilan pré-thérapeutique et les orientations thérapeutiques du cancer du tiers moyen du rectum.

Le bilan pré-thérapeutique en matière de cancer est d'une importance majeure, ses résultats conditionnant la stratégie thérapeutique.

Pour présenter un tel bilan il faut suivre un plan logique :

- bilan tumoral :
    - la tumeur : volume, taille, siège, extension locale en profondeur ;
    - l'extension régionale (adénopathies et organes de voisinage) ;
    - l'extension à distance (les métastases) ;
- bilan du terrain :
    - il a pour but de faire le point sur d'éventuelles tares viscérales à prendre en compte dans le choix du traitement ou les conditions d'environnement ;
    - la consultation obligatoire d'anesthésie peut être un item (comme ici), surtout si un anesthésiste fait partie du jury...

Ce plan expose à mentionner plusieurs fois certains examens (tel le scanner) mais a l'avantage de ne rien oublier et de prouver qu'on a les idées claires. Le plan (si toutefois cela en est un) consistant à présenter successivement les examens de laboratoires, d'imagerie et autres, donne aisément une désagréable impression de dispersion (confusion) et rend le correcteur plus sensible aux sottises.

Dans ce dossier-ci le bilan pré-thérapeutique présenté dans la correction est **nécessaire et suffisant.** L'adjonction d'autres examens pourrait être source d'irritation des correcteurs, voire pénaliser... et conduire à mettre zéro à la question.

Stratégie directement thérapeutique

La radiothérapie n'est pas effectuée systématiquement, étant réservée aux stades où il y a un envahissement pariétal atteignant la séreuse (T3) ou un envahissement ganglionnaire.

Dans ce dossier il a été fait le choix de définir progressivement le cas clinique pour limiter la discussion chirurgicale. En l'absence de précision sur l'existence ou non de métastases il aurait fallu envisager :

- les situations avec métastases, unique ou localisées (au niveau du foie ou des poumons) qui peuvent justifier une chirurgie d'exérèse sur la tumeur primitive et les métastases ;
- les situations avec métastases multiples relevant de la chimiothérapie et où la chirurgie d'exérèse colique n'est justifiée que si la tumeur est symptomatique (hémorragie, occlusion).

Il est habituel de mettre en place une colostomie ou une iléostomie temporaire pour protéger la suture car les anastomoses colo-rectales basses et colo-anales entraînent 10 à 20 % de complications infectieuses pelviennes. Le patient doit être informé de ce risque et de la nécessité d'une stomie temporaire (2 mois) dont le but est d'éviter une péritonite en cas de fistule de l'anastomose.

La grande variante en matière de dossier sur le cancer du rectum est le cas où la tumeur est basse imposant que le traitement chirurgical soit une amputation abdomino-périnéale.

Il suffit de changer légèrement le texte de la question 4 :

Décrivez :

- *le type d'opération à envisager chez ce patient qui est porteur d'une tumeur du **bas** rectum, **immédiatement au-dessus du canal anal** ;*
- *les séquelles de la chirurgie dont il faut informer le patient.*

L'accent est alors mis sur le fait que le patient aura une colostomie définitive.

Une question spécifique sur l'explication à donner au patient sur la vie avec une colostomie n'est pas exclue. La réponse ferait état de la qualité actuelle de l'appareillage, de l'absence d'odeur, de la possibilité de maîtriser les évacuations par la technique de l'irrigation-lavage, de la possibilité de mener une vie familiale, sociale et professionnelle normale. L'activité sexuelle est évidemment modifiée et un soutien psychothérapique peut s'avérer utile.

Une variante plus difficile serait que l'auteur d'un dossier situe la tumeur à un niveau où le choix entre maintien de la continuité intestinale et la colostomie se discute. Cette éventualité est peu probable. La façon de contourner la difficulté est de présenter le problème et dire que le choix à proposer au patient sera discuté en Réunion de Concertation pluridisciplinaire (RCP). Attention la RCP a seulement un rôle de proposition ; c'est au médecin de présenter au patient les options possibles et ce qui est estimé le meilleur choix, mais c'est au patient de décider.

Mme Éliette F., 36 ans consulte « pour le foie ».

Pendant longtemps elle a présenté une tendance à la constipation, allant à la selle une à deux fois par semaine ; la prise d'une tisane laxative a été généralement efficace.

Elle dit être sujette aux crises de foie. En effet il lui arrive plusieurs fois par an de présenter des vomissements de bile. Les circonstances de survenue sont banales ; une fatigue, une contrariété, avoir veillé plus que d'habitude, avoir fait un repas lourd ou avoir bu un vin blanc liquoreux. En montrant son front, au niveau de ses tempes, elle explique que ces vomissements s'accompagnent de maux de tête, soit à droite, soit à gauche, assez pénibles, qui durent deux à trois heures ; lors de certaines crises prolongées, elle a dû rester couchée dans le noir quelques heures.

Depuis les vacances de février et un séjour dans une station de ski, elle présente une sensibilité abdominale, avec une sensation de ballonnement, elle reste constipée mais très ennuyée du fait qu'une ou deux fois par semaine elle présente aussi une diarrhée impérieuse mal contrôlée par la prise de lopéramide.

Son alimentation est assez variée, quoique paraissant pauvre en fibres alimentaires.

Antécédents :

- Personnels : appendicectomie à 12 ans. Elle a une fille de 12 ans.
- Familiaux : sa mère avait été opérée d'une lithiase vésiculaire. Son père est suivi pour un diabète.

À l'examen :

- Patiente en bon état général. Taille 1,65 m, poids 54 kg.
- L'examen est pratiquement normal. Tout au plus l'abdomen est-il un peu sensible au niveau des fosses iliaques et de l'hypogastre.
- Au toucher rectal on perçoit des selles dans l'ampoule rectale.

Contexte :

- Mme F. tient seule une boutique de prêt à porter. Son mari est technicien à l'EDF et est amené à de fréquents déplacements.
- Outre leur fille de 12 ans, le couple s'occupe aussi de la sœur de M. F., une jeune trisomique de 26 ans, décrite comme douce, travaillant dans un centre d'aide par le travail, ne posant pas de problème, mais faisant parfois des « bêtises ».

Question 1 Énumérez d'abord vos hypothèses diagnostiques, puis reprenez-les une à une pour les argumenter et préciser quelles autres informations cliniques vous rechercheriez.

Question 2 Quelles investigations envisagez-vous de faire? Justifiez-vous.

Question 3 Dès maintenant il est possible de faire un traitement.
Quels sont vos objectifs de traitement?

Question 4 Quels sont les moyens dont on dispose?

Question 5 Concrètement, qu'allez-vous prescrire? Justifiez votre choix.

Question 6 Vous décidez de revoir la patiente dans un mois: quels résultats de votre traitement pouvez-vous espérer?

GRILLE DE CORRECTION

Énumérez d'abord vos hypothèses diagnostiques, puis reprenez-les une à une pour les argumenter et préciser quelles autres informations cliniques vous rechercheriez.

- Colopathie fonctionnelle et migraine
- Colopathie fonctionnelle car :
  - constipation ancienne.. 2 points
  - récemment fausse diarrhée (du fait de « diarrhée » survenant sur fond de constipation) .... 2 points
  - selles au TR : donc dyschésie rectale .... 2 points
  - la prise d'un anti-diarrhéique majore la constipation .... 1 point
  - pas d'amaigrissement, bon état général .... 2 points
- Une hypothèse de cancer est peu probable :
  - du fait de l'absence de notion de rectorragie, faux besoins, ténesme .... 2 points
  - du jeune âge, et du parfait état général (mais un cancer colique peut néanmoins être observé chez des gens jeunes) .... 1 point

→ *Retenir une vraie diarrhée annule tous les points « intestinaux » de la réponse.*

- Migraines car :
  - maux de tête anciens... 2 points
  - hémicrânie droite ou gauche .... 1 point
  - violentes, empêchant toute activité .... 1 point
  - accompagnées de vomissements... 1 point
  - faire préciser d'éventuels signes précurseurs (aura).................... 1 point
  - faire préciser d'éventuels signes d'accompagnement (déficit moteur) .... 1 point
  - comorbidité fréquente dans la pathologie fonctionnelle digestive.. 1 point

Quelles investigations envisagez-vous de faire ? Justifiez-vous.

- ■ **Le diagnostic de colopathie fonctionnelle repose sur des arguments cliniques suffisamment importants pour qu'il soit inutile de faire une coloscopie** .... 3 points
  - ○ **en l'absence d'amélioration des signes intestinaux ou si apparition de nouveau(x) signe(s) il sera toujours possible de revenir sur cette position** .... 2 points
- ■ **Le diagnostic de migraine repose sur des arguments cliniques suffisamment importants pour qu'il soit inutile de faire un scanner cérébral** .... 3 points
  - ○ **en cas d'apparition de nouveau(x) signe(s) il faudrait revenir sur cette position** .... 2 points
- ■ **Compte tenu des antécédents familiaux c'est l'occasion de faire un bilan : glycémie, cholestérol, triglycérides** .... 1 point
- ■ **Et éventuellement pour rassurer la patiente qui craint une maladie de foie faire doser transaminases, gamma-GT et taux de prothrombine** .... 1 point
- → *La prescription d'une coloscopie ou d'un scanner ne retire pas des points mais n'en donne pas.*

Quels sont vos objectifs de traitement ?

- ■ **Objectifs au plan intestinal :**
  - ○ **traiter la constipation :**
    - — **par trouble de la progression** .... 4 points
    - — **et défaut d'évacuation** .... 4 points
  - ○ **et par suite éviter les épisodes de fausse diarrhée** .... 2 points
- ■ **Objectifs au plan migraine éduquer la patiente qui doit :**
  - ○ **éviter les situations propices à ses migraines** .... 2 points
  - ○ **prendre un traitement approprié** .... 3 points
  - ○ **dès les éventuels prémices de l'accès, au moins au tout début** .... 3 points
  - ○ **les accès étant occasionnels on peut surseoir à un traitement de fond** .... 2 points

Quels sont les moyens dont on dispose?

- ■ **Moyens au plan intestinal:**
  - • **assurer un apport suffisant de fibres dans l'alimentation** .... 2 points
  - • **plusieurs laxatifs sont possibles ici:**
    - — **lubrifiants (huile de paraffine)** .... 1 point
    - — **laxatifs de lest (mucilages) augmentant le volume du bol fécal en l'hydratant** .... 2 points
    - — **laxatifs osmotiques créant un appel d'eau dans la lumière colique** .... 1 point
  - • **à préférer aux laxatifs de contact** .... 2 points
  - • **du fait de la dyschésie un traitement par des suppositoires déclenchant la défécation peut être envisagé** .... 2 points
- → *La prescription d'un anti-diarrhéique annule tous les points « intestinaux » de la question.*
- ■ **Moyens au plan migraine:**
  - • **antalgiques banals paracétamol ou acide acétylsalicylique** .... 2 points
  - • **anti-inflammatoires non stéroïdiens** .... 2 points
  - • **alcaloïdes de l'ergot de seigle** .... 2 points
  - • **triptans** .... 2 points

Concrètement, qu'allez-vous prescrire? Justifiez votre choix.

- ■ **Régime contenant des fibres** .... 3 points
  - • **avec détail (salades tendres, légumes verts cuits, fruits mûrs)** .... 2 points
  - • **évitant les grosses fibres (choux, haricots, etc.)** .... 2 points
- ■ **Mucilage (ou laxatif osmotique ou laxatif lubrifiant)** .... 3 points
- ■ **Suppositoire laxatif pendant quelques jours** .... 1 point
- ■ **Alcaloïde de l'ergot de seigle en début de crise (GYNERGÈNE®)** .... 5 points

Vous décidez de revoir la patiente dans un mois: quels résultats de votre traitement pouvez-vous espérer?

- ■ **Disparition de tout épisode de fausse diarrhée** .... 5 points
- ■ **Transit régularisé (en précisant plus de trois selles par semaine)** .... 4 points
- ■ **Si elle a eu un accès de migraine on peut juger de l'efficacité du traitement prescrit, en changer éventuellement en cas d'échec patent** .... 5 points

COMMENTAIRES

Ce dossier illustre une bien banale histoire : une colopathie fonctionnelle avec dyschésie rectale devenant pénible du fait de l'apparition d'une fausse diarrhée, associée à une maladie migraineuse non encore diagnostiquée comme telle et attribuée à un trouble hépatique du fait que les accès entraînent des vomissements bilieux.

Identifier l'une et l'autre repose sur une analyse sémiologique soigneuse des troubles.

Les examens complémentaires n'ont pas d'utilité. Ici il a été prévu de noter les arguments justifiant cette position et de ne pas mettre de points négatifs pour ceux qui font faire une coloscopie et un scanner cérébral ; un jury sévère et soucieux de construire une question discriminante pourrait pénaliser ces prescriptions d'examen.

Pour les questions 3 à 6 le seul problème est de bien prendre en compte les deux affections.

Quelques modèles utiles :

Constipation chronique isolée
- *Enfant ou adolescent*
  - dyschésie rectale
- *Adulte*
  - constipation fonctionnelle par trouble de la progression
    + dyschésie rectale
- *Adulte — sur un mode chronique constipation et douleurs abdominales*
  - colopathie fonctionnelle

Constipation récente isolée sans cause apparente ni circonstance propice à la constipation
- *Enfance, adolescence, adulte jeune*
  - dyschésie rectale qui démarre et à ne pas pérenniser
- *Adulte « moins » jeune et personnes âgées*
  - cancer jusqu'à preuve du contraire

M. Léon K., 53 ans est hospitalisé à la suite d'un malaise. Sa pâleur impressionne.

Depuis quelques jours il était fatigué ; se trouvant essoufflé en montant par l'escalier il prenait l'ascenseur pour gagner son bureau au premier étage alors qu'auparavant il mettait son point d'honneur à monter à pied, quatre à quatre, pour montrer combien il était en forme.

Depuis quelques jours il a remarqué que ses selles étaient noires mais ceci n'avait pas excité sa curiosité.

De temps en temps il a un peu mal à l'estomac, surtout après les repas lourds. Cela remonte à plusieurs années.

Contexte : Migraineux, il présente une à deux crises par mois qu'il traite selon son humeur par du paracétamol ou de l'aspirine. La dernière remonte à une semaine : il ne sait dire ce qu'il a pris.

Sa consommation d'alcool ? Un verre de vin par repas, un apéritif de temps à autre. Il a passé dix ans à Abidjan pour son entreprise ; c'est une période où il a eu une vie sociale plus importante et a bu nettement plus.

Antécédents : Il a été opéré des dents de sagesse en 1981 ; à cette occasion un diagnostic de maladie de Willebrand de type I a été porté lors du bilan préopératoire ce qui a conduit à administrer des facteurs de coagulation pour prévenir des hémorragies. Depuis M. K. n'a jamais présenté la moindre hémorragie.

À trois reprises il s'était luxé l'épaule gauche.

Appendicectomie il y a sept ans.

À l'examen : M. K. est fatigué, très pâle, mais en bon état général ; il dit peser 80 kg pour une taille de 1,77 m. Il est apyrétique.

Sa pression artérielle est à 9-6 cm Hg alors que « *normalement elle est à 12* » (examen de la médecine du travail il y a quelques mois). Son pouls est à 96/min.

À l'examen l'abdomen est souple, non douloureux. On perçoit un gros foie qui déborde de 6 cm le rebord costal à droite et dans l'épigastre, est ferme, à bord inférieur tranchant. On perçoit aussi un débord de la rate de 2-3 cm en fin d'inspiration profonde.

Le reste de l'examen clinique est normal.

Question 1

Synthétisez en termes médicaux appropriés le tableau clinique décrit ci-dessus.

La phrase « Le reste de l'examen clinique est normal » suppose qu'un certain nombre de gestes ont été effectués et n'ont pas apporté d'information positive ; explicitez les informations négatives qui ont ici une grande importance.

Question 2

Ce patient présente un melæna : énumérez et discutez vos hypothèses diagnostiques.

Question 3

Explicitez l'incidence de la possible maladie de Willebrand dans cette histoire.

Question 4

Exposez votre stratégie d'investigation (en d'autres termes, décrivez les étapes de votre démarche diagnostique).

Question 5

Indiquez les grandes orientations thérapeutiques devant cette hémorragie digestive en restant en cohérence avec vos réponses à la question 2.

GRILLE DE CORRECTION

Question 1

20 points

Synthétisez en termes médicaux appropriés le tableau clinique décrit ci-dessus.

La phrase « Le reste de l'examen clinique est normal » suppose qu'un certain nombre de gestes ont été effectués et n'ont pas apporté d'information positive ; explicitez les informations négatives qui ont une grande importance ici.

> ▧ **Synthèse : on doit retrouver les éléments suivants :**
>   - **syndrome anémique et hémorragie digestive**............................ 4 points
>   - **hypovolémie** .... 3 points
>   - **hépatomégalie dont les caractères évoquent une cirrhose** ..... 3 points
>   - **splénomégalie évocatrice d'hypertension portale**...................... 3 points
>   - **facteurs de risques d'hépatopathie chronique**
>   **(alcool, transfusions : il faut les deux)** .... 2 points
>   - **prise de gastrotoxiques**.. 1 point
> ▧ **Informations négatives :**
>   - **absence de signes d'insuffisance hépato-cellulaire**
>   **(érythrose des paumes des mains, angiomes stellaires,**
>   **encéphalopathie, œdèmes)** .... 2 points
>   - **absence de signes d'hypertension portale**
>   **(circulation veineuse collatérale, ascite)** .... 2 points

Question 2

20 points

Ce patient présente un melæna : énumérez et discutez vos hypothèses diagnostiques.

> ▧ **Hémorragie par rupture de varices œsogastrique**............................ 3 points
>   - **(probable cirrhose, prise d'aspirine favorisant**
>   **les hémorragies sur VO)** .... 3 points
> ▧ **Hémorragie ulcéreuse**.. 4 points
>   - **prise d'aspirine** .... 3 points
> ▧ **Autre cause de saignement, en particulier colique**........................... 2 points
>   - **en particulier cancer** .... 2 points
> ▧ **Dans tous les cas le trouble de la crase sanguine favorise**
>   **le saignement** .... 3 points
> → *L'absence de l'une des deux grandes hypothèses*
>   *(rupture de varices, ulcère) donne zéro à la réponse.*

Question 3

10 points

Explicitez l'incidence de la maladie de Willebrand dans cette histoire.

> ▧ **Est un facteur aggravant dans l'épisode actuel**................................. 4 points
> ▧ **Une contamination virale C a été probable par les facteurs**
>   **de coagulation**.. 4 points
>   - **utilisés il y a trente ans (quand il avait 23 ans) ;**
>   **ils provenaient de centaines de dons, et la technique**
>   **de préparation ne permettant pas l'éradication de virus**......... 2 points

Exposez votre stratégie d'investigation (en d'autres termes, décrivez les étapes de votre démarche diagnostique).

- **Bilan biologique en urgence (NFS, ionogramme, fonction rénale, bilan hépatique, TP, facteur V)**.. 3 points
- **Vérifier la notion de maladie de Willebrand (diagnostic porté il y a trente ans)**.. 2 points
- **Groupe ABO et Rh et RAI**.. 5 points
- **Endoscopie digestive haute en urgence**.. 10 points
  - **puis endoscopie colique si négative**.. 5 points
- **À distance, bilan de l'hépatopathie chronique :**
  - **sérologies HBV et HCV**.. 2 points
  - **alphafœtoprotéine**... 1 point
  - **morphologie hépatique (échographie – TDM)**............................ 2 points

Indiquez les grandes orientations thérapeutiques devant cette hémorragie digestive en restant en cohérence avec vos réponses à la question 2.

- **Perfusion (2 voies veineuses profondes)** .... 2 points
  - **hospitalisation en unité de soins attentifs, restauration état hémodynamique (macromolécules, transfusion)**.............. 2 points
  - **surveillance (scope) pouls, PA, ECG**... 1 point
- **Si rupture de varices :**
  - **traitement pharmacologique (analogues somatostatine ou vasopressine)** .... 2 points
  - **et si hémorragie active (ou CI au bêtabloquants en traitement de fond) :**
    - **sclérose ou ligature** .... 2 points
      - **(si échec sonde de tamponnement, TIPS)**.................. 1 point
  - **en l'absence d'hémorragie active, bêtabloquants (prévention secondaire)** .... 1 point
  - **éventuellement prévention des infections (quinolones)**............ 1 point
  - **arrêt de l'alcool** .... 1 point
- **Si hémorragie ulcéreuse :**
  - **hémorragie active : traitement endoscopique (clip, coagulation, adrénaline)**.. 2 points
    - **associé à un traitement par IPP IV fortes doses** .... 2 points
  - **en l'absence d'hémorragie active : IPP IV ou per os**................ 2 points
    - **recherche et éradication éventuelle de *H pylori***................. 1 point

COMMENTAIRES

Ce dossier :

- — suit le déroulement de la prise en charge d'un patient présentant une hémorragie digestive sévère ;
- — évalue la capacité à cette prise en charge en donnant autant de poids à la réflexion diagnostique (questions 1 et 2) qu'à la mise en œuvre des moyens d'investigation et de traitement (questions 3 et 4) ;
- — évalue les capacités stratégiques (logique et méthode) des étudiants en leur laissant évoquer les deux grandes hypothèses, rupture de varices et ulcère, dans les deux grandes situations « saignement actif » ou « absence de saignement actif » ;
- — est relativement transversal car (question 3) il implique de connaître la contamination virale C par les facteurs de coagulation tant que ceux-ci n'ont pas bénéficié d'un traitement par solvant-détergent (soit jusqu'en 1987).

De garde dans un service d'urgences pédiatriques vous accueillez Marie, âgée de 8 mois, qui présente depuis la veille au soir des selles liquides non sanglantes et une fièvre à 38,5 °C. Elle ne vomit pas, mais a perdu 550 g.

Dans les antécédents, on note une naissance à terme, avec un poids de 3 kg 150. Elle a été alimentée d'emblée avec un lait artificiel, et la diversification alimentaire a été débutée vers 5 mois. Elle n'avait pas eu de troubles digestifs jusque-là et la croissance staturo-pondérale était normale. Elle va en crèche où plusieurs enfants ont eu la diarrhée la semaine précédente.

Marie n'a pas de frères et sœurs. La mère souffre de colopathie et le père fait quelques crises d'asthme.

À l'examen, vous trouvez une enfant fébrile à 39 °C. Elle a les yeux brillants et ses extrémités sont chaudes, la fréquence cardiaque est à 110/min et le temps de recoloration cutanée à 1 seconde. Il n'y a pas de pli cutané, ses muqueuses sont humides et elle pèse 6 kg 820. L'abdomen est légèrement météorisé, mais souple, avec à l'auscultation de nombreux bruits hydro-aériques.

Question 1 Quel diagnostic précis évoquez-vous? Énumérez les arguments qui justifient votre réponse.

Question 2 Indiquez les agents pathogènes qui peuvent en être responsables? Décrivez la physiopathologie des troubles qu'ils entraînent.

Question 3 Quelle conduite thérapeutique proposez-vous? Précisez les points importants à expliquer aux parents.

Question 4 Les parents vous ramènent Marie le lendemain car elle a eu 10 selles liquides et abondantes dans la nuit, avec des vomissements répétés. Elle est fatiguée, toujours fébrile, et somnolente. Elle a des yeux cernés, un pli cutané persistant et pèse 6,310 kg. La fréquence cardiaque est à 175/min, les extrémités sont marbrées, le temps de recoloration cutanée est de 4 secondes.
Vous décidez de l'hospitaliser: indiquez sur quels arguments. Citez les autres critères habituels d'hospitalisation dans cette pathologie.

Question 5 Indiquez les examens complémentaires que vous demandez, en précisant les perturbations attendues et leur signification physiopathologique.

Question 6 Décrivez précisément, en tenant compte des éléments cliniques, le traitement que vous prescrivez chez Marie ainsi que les éléments de surveillance qui traduiront une évolution favorable.

GRILLE DE CORRECTION

Question 1

20 points

Quel diagnostic précis évoquez-vous ? Énumérez les arguments qui justifient votre réponse.

> ◾ **Le diagnostic à évoquer est :**
> - **gastro-entérite aiguë de type virale
>   sans signes de déshydratation** .... 5 points
> ◾ **Les arguments en faveur :**
> - **de la gastro-entérite aiguë : tableau de diarrhée fébrile
>   ayant débuté depuis moins de 3 jours** .... 5 points
> - **de l'origine virale sont : l'âge (un nourrisson), les selles
>   liquides et non sanglantes, les autres cas à la crèche** .... 5 points
> - **sans signes de déshydratation : absence de pli cutané,
>   de signes d'hypoperfusion périphérique, perte de poids
>   minime (7 %)** .... 5 points

Question 2

10 points

Indiquez les agents pathogènes qui peuvent en être responsables ? Décrivez la physiopathologie des troubles qu'ils entraînent.

> ◾ **Les agents responsables sont :**
> - **principalement rotavirus** .... 4 points
> - **les autres virus : adénovirus, agent de Norwalk, astrovirus** .... 1 point
> ◾ **Les troubles sont dus :**
> - **à la destruction des entérocytes prédominant
>   sur les sommets des villosités intestinales,
>   diminuant les capacités d'absorption** .... 3 points
> - **à l'appel osmotique dans le colon par défaut
>   d'hydrolyse du lactose** .... 2 points

Quelle conduite thérapeutique proposez-vous? Précisez les points importants à expliquer aux parents.

- **La conduite thérapeutique repose sur :**
  - **la réhydratation par voie orale, à l'aide de solution de réhydratation orale (SRO) seule pendant 6 à 12 heures** .... **5 points**
  - **puis associée à une reprise alimentaire avec le lait habituel ou yaourt viande, pomme de terre ou carottes, compote pomme-coings ou banane, en évitant les autres fruits et légumes pendant quelques jours** .... **3 points**
  - **l'utilisation éventuelle de racécadotril (TIORFAN®)** .... **2 points**
- **Les points importants à expliquer aux parents :**
  - **le mode d'administration des SRO : donnée à volonté mais en prises fractionnées, par petite quantité (15 ml toutes les 15 min, puis 30 ml toutes les 30 min, puis 50 ml toutes les heures)** .... **5 points**
  - **les selles liquides peuvent persister quelques jours** .... **2 points**
  - **les signes qui doivent alerter et faire consulter le médecin à nouveau : vomissements incoercibles, refus des biberons de SRO, signes de déshydratation (yeux enfoncés, langue sèche, somnolence, perte de poids), fièvre élevée persistante** .... **3 points**
- → *L'absence de prescription de SRO, la prescription d'antibiotiques, antiseptiques intestinaux ou du lopéramide entraînent la note 0 à cette question.*

Les parents vous ramènent Marie le lendemain car elle a eu 10 selles liquides et abondantes dans la nuit, avec des vomissements répétés. Elle est fatiguée, toujours fébrile, et somnolente. Elle a des yeux cernés, un pli cutané persistant et pèse 6 kg 310. La fréquence cardiaque est à 175/min, les extrémités sont marbrées, le temps de recoloration cutanée est de 4 secondes.

Vous décidez de l'hospitaliser : indiquez sur quels arguments. Citez les autres critères habituels d'hospitalisation dans cette pathologie.

- **L'hospitalisation est indispensable devant l'état de déshydratation sévère de l'enfant** .... **3 points**
  - **perte de 1 060 g soit 14 % du poids habituel, yeux cernés** .... **2 points**
  - **pli cutané persistant, signes d'hypoperfusion périphérique** ... **2 points**
- **Les autres critères habituels d'hospitalisation sont :**
  - **les vomissements incoercibles, le refus de la SRO** .... **2 points**
  - **un terrain fragile : âge < 3 mois, immunodéprimé, cardiopathie, mucoviscidose, insuffisance rénale chronique** .... **2 points**
  - **un syndrome infectieux sévère** .... **2 points**
  - **une situation socio-familiale défavorable faisant douter d'une prise en charge correcte à domicile** .... **2 points**

Indiquez les examens complémentaires que vous demandez, en précisant les perturbations attendues et leur signification physiopathologique.

■ **Les examens complémentaires utiles sont un dosage dans le sérum:**

- **des protides totaux: une augmentation traduit l'hémoconcentration**.. **2 points**
- **de l'urée: une augmentation traduit l'insuffisance rénale fonctionnelle**.. **2 points**
- **de la natrémie, le plus souvent normale, mais en fait variable selon les pertes respectives d'eau et de sodium** .... **5 points**
  - **parfois élevée, en cas de pertes d'eau > à celles du Na: risque de souffrance neurologique (initialement par déshydratation intra-cellulaire en cas d'installation rapide de l'hypernatrémie, secondairement par œdème cérébral en cas de correction trop rapide de l'hypernatrémie)**
  - **parfois abaissée, en cas de pertes de Na > à celles d'eau: risque d'hypovolémie majoré**
- **de la kaliémie**.. **2 points**
  - **parfois élevée, en cas d'insuffisance rénale ou d'acidose associée**
  - **rarement abaissée, indiquant une perte digestive importante**
- **de la réserve alcaline** .... **4 points**
  - **abaissée en cas d'acidose métabolique secondaire à la souffrance cellulaire périphérique liée à la déshydratation et à la perte digestive de bicarbonates**

→ *La prescription d'examens trop souvent pratiqués systématiquement (coproculture) mais qui n'apportent rien ici dans la prise en charge de l'enfant, ne donne pas de points et risque de faire perdre le bénéfice de points de bonus qu'un jury pourrait prévoir pour valoriser une bonne compréhension du dossier.*

Décrivez précisément, en tenant compte des éléments cliniques, le traitement que vous prescrivez chez Marie ainsi que les éléments de surveillance qui traduiront une évolution favorable.

- **Le traitement mis en place chez Marie est le suivant :**
  - mise à jeun.. 2 points
  - pose d'une voie veineuse périphérique.......................... 2 points
  - **remplissage vasculaire : macromolécules 20 ml/kg (soit 125 ml) en perfusion IV sur 20 minutes, à répéter au besoin selon l'évolution de l'état hémodynamique** .... 3 points
  - **puis réhydratation avec un soluté composé initialement de Glucosé 5 % + NaCl 5 g/l + CaCl 1 g/l en apportant la moitié de la perte de poids en 6 heures** .... 3 points
  - **l'apport en NaCl et KCl sera ensuite adapté en fonction des résultats du ionogramme initial en apportant la moitié des pertes + les besoins de base pendant les 18 heures restantes** .... 3 points
  - **anitpyrétiques (paracétamol) IV en cas de fièvre > 38,5 °C** .... 2 points
- **La surveillance repose sur :**
  - **la clinique : disparition des signes de déshydratation : baisse de la tachycardie, reprise d'une diurèse, reprise pondérale** .... 3 points
  - **la biologie : correction progressive des anomalies du ionogramme** .... 2 points
- → **Ne pas perfuser l'enfant entraîne une note de 0 à cette question.**

COMMENTAIRES

La gastro-entérite aiguë du nourrisson, pathologie très fréquente, est le principal motif de consultation pédiatrique dans un service d'Urgences. Malgré sa réputation de bénignité, elle entraîne un risque de déshydratation parfois sévère, et est encore responsable d'une mortalité persistante en France. Ce dossier pose peu de problèmes diagnostiques mais évalue la stratégie thérapeutique.

La question 1 attend une réponse complète, comportant les 3 parties en les justifiant :
- gastro-entérite aiguë : c'est facile ;
- virale : il n'y a pas lieu ici de discuter les étiologies bactériennes des diarrhées aiguës en raison de l'âge et des caractères de la diarrhée ;
- sans déshydratation : indique d'emblée l'unique problème posé par ce type de diarrhée autour duquel tourne toute la prise en charge thérapeutique.

La question 2 apprécie les connaissances de la physiopathologie.

La question 3 est importante et repose sur un des progrès thérapeutiques majeurs de la 2e moitié du siècle dernier : la mise au point des solutions de réhydratation orale. Leur méconnaissance entraîne automatiquement une note de 0 à cette question, mais ne les citer n'apporte que le quart de la note.

En effet la réussite de ce traitement repose principalement sur la façon de les administrer qui doit être expliquée en détail aux parents, ainsi que les éléments de surveillance qui indiqueront l'échec de cette voie de réhydratation et imposeront une nouvelle consultation médicale. Les parents doivent donc être conscients du risque de déshydratation et en connaître les signes.

À l'inverse, ils doivent également savoir que la persistance de selles liquides pendant quelques jours est normale et n'est pas en soi un élément péjoratif tant que la solution de réhydratation est prise correctement et que l'enfant n'est pas déshydraté. Les médicaments jouent par contre un rôle accessoire. Il vaut mieux oublier de mentionner le racecadotril (un des rares ayant prouvé son intérêt), que de prescrire des antibiotiques, antiseptiques ou encore du lopéramide (contre-indiqué avant 30 mois).

La suite de l'histoire de Marie rappelle que la déshydratation aiguë est une complication toujours possible même quand la réhydratation orale est bien conduite.

La réponse à la **question 4** doit montrer d'emblée qu'on a saisi la gravité de la déshydratation chez Marie, et que l'on connaît les situations où, même en l'absence de signes de déshydratation, l'hospitalisation est justifiée.

La question 5 a pour but de vérifier la connaissance de la signification des résultats biologiques dans ce contexte. Il n'y a pas lieu de mentionner des examens trop souvent pratiqués systématiquement (NFS, CRP, coproculture) et qui n'apporteraient rien ici dans la prise en charge de l'enfant. Par contre il est important de bien connaître les risques liés à l'hypernatrémie, notamment celui de convulsion par œdème cérébral en cas de correction trop rapide (la baisse de la natrémie doit être lente : en moyenne 0,5 mmol/l/h et toujours < 1 mmol/l/h).

La réponse à la **question 6** doit montrer qu'on maîtrise la réanimation hydroélectrolytique chez un enfant très déshydraté.

M. N., un homme de 58 ans, garagiste, arrive aux Urgences en annonçant que « sa hernie fait des siennes, et qu'il a eu tort de laisser traîner les choses ».

Cela fait plusieurs années qu'il présente une hernie inguinale gauche qui, habituellement ne le gêne guère. Néanmoins comme elle a tendance « à sortir » il porte une ceinture herniaire.

Depuis deux jours il présentait une gêne douloureuse de la fosse iliaque gauche à laquelle il n'a pas trop porté attention. Il avait beaucoup de travail (les garagistes se faisant si rares) et n'avait pas le temps de s'arrêter à si peu de chose. De la fièvre ? Peut-être en avait-il, mais il n'avait pas pris sa température.

Ce matin il ne se sentait pas très bien, un peu las, mais il a fait sa matinée de travail. À midi il a peu mangé, ne se sentant pas bien. La douleur était là, sans plus ; la hernie faisait un peu mal.

Il y a une heure il a ressenti une violente douleur dans « le bas du ventre » et de sa main il désigne le quart inférieur gauche de l'abdomen. Cette douleur s'est estompée mais maintenant il a l'impression qu'il a mal partout, est mal à l'aise. Il a enlevé sa ceinture herniaire, la hernie est sortie mais cela ne le soulage pas.

Nauséeux, il a vomi juste avant d'arriver.

Sa température est à 38,7 °C.

Contexte : depuis dix ans il est traité pour un diabète par du Diamicron. Il suit « à peu près » son régime.

Antécédents : fracture de cheville à 14 ans et à 35 ans un accident de la route ayant entraîné des fractures de côtes avec hémothorax et une plaie du foie.

À l'examen : il est en bon état général ; il nous dit avoir un poids de 75 kg pour une taille de 1,68 m.

Vous l'examinez…

Ce n'est pas encore le classique ventre de bois… mais au terme de votre examen vous êtes en mesure d'affirmer :

- que le patient présente une péritonite (le ventre deviendrait « de bois » si vous ne faisiez pas le diagnostic maintenant et ne preniez pas les mesures qui s'imposent) ;
- que sa hernie inguinale n'est pas en cause.

Question 1   Décrivez de façon très précise votre examen et ce que vous avez constaté.

Question 2   Énumérez et discutez vos hypothèses diagnostiques.

Question 3   Exposez votre stratégie d'investigation (en d'autres termes, décrivez les étapes de votre démarche diagnostique).

Question 4   Indiquez les grandes orientations thérapeutiques en restant en cohérence avec vos réponses à la question 2.

GRILLE DE CORRECTION

Question 1

30 points

Décrivez de façon très précise votre examen et ce que vous avez constaté.

- Défense...5 points
- Ne peut gonfler le ventre car douloureux...5 points
- Ne peut rentrer le ventre car douloureux..5 points
- À la palpation douleur à la décompression...5 points
- Douleur à bout de doigt au TR (cri du Douglas)
  (et non simplement TR douloureux)..5 points
- Hernie souple, indolore, réductible ....5 points

Question 2

20 points

Énumérez et discutez vos hypothèses diagnostiques.

- Péritonite compliquant une sigmoïdite diverticulaire
  simplement évoquée...5 points
- Apport d'arguments pour étayer le diagnostic de sigmoïdite:
  - douleurs de la fosse iliaque gauche depuis deux jours.............2 points
  - chez un homme de 58 ans ....1 point
  - fébrile...2 points
  - cancer colique gauche évoqué ....5 points
- Apport d'arguments pour étayer le diagnostic: il existe
  des formes de cancer colique infecté se révélant
  derrière un tableau de sigmoïdite...5 points
- → *La méconnaissance de l'origine diverticulaire donne 0*
  à l'ensemble du dossier.

Question 3

20 points

Exposez votre stratégie d'investigation (en d'autres termes, décrivez les étapes de votre démarche diagnostique).

- Bilan biologique à la recherche d'une leucocytose, d'un taux
  de CRP augmenté et bilan de routine pré-opératoire......................2 points
- L'abdomen sans préparation n'est pas nécessaire
  s'il y a possibilité de faire d'emblée un scanner; il montrerait:
  - debout, de face, avec les coupoles, et profil couché...................1 point
  - possibilité qu'il ne montre ni niveau hydro-aérique,
    ni pneumopéritoine...1 point
  - possibilité qu'il montre un ou deux niveaux hydro-aérique
    sur le côlon et/ou le grêle ....1 point
  - possibilité qu'il montre un petit pneumo-péritoine..................2 points
- Ou surtout un scanner qui peut montrer...3 points
  - un épaississement de la paroi colique au niveau
    du sigmoïde...2 points
  - un épaississement du méso-sigmoïde ....1 point
  - les diverticules...1 point
  - un abcès ....2 points
  - du liquide dans le cul-de-sac de Douglas ....1 point
- Rechercher HCV et HIV vu l'antécédent probable de transfusion 3 points

Question 4

30 points

Indiquez les grandes orientations thérapeutiques en restant en cohérence avec vos réponses à la question 2.

- **Intervention :**
  - **en urgence** .... 3 points
  - **bilan des lésions** .... 2 points
  - **lavage et drainage** .... 5 points
  - **traitement chirurgical en 2 ou 3 temps**
    (actuel et à distance) .... 5 points
  - **résection** .... 2 points
  - **colostomie** .... 3 points
- **Antibiothérapie** .... 5 points
- **Mise sous insuline** .... 5 points

COMMENTAIRES

Ce dossier évalue d'abord la capacité à rechercher les premiers signes d'une péritonite (ou si on préfère à ce stade d'une réaction péritonéale). Le barème pourrait être modifié par un jury au profit de la première question, ce qui rendrait le dossier très sélectif.

Il est de la plus haute importance de savoir reconnaître une péritonite dès ses premiers signes. En effet les descriptions classiques, dont l'expression phare est « le ventre de bois », correspondent à des péritonites généralisées comme on pouvait en voir à l'ère des perforations d'ulcère, devenues rares.

À côté des péritonites spontanées survenant lors d'appendicites, de diverticulites (celles illustrées par cette observation), il faut maintenant être prêt à identifier les péritonites survenant dans les suites d'interventions abdominales (par laparotomie ou cœliochirurgie) ou d'actes endoscopiques (surtout coloscopies). Reconnaître tôt une péritonite permet d'intervenir rapidement et de diminuer la gravité des gestes opératoires et souvent des suites opératoires.

Ce dossier permet aussi :

— de distinguer les étudiants qui savent qu'une hernie inguinale (ou ombilicale) est souvent douloureuse lorsqu'il y a une péritonite ou une occlusion, même si elle n'est pas la cause ;

— de montrer que le scanner n'est pas indispensable pour prendre une décision de laparotomie ;

— de vérifier si les étudiants sont sensibilisés au dépistage de l'hépatite C chez un patient qui a été transfusé (éventuellement du VIH bien que l'antécédent transfusionnel remonte à plusieurs années car il y a des infections à VIH bien supportées) ;

— de vérifier que la survenue d'une urgence abdominale chez un diabétique conduit à l'instauration d'une insulinothérapie pendant toute la période où le patient ne s'alimentera pas.

Vous êtes appelé dans une maison de retraite auprès de Mme Ludmilla R., âgée de 86 ans.

On vous a expliqué au téléphone que depuis trois jours cette femme se souillait continuellement avec des selles liquides à tel point qu'elle doit porter en permanence des couches et n'ose plus sortir de sa chambre, et fait non négligeable, la directrice vous a précisé « *le personnel craque, et si ça continue comme cela on ne va pas pouvoir la garder* ».

Il y a quelques jours elle avait appris le décès d'une vieille amie et avait fait un épisode dépressif en restant quatre jours sans sortir de sa chambre, alors qu'habituellement elle fait au moins une heure de marche par jour, étant alerte malgré son âge. Cet épisode est terminé et Mme R. a repris son entrain.

On vous a précisé au téléphone qu'elle est la seule à avoir ce genre de trouble dans l'établissement, qu'elle n'a aucune douleur, qu'elle n'a pas de fièvre, que son appétit reste correct et qu'elle a protesté quand on n'a pas voulu lui donner de melon « *vous vous rendez compte, avec de la diarrhée !* » a précisé la directrice.

Un coup d'œil sur votre ordinateur vous a rappelé les antécédents et le contexte :

Contexte : Vous connaissez cette patiente pour la voir régulièrement et lui renouveler un traitement protecteur vasculaire, un antidiabétique oral, des mucilages ou des laxatifs osmotiques pour une constipation ancienne : cela fait près de vingt ans qu'elle prend les mêmes médicaments

Antécédents :

- Cholécystectomie il y a vingt ans pour lithiase.
- Fracture du col du fémur droit il y a dix ans, enclouée.

En cette fin de matinée, vous rendant dans votre voiture à la maison de retraite, vous réfléchissez au cas de cette patiente, ancienne professeur de piano… et fort bavarde.

Question 1

Présentez vos hypothèses en les justifiant et en indiquant les points d'interrogatoire que vous feriez préciser.

Question 2

Arrivé au chevet de Mme R. vous constatez que son état général est correct et, contrairement à ce que vous craigniez, qu'elle n'est pas déshydratée.

Sur quels arguments considérez-vous que cette femme de 86 ans n'est pas déshydratée?

Question 3

Au terme de votre examen clinique vous êtes en mesure de porter précisément le diagnostic des troubles de Mme R., de juger inutile tout examen complémentaire, et de prescrire le traitement qui doit résoudre le problème.

Malgré son apparente simplicité ce traitement pose quelquefois des difficultés dans une structure de soins où la routine thérapeutique se limite à donner des médicaments par voie orale, et occasionnellement quelques injections intra-musculaires. Il n'est donc pas exclu que vous soyez conduit à faire hospitaliser Mme R. pour deux ou trois jours.

Décrivez votre examen clinique en insistant sur le ou les éléments qui vous donnent une certitude diagnostique.

Question 4

Exposez la stratégie thérapeutique à court terme : objectif(s), moyen(s), choix de traitement.

Question 5

Exposez la stratégie thérapeutique à long terme : objectif(s), moyen(s), choix de traitement.

GRILLE DE CORRECTION

Présentez vos hypothèses en les justifiant et en indiquant les points d'interrogatoire que vous feriez préciser.

- ▪ **Hypothèses diagnostiques :**
- ▪ **Fausse diarrhée avec fécalome** .... **2 points**
  - • **constipation habituelle** .... **3 points**
  - • **n'a pas fait d'exercice pendant 3-4 jours, dépression, a donc probablement été constipée pendant plusieurs jours** .... **5 points**
  - • **pas de douleur, pas de fièvre, appétit conservé** .... **5 points**
- ▪ **Vraie diarrhée :**
  - • **par prise excessive de laxatifs** .... **5 points**
  - • **infectieuse : peu plausible car absence de contexte infectieux, pas d'autre cas pouvant faire évoquer une intoxication alimentaire** .... **5 points**
- ▪ **Le caractère récent du trouble du transit et son intensité rendent peu probable** .... **3 points**
  - • **un cancer du rectum** .... **2 points**
- → *Ne pas évoquer un fécalome fait plafonner à 15 la note de la réponse.*

Sur quels arguments considérez-vous que cette femme de 86 ans n'est pas déshydratée ?

- ▪ **La langue est humide** .... **5 points**
- ▪ **La patiente parle très aisément (ce qui n'est pas possible la bouche sèche) et/ou elle a uriné depuis le matin, et/ou elle a bu au moins 0,5 l depuis le matin, et/ou sa pression artérielle est celle que vous lui connaissez habituellement** .... **5 points**
- ▪ **Les notions d'absence de soif et d'un pli cutané sont à relativiser chez une femme de 86 ans** .... **5 points**
- → *Ne signaler que le pli cutané sans réserve donne 0 à cette réponse.*

Question 3

20 points

Au terme de votre examen clinique vous êtes en mesure de porter précisément le diagnostic des troubles de Mme R., de juger inutile tout examen complémentaire, et de prescrire le traitement qui doit résoudre le problème. Malgré son apparente simplicité ce traitement pose quelquefois des difficultés dans une structure de soins où la routine thérapeutique se limite à donner des médicaments par voie orale, et occasionnellement quelques injections intra-musculaires. Il n'est donc pas exclu que vous soyez conduit à faire hospitaliser Mme R. pour deux ou trois jours.

Décrivez votre examen clinique en insistant sur le ou les éléments qui vous donnent une certitude diagnostique.

- **Couleur brune des selles** .... **5 points**
- **Éventuellement béance anale permettant de voir le fécalome** ..... **5 points**
- **Toucher rectal : fécalome** .... **10 points**
- → *L'omission du toucher rectal pourrait faire attribuer la note 0 à la question.*

Question 4

20 points

Exposez la stratégie thérapeutique à court terme : objectif(s), moyen(s), choix de traitement.

- **Objectif :**
  - **évacuer l'ampoule rectale** .... **5 points**
- **Moyens :**
  - **par lavement** .... **5 points**
  - **en cas d'échec évacuation au doigtier** .... **5 points**
- **Choix de traitement :**
  - **commencer en général par lavement évacuateur** .... **5 points**
- → *La mise en place d'une réhydratation par voie veineuse de cette personne correctement hydratée donne zéro à la question.*

Question 5

15 points

Exposez la stratégie thérapeutique à long terme : objectif(s), moyen(s).

- **Maintenir un transit régulier** .... **5 points**
- **Poursuivre un traitement par laxatif (mucilage ou osmotique)** .... **5 points**
- **Lavements évacuateurs si nécessaire** .... **5 points**

COMMENTAIRES

Ce dossier illustre un banal problème dans la pratique d'un gastro-entérologue, donc en amont dans celle de tout médecin s'occupant de personnes alitées ou âgées et peu actives.

Le fécalome peut être observé à tout âge à la suite d'un alitement de quelques jours, d'un voyage où les conditions sanitaires font aisément renoncer à aller à selles. Néanmoins il s'observe surtout chez les sujéts âgés, les patients sous neuroleptiques, indifférents à leur état ou mal suivis sur le plan des « évacuations » par les personnes qui les assistent.

Le fécalome peut entraîner une constipation avec ténesme, une occlusion. Lorsqu'il induit une fausse diarrhée, la méconnaissance du diagnostic et la prescription inappropriée d'anti-diarrhéiques conduisent à des situations comme celle évoquée dans ce dossier. Dans certains cas l'état subocclusif dû au fécalome entraîne une confusion mentale.

La question 2 fait appel à deux notions pratiques dans l'appréciation d'une déshydratation chez les sujets âgés. Leur peau est fréquemment sèche et il faut toujours en tenir compte avant de parler de déshydratation. Chez les personnes âgées le besoin de boire est moins marqué et, comme l'a montré l'affaire de la canicule de l'été 2003, elles peuvent se déshydrater sans ressentir la sensation de soif ; quand Mme R. dit qu'elle n'a pas soif, il faut penser à cette notion.

L'erreur inverse, apporter de l'eau et des électrolytes à une personne âgée qui n'en a pas besoin, expose à une surcharge cardio-pulmonaire avec le redoutable risque d'œdème aigu du poumon.

Mme Maryse G., 53 ans, vient vous consulter pour un état fébrile qui remonte à quelques jours.

Fonctionnaire, elle est en poste à Cayenne (Guyane) ; elle n'a pas voulu différer la date de ses congés en métropole et vient avec les premiers examens demandés par son médecin là-bas.

Il y a dix jours elle s'est sentie fatiguée, fébrile ; elle a constaté que sa température était à 39 °C. Elle a d'abord pensé à une histoire grippale et patienté pendant deux jours en prenant du paracétamol, ce d'autant qu'elle ne souffrait de rien.

La fièvre et la fatigue persistant elle s'est décidée à consulter son médecin.

Celui-ci n'aurait rien retenu à l'examen clinique et a fait faire les bilans que Mme G. vous présente.

Antécédents :

- Un fibrome opéré en 1982 car responsable d'importantes ménorragies. Mme G. ne sait pas si elle a été transfusée lors de l'intervention.
- Cholécystectomie il y a dix ans pour lithiase vésiculaire.
- Elle a été traitée par acupuncture pour des douleurs de l'épaule en 1979.
- Enfant, elle a eu les oreillons, la varicelle, la rougeole.
- Mme G. a deux enfants.

Voici les bilans qu'elle vous présente :

- Le premier a été fait alors que Mme G. était fébrile depuis 3 jours.

Hématies	3,78 x 10^6/mm^3	Bilirubine totale	39 µmol/l
– Hémoglobine	11,8 g/dl	– conjuguée	31 µmol/l (N = 0)
– VGM	92 µ^3	– non conjuguée	8 µmol/l (N < 17)
– Hématocrite	35 %	Transaminases ASAT	294 UI/l (N < 35)
Leucocytes	6 500/mm^3	Transaminases ALAT	366 UI/l (N < 35)
– neutrophiles	28 %	Phosphatases alcalines	75 UI/l (N < 80)
– éosinophiles	1 %	Protides	78 g/l (60-80)
– lymphocytes*	61 %	Albumine	43 g/l (35-50)
– monocytes	10 %	Taux de prothrombine	88 %
Plaquettes	288 000/mm^3	C réactive protéine	29 mg/l (N < 8)

* grandes cellules mononucléées hyperbasophiles

– Le second, effectué 5 jours après le 1er, montre une numération-formule à peu près identique à la précédente et pour les transaminases, des ASAT à 145 UI/l et ALAT à 205 UI/l.

Contexte :

Mme G. et son mari ont fait une carrière administrative avec déjà des postes outremer (Fort-de-France et Casablanca). Ils ont passé quelques années en France pour la fin de la scolarité de leurs enfants et le début de leurs études universitaires. Elle est chef de service à Cayenne depuis un an.

C'est plus l'indépendance qui les attire dans les postes outremer que l'aventure. Leurs sorties se limitent à des rencontres avec un groupe d'amis et quelques incursions sur la plage. Ils ne sont pas attirés par les promenades en pirogue sur les fleuves ou les randonnées en forêt.

Mme G. fume deux ou trois cigarettes par jour (après le repas) et consomme occasionnellement de l'alcool. Elle ne prend aucune drogue (il y a vingt ans elle avait fumé un peu de cannabis).

Question 1

De façon générale (et pas spécialement chez Mme G.) il y a plusieurs affections qui donnent les anomalies observées à la numération formule : citez les simplement.

Question 2

Parmi les causes que vous venez de citer quelles sont les moins plausibles chez Mme G. ? Argumentez votre réponse.

Question 3

Vous allez examiner soigneusement Mme G.
Indiquez quels signes vous allez particulièrement rechercher en précisant la ou les hypothèses diagnostiques qui sous-tendent ces recherches.

Question 4

À l'examen : Mme G. est en bon état général, mais présente toujours une fièvre à 38 °C. Pour une taille de 1,62 m elle pèse 56 kg. Votre examen clinique est normal.
Mme G. a lu ses résultats et noté les anomalies hépatiques. Elle craint d'avoir à nouveau des ennuis avec des calculs.
Il est possible de la rassurer sur ce point. Mais quels sont les arguments contre l'hypothèse de lithiase biliaire ?

Question 5

Il y a des arguments épidémiologiques pour penser que vraisemblablement Mme G. ne présente ni une hépatite aiguë A, ni une hépatite aiguë B, ni une hépatite aiguë C.
Quels sont ces arguments ?

Mme G. pense avoir été *vaccinée contre l'hépatite*, mais ne sait vous dire laquelle.

1. Par quel(s) résultat(s) d'examen(s) sérologique(s) pourrait-on prouver que Mme G. est immunisée contre l'hépatite A?
2. Par quel(s) résultat(s) d'examen(s) sérologique(s) pourrait-on prouver que Mme G. a acquis une immunité contre l'hépatite B pour avoir présenté autrefois une hépatite B restée méconnue car asymptomatique ou d'expression atypique?
3. Par quel(s) résultat(s) d'examen(s) sérologique(s) pourrait-on prouver que Mme G. est immunisée contre l'hépatite B après avoir été vaccinée contre l'hépatite B?

Pourquoi ne peut-on exclure l'hypothèse de la découverte d'une hépatite virale chronique à l'occasion d'un épisode fébrile encore mal étiqueté?

Quels résultats d'examens complémentaires permettraient d'exclure cette hypothèse?

Finalement que retiendriez-vous comme hypothèses diagnostiques? Donnez deux réponses, argumentez-les, et précisez pour chaque hypothèse comment vous chercheriez à en faire la preuve.

GRILLE DE CORRECTION

Question 1

10 points

De façon générale (et pas spécialement chez Mme G.) il y a plusieurs affections qui donnent les anomalies observées à la numération formule : citez les simplement.

- Mononucléose infectieuse...2 points
- Infection à cytomégalovirus ....2 points
- Hépatites virales A, B ou C...2 points
- Primo-infection à VIH...2 points
- Toxoplasmose...2 points

Question 2

5 points

Parmi les causes citées quelles sont les moins plausibles chez Mme G. ? Argumenter votre réponse.

- Primo-infection à VIH :
  - apparemment pas de facteur de risque.............................2 points
- Infection à cytomégalovirus :
  - le plus souvent terrain immuno-déprimé...........................3 points

Question 3

15 points

Vous allez examiner soigneusement Mme G.
Indiquez quels signes vous allez particulièrement rechercher en précisant la ou les hypothèses diagnostiques qui sous-tendent ces recherches.

- Recherche de signes qu'on peut observer dans une mononucléose infectieuse, une primo-infection à VIH ou à cytomégalovirus :
  - adénopathies périphériques surtout cervicales et occipitales...3 points
  - une angine peu symptomatique ....2 points
  - un purpura du voile du palais...1 point
  - une splénomégalie ....5 points
  - une éruption cutanée...4 points

À l'examen : Mme G. est en bon état général, mais présente toujours une fièvre à 38 °C. Pour une taille de 1,62 m elle pèse 56 kg. Votre examen clinique est normal.

Mme G. a lu ses résultats et noté les anomalies hépatiques. Elle craint d'avoir à nouveau des ennuis avec des calculs.

Il est possible de la rassurer sur ce point. Mais quels sont les arguments contre l'hypothèse de lithiase biliaire ?

> ■ **Il s'agirait d'une lithiase du cholédoque**................................ **2 points**
>   * **la fièvre dans les angiocholites est habituellement**
>   **pseudo-palustre**.. **2 points**
>   * **la fièvre ne serait pas aussi bien supportée car elle serait**
>   **le témoin d'un sepsis**.. **2 points**
>   * **il n'y a aucune douleur**.. **2 points**
>   * **la cytolyse est trop élevée et durable**
>   **(et non en coup d'archet)**.. **2 points**
> → *Utiliser contre l'hypothèse de lithiase le fait que la patiente ait*
>   *été cholécystectomisée serait un mauvais argument.*

Il y a des arguments épidémiologiques pour penser que vraisemblablement Mme G. ne présente ni une hépatite aiguë A, ni une hépatite aiguë B, ni une hépatite aiguë C.

Quels sont ces arguments ?

> ■ **Contre l'hépatite aiguë A**
>   * **à 53 ans il est probable que Mme G. a déjà été en contact**
>   **avec le virus A et a acquis une immunité**........................ **3 points**
> ■ **Contre les hépatites aiguës B et C : pas de facteur de risques**
>   **récents**.. **2 points**
>   * **pas d'usage de drogue**... **1 point**
>   * **pas de vagabondage sexuel**.. **1 point**
>   * **pas de risque nosocomial connu**....................................... **3 points**

Mᵐᵉ G. pense avoir été vaccinée contre l'hépatite, mais ne sait vous dire laquelle.

1. Par quel(s) résultat(s) d'examen(s) sérologique(s) pourrait-on prouver que Mᵐᵉ G. est immunisée contre l'hépatite A ?

2. Par quel(s) résultat(s) d'examen(s) sérologique(s) pourrait-on prouver que Mᵐᵉ G. a acquis une immunité contre l'hépatite B pour avoir présenté autrefois une hépatite B restée méconnue car asymptomatique ou d'expression atypique ?

3. Par quel(s) résultat(s) d'examen(s) sérologique(s) pourrait-on prouver que Mᵐᵉ G. est immunisée contre l'hépatite B après avoir été vaccinée contre l'hépatite B ?

---

1. **Présence d'anticorps totaux** .... 3 points
   - absence d'IgM .... 2 points
2. **Présence d'anticorps anti-HBs** .... 3 points
   - présence d'anticorps anti-HBc type IgG .... 2 points
3. **Présence d'anticorps anti-HBs** .... 2 points
   - absence d'anticorps anti-HBc .... 3 points

Pourquoi ne peut-on exclure l'hypothèse de la découverte d'une hépatite virale chronique à l'occasion d'un épisode fébrile encore mal étiqueté ?

Quels résultats d'examens complémentaires permettraient d'exclure cette hypothèse ?

- **De tels taux de transaminases sont observés dans des hépatites chroniques** .... 3 points
- **Mᵐᵉ G. a pu être en contact antérieurement avec le virus B**
  - **acupuncture en 1979** .... 2 points
  - **cette hypothèse d'hépatite chronique B serait exclue**
    - **soit par la négativité de tous les marqueurs du virus B** .... 1 point
    - **soit par le fait qu'il y ait l'anticorps anti-HBs** .... 2 points
    - **plus rarement par le fait que malgré un Ag HBs le taux d'ADN soit nul** .... 2 points
- **Mᵐᵉ G. a peut-être été contaminée par le virus C**
  - **acupuncture en 1979**
  - **peut-être transfusion en 1982**
  - **cette hypothèse d'hépatite chronique C serait exclue**
    - **soit par l'absence d'anticorps anti-HCV** .... 2 points
    - **soit par la présence d'anticorps anti-HCV, mais l'absence d'ARN** .... 3 points

Question 8

20 points

Finalement que retiendriez-vous comme hypothèse(s) diagnostique(s) ? Donnez deux réponses, argumentez-les, et précisez pour chaque hypothèse comment vous chercheriez à en faire la preuve.

> - **Les hypothèses les plus probables sont :**
>   - **mononucléose infectieuse** .... 2 points
>   - **et infection à cytomégalovirus** .... 3 points
> - **Compte tenu :**
>   - **de l'hémogramme** .... 2 points
>   - **de la discrétion des anomalies biologiques hépatiques** .... 3 points
> - **Le terrain (bon état général, absence d'immuno-dépression) est plus en faveur de la MNI que du CMV** .... 1 point
> - **La preuve d'une mononucléose infectieuse serait apportée par la positivité**
>   - **le MNI test** .... 3 points
>   - **la positivité de la recherche des anti-EBV de type IgM** .... 3 points
> - **La preuve d'une infection à cytomégalovirus serait apportée par la positivité de la recherche des anticorps anti-CMV de type IgM** .... 3 points

COMMENTAIRES

Ce dossier est inspiré du cas d'une patiente qui a présenté une primo-infection à CMV sans raison particulière.

L'intérêt de l'observation n'est pas ici de faire le diagnostic mais d'étudier les différentes pistes de réflexion devant un tableau clinique atypique (pas d'adénopathie, pas d'angine, pas d'éruption) par rapport aux hypothèses diagnostiques qu'on peut évoquer sur les examens de laboratoires.

Cette présentation permet de sortir des traditionnelles histoires d'hépatites virales aiguës.

La sérologie des hépatites est abordée ici « en miroir ». Ce dossier vous fait réfléchir sur les résultats qui permettent d'exclure :

— que quelqu'un ait une hépatite aiguë parce qu'il est immunisé du fait d'un contact avec le virus dans le passé, ou qu'il ait été vacciné (contre l'hépatite A et ou l'hépatite B) ;

— qu'il ait une hépatite chronique B ou C.

Prolongeons un instant l'évasion vers cet étonnant pays qu'est la Guyane.

Pour ne pas trop vous déstabiliser dans cette préparation à l'ECN Mme G. a été décrite comme une fonctionnaire pantouflarde des tropiques, ce qui vous a peut-être permis d'éviter de vous lancer dans des hypothèses exotiques en pestant contre une utilisation abusive des items 101 (*pathologie d'inoculation*), 107 (*voyage en pays tropical*, etc.), 203 (*fièvre aiguë*) du programme.

En fait elle a toujours profité de ces séjours outremer pour prendre des vacances extrêmement sportives. Simplement prudente elle prend les précautions nécessaires, vaccinations, crèmes contre les moustiques, insecticides, moustiquaires pour les nuits sylvestres, anti-paludéens.

En Guyane il y a en outre le risque de fièvre jaune, c'est pourquoi la vaccination anti-amaril est obligatoire avant de prendre l'avion. De toute façon la fièvre jaune n'est pas ce tableau gentillet de fièvre et petit ictère.

M. François L., né en 1956, vient consulter, très inquiet. Il pense avoir compris « *qu'il est foutu, que son foie ne marche plus, qu'il saigne de quelque part* ». Cette affirmation surprend un peu venant d'un homme paraissant en pleine forme avec son 1,78 m et ses 95 kg.

Ayant reçu une proposition de bilan de santé par la Caisse Primaire d'Assurance-maladie il s'est fait faire un bilan dont vous avez reçu les résultats au courrier de la veille.

Tout ce qu'il a lu sur Internet hier soir n'est pas fait pour le rassurer.

Contexte :

M. L. est un homme actif. Il a travaillé dans plusieurs entreprises et occupe actuellement un poste de directeur commercial dans une usine de papier. Il circule régulièrement dans une dizaine de départements et doit aller chaque semaine au siège de sa société dans la banlieue parisienne.

Il a beaucoup voyagé. Cela a commencé après son baccalauréat où il est parti aux Indes pendant près d'un an. Depuis, à peu près chaque année il fait un voyage plus ou moins lointain.

Il dit être en pleine forme… mais a retenu la boutade de Jules Romain dans Knock « *un homme bien portant est un malade qui s'ignore* ».

Il a été affecté par le décès, il y a deux ans, de son beau-frère ; entre le diagnostic de cancer du foie et le décès il s'était écoulé à peine six mois. Il en garde une inquiétude au point de prendre de temps en temps un anxiolytique pendant quelques jours.

Antécédents :

- Personnels :
    - oreillons dans l'enfance ;
    - appendicectomie ;
    - extraction de dents de sagesse, dont il a gardé mauvais souvenir car suivie de trois jours de saignement.
- Familiaux :
    - un grand père opéré à 63 ans d'un cancer du rectum (mais a survécu vingt ans avec un anus artificiel).

Avant de le recevoir vous aviez pris connaissance du bilan :

M. François L. – né le 4 février 1956			
Hématies	$4,85 \times 10^6/mm^3$	Protides	76 g/l (60-80)
— Hémoglobine	15,2 g/dl	Cholestérol	6,2 mmol/l (3-5,5)
— VGM	95 μ³	Cholestérol HDL	2,3 mmol/l (0,9-1,7)
— Hématocrite	46 %	Triglycérides	8,3 mmol/l (0,4-1,8)
Leucocytes	6 500/mm³	Bilirubine totale	12 μmol/l
— neutrophiles	72 %	Transaminases ASAT	86 UI/l (N < 35)
— éosinophiles	1 %	Transaminases ALAT	78 UI/l (N < 35)
— lymphocytes	20 %	γ-Glutamyl transférase	148 UI/l (N < 38)
— monocytes	7 %	Créatinine	72 μmol/l
Plaquettes	238 000/mm³		

Test hémoccult positif (consulter votre médecin traitant)

L'examen clinique ne vous apporte aucune autre donnée, positive ou négative, susceptible d'intervenir dans la discussion diagnostique.

Question 1

M. L. est très inquiet. En se limitant aux expériences dont il vous a fait part, explicitez les deux scénarios qu'il pourrait avoir échafaudés.

Question 2

En supposant que vous ayez amené M. L. à expliciter ce qu'il a en tête, est-il possible de lui apporter des démentis formels ? Argumentez votre position

Question 3

Les Centres de Santé de la CPAM incluent le test Hemoccult dans leur bilan de routine. Dans quel autre cadre est plus habituellement pratiqué le test Hemoccult ?

Question 4

M. L. a un test Hemoccult positif.
1. Quelle est la probabilité qu'un patient asymptomatique de l'âge de M. L. ayant un test Hemoccult positif ait une tumeur, polype ou cancer ?
2. Quelle suite donnez-vous à cette positivité du test Hemoccult chez M. L. ?

Question 5

À côté de ce test Hemoccult positif, M. L. présente d'autres anomalies aux examens de laboratoire.
Relevez ces anomalies sans les commenter (les commentaires devront apparaître dans la réponse à la question suivante).

Question 6   Vous allez présenter les hypothèses diagnostiques que vous déduisez de l'analyse de ces anomalies en les argumentant (cette argumentation peut signaler les compléments d'interrogatoire qui vous seraient utiles). Procédez en deux étapes:
1. les hypothèses prenant argument sur des points de l'observation ;
2. les hypothèses à évoquer par principe (chez cet homme de 47 ans).

Question 7   Compte tenu des hypothèses que vous avez présentées à la réponse précédente, exposez votre stratégie d'investigation.

Question 8   Pour finir et en guise de synthèse pour l'ensemble des problèmes soulevés par ce dossier, énumérez les conseils que vous pouvez donner à M. L. et les examens que vous lui proposez de faire.

GRILLE DE CORRECTION

Question 1

10 points

M. L. est très inquiet. En se limitant aux expériences dont il vous a fait part, explicitez les deux scénarios qu'il pourrait avoir échafaudés.

- **Cancer de l'intestin responsable d'un saignement**............................ **3 points**
  - **et déjà compliqué de métastases hépatiques** .... **3 points**
- **Cirrhose (ou cancer du foie) responsable de saignement digestif 4 points**

Question 2

20 points

En supposant que vous ayez amené M. L. à expliciter ce qu'il a en tête, est-il possible de lui apporter des démentis formels ? Argumentez votre position

---

- **Ses scénarios sont sensés** .... **2 points**
  - **il y a des cancers intestinaux asymptomatiques alors qu'ils sont étendus**... **2 points**
    - **par exemple réduisant la lumière intestinale mais sans sténose**.. **2 points**
    - **et/ou avec des métastases hépatiques ou pulmonaires** .... **2 points**
  - **des cirrhoses peuvent être découvertes devant une anémie**... **2 points**
    - **par saignement à bas bruit** .... **2 points**
- **Mais leurs probabilités sont faibles**.. **2 points**
- **Il faut expliquer à M. L. :**
  - **que des causes moins sévères sont à envisager d'abord**............ **2 points**
  - **qu'en cas d'affection grave, elle serait probablement « prise à temps »** .... **2 points**
  - **il faut se garder de lui affirmer qu'il n'a rien de grave**.............. **2 points**

Question 3

10 points

Les Centres de Santé de la CPAM incluent le test Hemoccult dans leur bilan de routine. Dans quel autre cadre est plus habituellement pratiqué le test Hemoccult.

- **Campagne de dépistage de masse**.. **10 points**

Question 4

15 points

M. L. a un test Hemoccult positif.

1. Quelle est la probabilité qu'un patient asymptomatique de l'âge de M. L. ayant un test Hemoccult positif ait une tumeur, polype ou cancer ?
2. Quelle suite donnez-vous à cette positivité du test Hemoccult chez M. L. ?

---

1. **Probabilité de tumeur : 50 % (admis entre 40 et 60 %)** .... **5 points**
   - **se répartissant en :**
     - **cancer 10 % (admis 5 à 15)**... **3 points**
     - **polype(s) 40 % (admis 35 à 45)**.. **2 points**
2. **Faire pratiquer une coloscopie** .... **5 points**

À côté de ce test Hemoccult positif, M. L. présente d'autres anomalies aux examens de laboratoire. Relevez ces anomalies sans les commenter (les commentaires devront apparaître dans la réponse à la question suivante).

- **VGM un peu élevé**...1 point
- **Augmentation des transaminases**...1 point
- **Élévation des γ-GT**..1 point
- **Cholestérol au-dessus de 2 g**...1 point
- **Triglycérides élevés**...1 point

Vous allez présenter les hypothèses diagnostiques que vous déduisez de l'analyse de ces anomalies en les argumentant (cette argumentation peut signaler les compléments d'interrogatoire qui vous seraient utiles). Procédez en deux étapes :
1. les hypothèses prenant argument sur des points de l'observation ;
2. les hypothèses à évoquer par principe (chez cet homme de 47 ans).

1. **La surcharge pondérale est une certitude, avec hypertriglycéridémie**...1 point
   - **IMC = 30 kg/m²**...2 points
   - **consommation d'alcool à préciser (excessive ? car VGM élevé)**..1 point
   - **surcharge et alcool exposent à une stéato-hépatite**.........2 points
   - **avec transaminases et γ-GT élevées**
   - **il y a des antécédents à risques :**
     — **voyage en Inde autrefois (usage de drogues IV ?)**..........1 point
     — **saignement important suite à l'extraction dentaire (transfusion ?)**...1 point
     — **faisant évoquer une hépatite chronique (ou une cirrhose) B ou C**...2 points
   - **la prise d'anxiolytique peut entraîner une élévation des transaminases et des γ-GT**...........................2 points
2. **Hémochromatose (recherche d'antécédents familiaux)**..............5 points
   Tumeur hépatique..1 point
   Hypo ou hyperthyroïdie..2 points

Compte tenu des hypothèses que vous avez présentées à la réponse précédente, exposez votre stratégie d'investigation.

- **Recherche de marqueurs viraux**
  - **anti-HCV**...1 point
  - **Ag HBs, anticorps anti-HBc**...1 point
- **Fer sérique, coefficient de saturation de la sidérophiline**.......2 points
- **Ferritine**...2 points
- **TSH, T3, T4**...2 points
- **Échographie hépatique**..2 points

Pour finir et en guise de synthèse pour l'ensemble des problèmes soulevés par ce dossier, énumérez les conseils que vous pouvez donner à M. L. et les examens que vous lui proposez de faire.

- **Se calmer (ne pas s'inquiéter inconsidérément)**............................. 2 points
- **Perdre du poids**... 2 points
  - diminution des apports caloriques (glucides, lipides) .... 1 point
  - diminution de la consommation d'alcool si excessive................ 1 point
  - faire de l'exercice (gymnastique, sport) .... 1 point
- **Coloscopie**.. 1 point
- **Complément de bilan biologique**... 1 point
- **Échographie hépatique**.. 1 point

COMMENTAIRES

Une telle situation n'est pas un montage opportuniste pour faire écho à plusieurs questions du programme, par ordre d'apparition dans le texte sur les Objectifs Pédagogiques de la 2ᵉ partie du 2ᵉ cycle.

— question 1, *la relation médecin-malade ;*

— question 83, deuxième partie, *interpréter des anomalies biologiques hépatiques chez un sujet asymptomatique ;*

— question 139, *... dépistage des cancers ;*

— question 148, *tumeurs du côlon et du rectum.*

Ces patients sont bien réels : partis confiants pour être labellisés « bien portants », ils reviennent inquiets avec une sombre vision de leur avenir.

Avant de s'empêtrer à commenter un bilan complexe à un profane il est utile de chercher à savoir ce qu'il a compris et ce qu'il en a déduit. C'est la raison des deux premières questions, probablement un peu déroutantes.

Ensuite deux voies de commentaires :

— celle de la prise en compte d'un test Hemoccult positif conduit à faire accepter la coloscopie, examen contraignant (on a l'occasion d'y revenir dans cet ouvrage) ;

— celle de la recherche de la ou des raisons d'anomalies biologiques plus ou moins connues du grand public, souvent sources de fantasmes ; pour avancer logiquement il faut plus de réflexion que d'examens complémentaires.

Quelques modèles de résultats de « bilans hépatiques » :

- *Élévation de la bilirubine non conjuguée, parfait état général, aucune autre anomalie biologique hépatique, pas d'anémie*
  - maladie de Gilbert
  - thalassémie mineure éventuellement

- *Élévation de la bilirubine non conjuguée, aucune autre anomalie biologique hépatique, pas d'anémie, dans un contexte pathologique où une hémolyse n'est pas attendue*
  - découverte fortuite d'une maladie de Gilbert
  - découverte fortuite d'une thalassémie mineure éventuellement

- *Élévation de la bilirubine non conjuguée chez un sujet qui a des hématomes importants*
  - hémolyse lors de la résorption de l'hématome

- *Rapport ASAT/ALAT (ou TGO/TGP) > 2*
  - atteinte hépatique d'origine alcoolique

- *Rapport ASAT/ALAT (ou TGO/TGP) < 1*
  - atteinte hépatique où il faut rechercher une cause autre que la consommation excessive d'alcool

- *Gamma-Glutamyl-Transférases (γ-GT) élevées*
  - consommation excessive d'alcool
  - prise de médicaments inducteurs enzymatiques
  - toute maladie hépatique

- *Femme de plus de 50 ans asymptomatique ou se plaignant de prurit — γ-GT et PAL très élevées sans ictère*
  - cirrhose biliaire primitive

Mme B. vous amène Tristan, son premier enfant, âgé de 1 mois et 10 jours qui vomit.

Il est né à 35 semaines d'aménorrhée, après une grossesse marquée par une hypertension artérielle maternelle. L'accouchement a eu lieu par voie basse, sans souffrance fœtale, avec un poids de naissance de 2 050 g, une taille de 48 cm et un périmètre crânien de 33 cm. L'enfant a été alimenté quelques jours par une sonde gastrique, puis a pris des biberons de lait adapté. À son retour à la maison, il a présenté quelques régurgitations peu importantes après les tétées. Mais depuis l'âge de 3 semaines environ, celles-ci sont plus abondantes puis sont devenues de véritables vomissements qui surviennent maintenant 1 à 2 heures après le biberon. Le lait a été épaissi et un traitement par MOTILIUM® a été débuté mais rien n'y fait. L'enfant garde un bon appétit mais la mère est désespérée car Tristan ne grossit plus, et en plus il a des selles dures tous les 3 jours.

À l'examen, vous trouvez un enfant tonique, qui cherche à téter. Vous notez quelques plis cutanés au niveau des cuisses, l'auscultation cardio-pulmonaire est normale, la fontanelle n'est pas tendue et même plutôt un peu déprimée. Le poids est de 2 550 g, la taille de 50 cm et le périmètre crânien de 35 cm.

Question 1 Quel diagnostic évoquez-vous ? Énumérez les arguments qui justifient votre réponse.

Question 2 Quels signes recherchez-vous à l'examen clinique pour vous conforter dans cette hypothèse ?

Question 3 Quel examen complémentaire prescrivez-vous en première intention pour confirmer votre diagnostic ? Décrivez les signes typiques qu'il mettra en évidence.

Question 4 Cet examen reste douteux et on vous propose de le refaire 48 heures plus tard. Néanmoins la mère ne supporte plus d'attendre et voir son enfant « dépérir ». Quel autre examen peut être éventuellement réalisé et que montrera-t-il ?

Question 5 Le diagnostic est finalement confirmé. Quel est le traitement précis de cette affection ?

Question 6 Le traitement évoqué est programmé. En attendant, quelle prise en charge de l'enfant instituez-vous ?

GRILLE DE CORRECTION

Quel diagnostic évoquez-vous ? Énumérez les arguments qui justifient votre réponse.

> ▨ **Sténose hypertrophique du pylore** 5points
> ▨ **Les arguments en faveur :**
>> • **l'âge : vomissements entre 3 et 6 semaines de vie** .... 3 points
>> • **vomissements de plus en plus tardifs après les repas** .... 2 points
>> • **non améliorés par les traitements habituels** .... 2 points
>> • **entraînant une stagnation pondérale** .... 2 points
>> • **appétit conservé** .... 2 points
>> • **constipation associée** .... 2 points
>> • **chez un garçon** .... 1 point
>> • **premier né** .... 1 point

Quels signes recherchez-vous à l'examen clinique pour vous conforter dans cette hypothèse ?

> ▨ **L'examen clinique recherche :**
>> • **une voussure épigastrique** .... 4 points
>> • **accompagné d'ondulations péristaltiques** .... 4 points
>> • **l'olive pylorique : masse oblongue**
>>   **dans l'hypochondre droit** .... 3 points
> ▨ **L'examen clinique apprécie également le retentissement :**
>> • **signes de déshydratation : muqueuses sèches,**
>>   **pli cutané persistant, fontanelle déprimée** .... 2 points
>> • **signes de dénutrition : fonte des masses musculaires,**
>>   **disparition du pannicule adipeux, plis de dénutrition** .... 2 points

Quel examen complémentaire prescrivez-vous en première intention pour confirmer votre diagnostic ? Décrivez les signes typiques qu'il mettra en évidence.

> ▨ **L'examen clé pour le diagnostic est l'échographie**
>   **abdominale (chez un opérateur entraîné)** .... 6 points
> ▨ **Elle montre l'hypertrophie du muscle pylorique,**
>   **en région sous-hépatique** .... 5 points
>> • **en coupe transversale : aspect en cocarde, diamètre**
>>   **de l'olive > 15 mm, épaisseur de la couche musculaire**
>>   **> 4 mm** .... 2 points
>> • **en coupe longitudinale : longueur du pylore > 20 mm,**
>>   **peu de passages pyloriques** .... 2 points
> → *Proposer le TOGD en première intention donne zéro à cette question.*

Question 4

15 points

Cet examen reste douteux et on vous propose de le refaire 48 heures plus tard. Néanmoins la mère ne supporte plus d'attendre et voir son enfant « dépérir ». Quel autre examen peut être éventuellement réalisé et que montrera-t-il ?

- L'examen qui peut être proposé est un transit œso-gastro-duodénal .... 7 points
- Celui-ci montrera les signes suivants :
  - une stase gastrique à jeun et une hypoaération intestinales sur le cliché sans préparation .... 2 points
  - des signes indirects : dilatation gastrique avec déviation de l'antre vers la droite, péristaltisme inefficace butant sur un obstacle pylorique, retard aux passages pyloriques et à la vidange gastrique.. 2 points
  - signes directs : canal pylorique filiforme et allongé (> 20 mm), image constante sur tous les clichés .... 4 points

Question 5

15 points

Le diagnostic est finalement confirmé. Quel est le traitement précis de cette affection ?

- Le traitement est chirurgical... 5 points
  - c'est la pylorotomie extra-muqueuse .... 5 points
  - par voie sous costale droite ou par voie ombilicale .... 2 points
  - consistant en une incision de la séreuse et du muscle pylorique jusqu'au plan muqueux sans ouvrir la muqueuse ... 3 points
→ *Ne pas faire opérer l'enfant entraîne une note 0 à cette question.*

Question 6

20 points

Le traitement évoqué est programmé. En attendant, quelle prise en charge de l'enfant instituez-vous ?

- La préparation pré-opératoire est importante :
  - enfant à jeun, en proclive.. 3 points
  - pose d'une sonde gastrique mise en siphonage.......................... 3 points
  - bilan biologique recherchant : une alcalose hypochlorémique, une hypokaliémie, une hypochlorurie .... 4 points
  - pose d'une voie veineuse périphérique.......................... 3 points
  - correction des troubles ioniques par une réhydratation avec un soluté composé initialement de : Glucosé 5 % + NaCl 5 g/l + CaCl 1 g/l + KCl 2 g/l .... 3 points
- La surveillance repose sur :
  - la clinique : disparition des signes de déshydratation : reprise d'une diurèse, reprise pondérale .... 2 points
  - la biologie : correction progressive des anomalies du ionogramme et de la réserve alcaline, de la chlorurie......... 2 points
→ *Ne pas perfuser l'enfant entraîne une note 0 à cette question.*

COMMENTAIRES

La sténose du pylore est une affection fréquente et bénigne du nourrisson, dont le traitement est chirurgical.

La question 1 est facile car l'âge et la symptomatologie sont trop évocateurs dans ce dossier pour justifier la discussion d'autres hypothèses diagnostiques. Néanmoins, il ne faut pas se faire piéger par l'absence de l'intervalle libre typique dans cette situation fréquente d'un enfant qui présente un reflux gastro-œsophagien préexistant.

La question 2 fait décrire les signes de la sténose du pylore à l'examen clinique. Ceux-ci sont inconstants, notamment la palpation de l'olive pylorique retrouvée seulement dans 30 % des cas, mais les oublier serait une grave erreur. Le retentissement sur l'état d'hydratation et l'état nutritionnel (quand les troubles durent depuis plusieurs semaines) est également important à mentionner.

La question 3 attend comme réponse l'échographie et non pas le TOGD. Le radiologue doit être habitué à rechercher cette pathologie. Parfois, lorsque le diagnostic est évoqué très tôt, les critères échographiques peuvent ne pas être encore présents pour affirmer l'hypertrophie pylorique. On peut alors refaire l'écho 48 heures plus tard.

La question 4 rappelle que le TOGD peut éventuellement être une alternative. C'est un examen fiable mais irradiant. Celui-ci doit rester en deuxième ligne après l'échographie qui est plus simple, plus rapide, non irradiante.

La question 5 est facile mais doit amener une réponse détaillée pour obtenir le maximum de point.

La question 6 a pour but de vérifier qu'il est su que l'urgence n'est pas d'opérer le malade mais de le mettre en condition de supporter l'anesthésie. La déshydratation et la dénutrition rendent ces enfants très sensibles aux agents anesthésiques. D'autre part, l'alcalose hypochlorémique, fréquente, peut gêner la phase de réveil post-opératoire.

M. Philippe M., 41 ans, présente des douleurs épigastriques.

Depuis une semaine il présente quotidiennement des douleurs épigastriques en fin de matinée. En fait il s'agit plutôt d'une sensation de faim inconfortable que ne calme pas le fait de grignoter un biscuit ou de prendre un verre d'eau. Deux fois, dont la nuit dernière, M. M. a été réveillé vers 3 heures par cette douleur : elle a été d'autant plus désagréable qu'il a une « *remontée d'acide* » qui lui a piqué la gorge et l'a fait tousser. Il a réussi à calmer les brûlures en prenant des tablettes d'un médicament qui lui avait été prescrit aux vacances dernières lorsqu'il avait consulté un médecin pour des brûlures d'estomac (« *méritées* » à l'époque parce qu'il avait abusé de plats épicés).

Lors de ses études, M. M. avait présenté deux fois des douleurs assez proches et avait consulté aux Urgences de l'hôpital. À chaque fois on lui avait prescrit « *un plâtrage* » dit-il, et conseillé de consulter ; il s'en était abstenu car étant en période d'examens il n'avait pas de temps à perdre… et les examens passés il ne souffrait plus. Il a même encore dans ses papiers l'ordonnance pour une fibroscopie !

Antécédents :

- Personnels : Trois pneumothorax droits spontanés il y a 15 ans qui ont nécessité un traitement chirurgical.
- Familiaux : son père a fait un infarctus du myocarde à 45 ans, sa mère est diabétique.

Contexte :

- Il est patron d'une entreprise de locations d'engins de chantier. Il circule beaucoup pour son travail. Il est marié et a quatre enfants (deux de ce mariage et deux d'un précédent).
- Il pèse 98 kg pour une taille de 1,72 m. Il fume un paquet de cigarettes par jour.

Question 1   Énumérez puis discutez vos hypothèses diagnostiques pour expliquer les douleurs épigastriques de ce patient. Pour chaque hypothèse précisez si nécessaire quelles autres informations vous rechercheriez par l'interrogatoire.

Question 2   Exposez les éléments que vous allez rechercher à l'examen clinique.

Question 3   Quel (s) examen (s) complémentaire (s) envisagez-vous de pratiquer chez ce patient? Justifiez votre stratégie.

Question 4   Chez ce patient il a été trouvé un ulcère d'environ 10 mm de diamètre, rond, régulier, à la face postérieure du bulbe.
Dans un tel cas, quel est l'intérêt de faire des biopsies gastriques?

Question 5   Exposez et justifiez les grandes lignes du traitement que vous allez proposer à ce patient.

Question 6   Analysez les facteurs du pronostic à long terme de ce patient.

GRILLE DE CORRECTION

Question 1

20 points

Énumérez puis discutez vos hypothèses diagnostiques pour expliquer les douleurs épigastriques de ce patient. Pour chaque hypothèse précisez si nécessaire quelles autres informations vous rechercheriez par l'interrogatoire.

> - **Ulcère du bulbe, ulcère gastrique, gastrite, cancer, reflux gastro-œsophagien**
> - **Ulcère du bulbe et ulcère gastrique :**
>   - **séméiologie évocatrice, passé de douleurs identiques** .... 6 points
>   - **préciser s'il y a prise de médicaments gastro-toxiques** .... 2 points
>   - **faire préciser s'il y a ou non une consommation excessive d'alcool** .... 2 points
>   - **antécédents familiaux** .... 1 point
>   - **jeune âge plus en faveur du siège bulbaire que gastrique** .... 2 points
> - **Dyspepsie fonctionnelle muqueuse** .... 1 point
>   - **de type pseudo-ulcéreux** .... 2 points
> - **Cancer : peu probable compte tenu de l'âge** .... 2 points
> - **Reflux gastro-œsophagien : peu probable s'il n'y a eu qu'une seule fois du pyrosis (à préciser)** .... 2 points

Question 2

10 points

Exposez les éléments que vous allez rechercher à l'examen clinique.

> - **L'examen clinique est celui d'un homme avec des facteurs de risques :**
>   - **obésité, IMC = 33 kg/m²** .... 1 point
>   - **tabagisme, antécédents familiaux de diabète** .... 1 point
> - **Auscultation cardiaque, prise de tension artérielle** .... 1 point
> - **Recherche des pouls périphériques, auscultation des carotides** ..... 1 point
> - **Auscultation pulmonaire à la recherche de râles bronchiques** .... 1 point
> - **Le creux épigastrique est probablement sensible** .... 2 points
> - **Recherche d'un gros foie de stéatose** .... 2 points
> - **Par esprit de système palpation des aires ganglionnaires** .... 1 point

Question 3

10 points

Quel (s) examen (s) complémentaire (s) envisagez-vous de pratiquer chez ce patient ? Justifiez votre stratégie.

> - **Le bilan porte sur deux axes : la recherche d'une explication aux douleurs épigastriques et le bilan métabolique compte tenu du terrain**
> - **Une fibroscopie œso-gastro-duodénale** .... 2 points
> - **Dosages :**
>   - **de la glycémie** .... 2 points
>   - **du cholestérol LDL et HDL, des triglycérides** .... 2 points
>   - **de l'acide urique et de la créatinine** .... 2 points
> - **Électro-cardiogramme** .... 2 points

Question 4

20 points

Chez ce patient il a été trouvé un ulcère d'environ 10 mm de diamètre, rond, régulier, à la face postérieure du bulbe.
Dans un tel cas, quel est l'intérêt de faire des biopsies gastriques?

- Rechercher une gastrite.. 5 points
- En apprécier le degré (superficielle et/ou profonde) .... 5 points
- Détecter une dysplasie sévère .... 5 points
- Montrer *Helicobacter pylori* (HP) dans les collets
  des glandes fundiques... 5 points

Question 5

20 points

Exposez et justifiez les grandes lignes du traitement que vous allez proposer à ce patient.

- Traitement de l'ulcère:
  - arrêter si possible le tabac .... 2 points
  - antiacides à la demande comme traitement
    symptomatique de la douleur .... 1 point
- Si on a mis en évidence *Helicobacter pylori*
  pour une semaine .... 3 points
  - prescription d'un inhibiteur de la pompe
    qui empêche la sécrétion acide au pôle apical
    des cellules bordantes .... 2 points
  - une bi-antibiothérapie avec amoxycilline
    et un imidazolé ou macrolides dirigé
    contre *Helicobacter pylori* .... 2 points
  - pas de nécessité de poursuivre les IPP sauf si le patient
    est symptomatique à la fin de la semaine de traitement
  → *2 points pour cet item donnés à la question 6.*
- Si HP négatif (10 % des UD)
  - prescription d'un inhibiteur de la pompe
    pendant 6-8 semaines .... 1 point
  - sérologie et/ou test respiratoire à l'urée marqué au C13
    (faux négatif de l'histologie 5-10 %) .... 1 point
- Traitement de la surcharge pondérale
  - après enquête alimentaire .... 2 points
  - correction des erreurs diététiques grossières
    (prise de boissons sucrées, pâtisseries, grignotage) .... 3 points
  - instituer un régime hypocalorique avec des mesures
    simples (diminution du pain, des pâtes, du riz,
    de la semoule, des pommes de terre).. 3 points

Analysez les facteurs du pronostic à long terme de ce patient.

- **Pour l'ulcère deux grandes éventualités :**
  - guérison de la poussée avec éradication de *Helicobacter pylori* : patient guéri .... 2 points
    — pas de traitement anti-sécrétoire au long cours .... 2 points
  - persistance *Helicobacter pylori* par résistance aux antibiotiques .... 2 points
    — après avoir écarté une mauvaise observance .... 1 point
    — IPP au long cours pour prévenir récidive et complications .... 2 points
    — Traitement de deuxième ligne à discuter en fonction de la disponibilité d'un antibiogramme .... 1 point
- **Pour la surcharge pondérale et les éventuels troubles métaboliques**
  - si le patient corrige ses erreurs diététiques, pronostic bon à long terme (sujet normal) .... 3 points
  - si le patient ne corrige pas ses erreurs diététiques.
    — risque d'évolution vers une obésité morbide .... 2 points
    — risque de pancréatite aiguë si hypertriglycéridémie .... 2 points
    — risques cardio-vasculaires si hypercholestérolémie .... 3 points

COMMENTAIRES

Ce dossier ne comporte aucune difficulté à condition de prendre en compte que le patient présente deux affections : essentiellement une obésité et des facteurs de risques qui compromettent son avenir, un ulcère, très mis en avant ici, mais qui est probablement très secondaire pour l'avenir de ce patient.

Les items et leur notation dans cet ouvrage

Le but premier d'un tel ouvrage est d'aider à maîtriser le raisonnement clinique et à appréhender les notions importantes des sujets d'hépato-gastro-entérologie, en donnant des indications sur leurs poids relatifs.

C'est pourquoi nous avons choisi de rédiger des grilles longues (mais rappelons qu'un jury avait distingué 88 items), peu d'items comptant 5 points. Par contre nous avons très souvent (mais encore insuffisamment) signalé les omissions qui seraient très pénalisantes, non seulement dans une question mais aussi sur les points de valorisation d'ensemble du dossier (au cas où ils en auraient été retenus).

Nos dossiers pourraient conduire à des regroupements d'items, à des notations sensiblement différentes. L'important est de savoir que **tous les candidats seraient notés avec la même grille**.

Pour conclure

Qui a de solides connaissances de base et raisonne juste s'en sortira parfaitement.

Son souci ne doit pas être celui des grilles mais de comprendre et polir ses connaissances auprès de gens expérimentés.

Dimanche 15 heures : vous êtes de garde aux Urgences et recevez M. Boris T., 73 ans, qui présente de vives douleurs abdominales depuis quelques heures.

Tout a commencé dans la matinée, vers 11 h, par une douleur qui occupe la partie centrale de l'abdomen ; d'abord sourde, simple « point de côté » désagréable, elle est devenue rapidement assez violente. M. T. a pris deux gélules de paracétamol, mais il lui semble qu'il les a vomies une demi-heure plus tard. Il a patienté pendant environ une heure et, constatant « *que cela ne passait pas* », a fait appel au médecin de garde ; celui-ci l'a examiné vers 13 heures, lui a fait une injection d'un anti-spasmodique, et décidé de son hospitalisation.

M. T. est en bon état général mais fatigué par la douleur qui persiste, forte quoique atténuée, par les deux vomissements présentés dans l'heure qui précède, un état nauséeux permanent. Il a été à selles hier soir ; il n'a pas eu de gaz depuis ce matin.

Antécédents :

M. Boris T. a été opéré il y a 26 mois d'un cancer du côlon gauche qui avait été découvert à la suite de saignement rouge survenu lors d'un traitement anticoagulant par héparine (prescrit à la suite d'un pontage coronarien pratiqué après un infarctus du myocarde).

M. T. n'a pas gardé de souvenirs très précis des suites de l'intervention sur le côlon. La seule chose dont il se souvienne est qu'il avait fallu lui remettre la sonde gastrique trois jours après qu'elle eut été retirée parce qu'il avait eu des vomissements. Après l'intervention il était venu passer quelques jours de convalescence chez sa fille ; il n'a pas eu de traitement particulier.

Le pontage coronarien, l'intervention colique, ont eu lieu dans les services du CHU d'une grande ville universitaire à 800 km de là. M. T. est venu passer quelques jours chez sa fille et n'a pas son dossier avec lui (l'aurait-il eu que vous n'auriez pas appris grand-chose car ce dossier ne comporte que des bulletins de séjour et des documents sans intérêt). *Un bref instant rêvez à l'utopie du dossier médical informatisé qui vous permettrait depuis l'ordinateur du service des urgences de vous connecter au CHU lointain et de consulter les données anamnésiques de M. T.*

M. T. vous apprend néanmoins que tout allait bien. Il a passé, il y a deux mois, un bilan complet ayant comporté une coloscopie, une radio pulmonaire, une échographie du foie. À propos de ce dernier examen il pense qu'on lui surveille « *une tache sur le foie* » qui est connue depuis le début, mais « *qui ne bouge pas* ».

M. T. signale aussi qu'il a deux hernies de l'aine qu'il ne s'est pas encore décidé à faire opérer.

Contexte : M. T. est violoniste et, très marqué par ses ascendances slaves, a fait partie de formations se produisant en concert ou animant des soirées. Il est encore ravi qu'on fasse appel à lui et peut tenir jusqu'à l'aube dans l'ambiance de cabaret russe.

Il est marié, sa femme est chanteuse. Ils ont trois enfants qui ont choisi des vies plus régulières ; la fille qui héberge en ce moment M. T. est professeur de violon.

Vous commencez l'**examen clinique** : M. Boris T. est en bon état général. Il dit peser 90 kg pour une taille de 1,66 m. Il est mal à l'aise, nauséeux, un peu las, mais très conscient, voire un peu bavard.

À l'inspection l'abdomen est gras et semble un peu distendu. Il présente une cicatrice de laparotomie médiane ombilico-pubienne, il y a une protubérance ombilicale, « *en chapeau sur la brioche* ».

Vous allez poursuivre cet examen (voir plus loin)…

Question 1

Compte tenu des événements de la matinée, des antécédents, du contexte, quelles sont vos hypothèses diagnostiques (celles que vous avez en tête pour la poursuite de l'interrogatoire et de l'examen) ? Argumentez vos réponses.

Question 2

Décrivez la poursuite de votre examen en vous en tenant aux éléments principaux des événements de la matinée, des antécédents, du contexte.

Question 3

Au terme de votre examen sur quels arguments écartez-vous toute cause pariétale aux troubles actuels de M. T.

Question 4

Quelle(s) hypothèse(s) formulez-vous quant à la « *tache* » que présenterait M. T. sur son foie et qui nécessiterait une surveillance selon ses dires.

Le scanner de l'hôpital est en panne ; il a donc été effectué un cliché d'abdomen sans préparation.

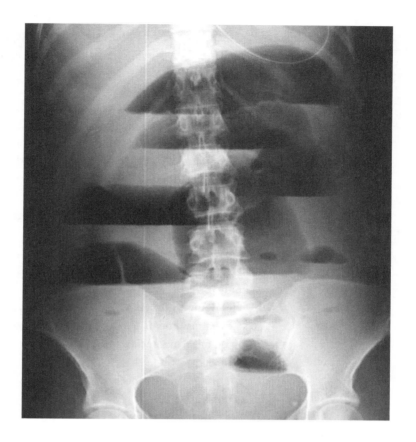

Quelle conclusion tirez-vous de cet examen ? Justifiez votre réponse

Il est 16 heures. Vous êtes conduit à prendre une décision en fonction de l'hypothèse diagnostique la plus probable compte tenu de l'ensemble des données.

Formulez cette hypothèse diagnostique.

Explicitez les grandes caractéristiques de cette occlusion en ce qui concerne l'organe, le siège, le mécanisme.

Vous faites appel à un senior. Il vient, examine le patient, lui demande de gonfler l'abdomen, puis de le rentrer, enfin, alternativement, il pose la main et la relève brusquement dans les quadrants inférieurs droit et gauche de l'abdomen. Que recherche-t-il ?

Il est 16h30.

Quelle décision doit être prise ? Donnez-en la justification.

Question 1

22 points

Compte tenu des événements de la matinée, des antécédents, du contexte, quelles sont vos hypothèses diagnostiques (celles que vous avez en tête pour la poursuite de l'interrogatoire et de l'examen)? Exposez votre réflexion.

- Occlusion sur bride: en faveur..1 point
  - antécédent d'intervention...1 point
  - possibilité d'un premier épisode sub-occlusif en post-opératoire (la repose de la sonde gastrique)...............1 point
    - les données actuelles:
      - les douleurs brutales...1 point
      - les vomissements et nausées, l'arrêt des gaz.......................1 point
- Occlusion du fait d'une hernie: en faveur:
  - une probable hernie ombilicale...1 point
  - les hernies inguinales connues..1 point
  - les données actuelles:
    - les douleurs brutales...1 point
    - les vomissements et nausées, l'arrêt des gaz.......................1 point
- Occlusion du fait d'une récidive tumorale colique...........................1 point
  - en faveur:
    - l'antécédent de cancer...1 point
  - mais contre:
    - le cancer colique devait être limité (il n'y a pas eu de chimiothérapie)..1 point
    - un bilan fait il y a deux mois a été satisfaisant....................1 point
    - le tableau n'est pas celui d'une occlusion basse (colique)..1 point
- Occlusion du fait d'une carcinomatose péritonéale..........................1 point
  - en faveur:
    - l'antécédent de cancer...1 point
  - mais contre:
    - les mêmes arguments que ceux contre la récidive locale.............................1 point
    - une occlusion en rapport avec une carcinomatose est rarement brutale..1 point
- Infarctus du mésentère:
  - en faveur le contexte vasculaire...4 points

Décrivez la poursuite de votre examen en vous en tenant aux éléments principaux des événements de la matinée, des antécédents, du contexte.

- Palpation abdominale à la recherche d'une masse, d'un gros foie .... 1 point
- D'une douleur provoquée
- Palpation de la région ombilicale – essai de réduction de la probable hernie .... 1 point
- Palpation de la cicatrice pour rechercher une éventration .... 2 points
- Et un possible étranglement .... 1 point
- Percussion pour apprécier le tympanisme .... 1 point
- Examen des orifices herniaires avec essai de réduction des hernies inguinales
- Toucher rectal (réaction péritonéale ?) .... 1 point
- Recherche d'une souffrance péritonéale (faire *gonfler puis rentrer le ventre*) .... 1 point
- Recherche d'adénopathie périphérique (Troisier) .... 1 point
- Examen cardiaque, tension artérielle .... 1 point
- Palpation des pouls périphériques .... 2 points
- Rechercher si la diurèse est conservée .... 2 points

Sur quels arguments écartez-vous toute cause pariétale aux troubles actuels de M. T.

- Les hernies sont réductibles et non douloureuses .... 2 points
- Pas d'éventration ou si éventration pas de signe d'étranglement .... 2 points

Quelle(s) hypothèse(s) formulez-vous quant à la « tache » que présenterait M. T. sur son foie et qui nécessiterait une surveillance selon ses dires.

- Il est improbable qu'il s'agisse d'une métastase .... 1 point
  - en effet une métastase aurait été enlevée en même temps que le cancer colique .... 2 points
- Il est improbable qu'il s'agisse d'un adénome, en effet :
  - ressemblant à une métastase .... 1 point
  - il aurait été enlevé en même temps que le cancer colique .... 1 point
- Il peut s'agir :
  - d'un angiome .... 1 point
  - ou d'une hyperplasie nodulaire focale .... 2 points
  - lésions bénignes .... 1 point
- En réalité les échographies répétées ne sont pas faites pour surveiller cette lésion mais pour dépister des métastases .... 1 point

Quelle conclusion tirez-vous de cet examen ? Justifiez votre réponse

- **Occlusion du grêle** .... 1 point
- **Images de niveaux hydro-aériques** .... 1 point
  - **multiples** .... 1 point
  - **diffuses** .... 1 point
  - **plus larges que hautes** .... 1 point

Il est 16 heures. Vous êtes conduit à prendre une décision en fonction de l'hypothèse diagnostique la plus probable compte tenu de l'ensemble des données.
Formulez cette hypothèse diagnostique. Explicitez les grandes caractéristiques de cette occlusion en ce qui concerne l'organe et le siège, le mécanisme.

- **Occlusion du grêle sur bride(s)** .... 2 points
- **Elle touche le grêle** .... 1 point
- **À sa partie basse compte tenu du nombre des niveaux** .... 2 points
- **Le mécanisme est la strangulation** .... 2 points
- **Avec risque d'ischémie** .... 3 points

Vous faites appel à un senior. Il vient, examine le patient, lui demande de gonfler l'abdomen, puis de le rentrer, enfin alternativement il pose la main et la relève brusquement dans les quadrants inférieurs droit et gauche de l'abdomen. Que cherche-t-il ?

- **Une réaction péritonéale** .... 4 points
- → *S'il trouve ce qu'il cherche, quelle en sera la signification ?*
- **Une possible ischémie de l'anse engagée dans la bride** .... 4 points
  - **avec une porosité ou une perforation de la paroi intestinale** .... 2 points
  - **permettant le passage du contenu intestinal dans la cavité péritonéale** .... 2 points
  - **avec constitution d'une péritonite** .... 3 points

184

Il est 16h30.

Quelle décision doit être prise? Donnez-en la justification.

- Décision: intervention chirurgicale .... 2 points
  - pour lever l'obstacle.. 2 points
  - libérer l'anse .... 2 points
- En urgence.. 3 points
- Au-delà d'un délai de 6 h entre le début des troubles
  et l'intervention:
  - risque d'ischémie de l'anse engagée dans la hernie.................... 3 points
  - ce qui obligerait à la réséquer... 2 points
  - si une grande partie du grêle doit être enlevée .... 2 points
    — il y a un risque majeur de dénutrition du fait
      d'un grêle court.. 4 points

COMMENTAIRES

Ce dossier présente dans un contexte riche la situation d'une occlusion du grêle où l'élément de gravité est l'ischémie de l'anse intestinale. Qu'il s'agisse d'occlusion sur bride (illustrée par ce dossier), d'occlusion du fait d'un étranglement herniaire, du rare volvulus du grêle, de l'embolie ou de la thrombose d'une branche de la mésentérique supérieure, c'est l'ischémie qui est d'abord plus ou moins brutale et plus ou moins intensément douloureuse.

Ensuite c'est l'ischémie qui met en jeu la vitalité de l'anse : une anse qui a subi une ischémie prolongée est nécrosée et doit être réséquée.

Enfin c'est l'ischémie qui met en jeu la vie du patient. L'anse ischémique libère des toxines, devient poreuse et se perfore, le contenu intestinal passe dans la cavité péritonéale et entraîne une péritonite.

Plus on attend, plus la nécrose intestinale s'accroît, plus le sepsis à point de départ péritonéal devient sévère, menant au syndrome de détresse multiviscérale.

Le dossier aurait pu être plus banal. Les variantes du thème ne manquent pas :
- **occlusion par étranglement d'une hernie inguinale**, *douloureuse, non réductible*, etc. ;
- **occlusion par étranglement d'une hernie crurale** chez une grosse vieille dame, situation illustrée par le célèbre cas d'Henri Mondor qui, après deux médecins et un collègue chirurgien, n'avait pas su découvrir la petite hernie crurale douloureuse noyée dans une aine grasse... mais il sut poser l'indication opératoire et guérit la patiente ;
- **occlusion sur bride** six mois après une simple cœlioscopie exploratrice ;
- **occlusion sur une éventration** devenue *douloureuse, non réductible, etc.*

Pour l'ECN le dossier ne pourrait pas être : **une occlusion sur rien mais imposant la laparotomie** qui permet de découvrir une rareté anatomique insoupçonnable, une hernie interne par un défaut d'accolement péritonéal ou une brèche mésentérique.

Dans ce dossier le contexte est tel qu'il est facile d'écarter l'hypothèse d'une carcinomatose péritonéale. Le problème est plus difficile lorsque l'occlusion survient dans les mois qui suivent une intervention pour cancer et lorsque la tumeur enlevée était déjà étendue, avec franchissement de la séreuse et des métastases ganglionnaires. Des épisodes sub-occlusifs, un inconfort abdominal, peuvent précéder l'installation d'une occlusion franche avec douleurs abdominales et vomissements.

L'anecdote de la *tache* sur le foie est un leurre. Plus aucune équipe chirurgicale ne laisserait en place et surveillerait une lésion susceptible d'être une métastase. Par déduction on en vient vite à penser que s'il y a quelque chose ce ne peut être qu'un angiome ou une hyperplasie nodulaire focale.

Le passage du senior est l'occasion de rappeler des notions de séméiologie fine du syndrome péritonéal. Deux autres dossiers dans ce volume en font mention.

Ne pas laisser passer 6 heures avant d'opérer une occlusion sur brides est une règle impérative. Dans certains cas la malchance fait que les faits ignorent la théorie et la perforation survient plus tôt. Ailleurs, malgré un retard dangereux, la nature fait preuve d'indulgence, le segment de grêle ischémique n'est pas sphacélé ou est suffisamment court pour que sa résection n'entraîne aucune séquelle.

Madame P. Joëlle, 55 ans présente un ictère nu, c'est-à-dire sans autre signe clinique. Cet ictère est apparu progressivement au cours de ces 15 derniers jours.

L'interrogatoire ne révèle ni épisode douloureux abdominal ni épisode fébrile. Par contre depuis quelques jours la patiente est gênée par un prurit.

L'examen clinique ne perçoit pas de masse suspecte ni aucune autre anomalie.

Antécédent :

- Cholécystectomie il y a dix ans pour lithiase vésiculaire.
- Un épisode de paralysie faciale « *a frigore* » il y a cinq ans.
- Pas d'antécédent familial notable.

Voici le bilan biologique :

Hémogramme	
Hématies	4 980 000 mm^3
Hémoglobine	12,8 g/dl
VGM	92 µm^3
Globules blancs	7 800 mm^3
— neutrophiles	83 %
— éosinophile	1 %
— basophile	0,5 %
Lymphocytes	10 %
Monocytes	5,5 %

Bilirubine totale	238 µmol/l
— conjuguée	180 µmol/l (N = 0)
— non conjuguée	58 µmol/l (N < 17)
Phosphatases alcalines	1 280 UI/l (N < 80)
Transaminases ASAT	97 UI/l (N < 35)
Transaminases ALAT	74 UI/l (N < 35)
Taux de prothrombine	47 %

Question 1 Qu'apporte aux plans séméiologique et étiologique la précision que cette patiente a été cholécystectomisée ?

Question 2 Commentez le bilan biologique en donnant votre interprétation des anomalies.

Question 3 Quel est l'examen paraclinique simple qui peut vous permettre ici de différencier un ictère de cause médicale d'un ictère de cause chirurgicale ? Qu'attendez-vous de cet examen ?

Question 4 Citez les principales causes d'obstacle mécanique de la voie biliaire principale susceptibles d'être observées chez cette patiente.

Question 5 En cas de découverte d'une masse pancréatique suspecte, quels sont les examens complémentaires utiles à la décision thérapeutique ?

Question 6 La patiente est gênée par un prurit.
La cholestyramine est un chélateur des sels biliaires utilisé dans le traitement de prurit en rapport avec certaines causes de cholestase. Quelle est la place de ce médicament si le diagnostic de cancer du pancréas est confirmé ? Justifiez votre réponse.

GRILLE DE CORRECTION

Question 1

10 points

Qu'apporte aux plans séméiologique et étiologique la précision que cette patiente a été cholécystectomisée ?

- Chez les sujets ayant leur vésicule, en cas d'ictère par obstacle, le fait que la vésicule soit palpable ou non donne une indication sur le niveau de l'obstacle : chez Mme P. cette information manquera .... 5 points
- Le fait que Mme P. ait été cholécystectomisée n'exclut pas une lithiase de la voie biliaire principale .... 5 points

Question 2

25 points

Commentez le bilan biologique en donnant votre interprétation des anomalies.

- Forte cholestase en faveur d'un obstacle sur les voies biliaires ..... 2 points
- Par argument de fréquence sur les voies biliaires extra-hépatiques .... 3 points
- Car :
  - taux élevé de bilirubine, surtout conjuguée .... 3 points
  - taux élevé de phosphatases alcalines .... 3 points
- Légère élévation des taux des transaminases probablement secondaire à une cholestase prolongée .... 3 points
- Taux abaissé de prothrombine .... 1 point
  - probablement du fait d'un déficit en vitamine K .... 5 points
  - qui sera corrigé par l'administration de vitamine K .... 2 points
  - par voie intra-veineuse .... 3 points
- → *Une prescription intra-musculaire ou orale de vitamine K donne zéro à la question.*

Question 3

20 points

Quel est l'examen paraclinique simple qui peut ici permettre de différencier un ictère de cause médicale d'un ictère de cause chirurgicale ? Qu'attendez-vous de cet examen ?

- L'échographie abdominale peut montrer :
  - au niveau des voies biliaires extra-hépatiques :
    - l'existence et l'importance d'une distension de la voie biliaire principale .... 4 points
    - le niveau d'un éventuel obstacle .... 3 points
    - la nature de l'obstacle .... 2 points
  - au niveau du foie :
    - une distension des voies biliaires intra-hépatiques .... 3 points
    - la présence de métastases .... 2 points
  - au niveau du pancréas :
    - la présence d'une masse tumorale .... 3 points
    - des calcifications pancréatiques .... 3 points

Citez les principales causes d'obstacle mécanique de la voie biliaire principale susceptibles d'être observées chez cette patiente.

- **Cancer de la tête du pancréas** .... **4 points**
- **Ampullome** .... **4 points**
- **Cancer sur la voie biliaire principale** .... **4 points**
- **Calcul du cholédoque enclavé dans l'ampoule de Vater** .... **3 points**
  - **forme pseudo-néoplasique, sans douleur ni fièvre, de la lithiase du cholédoque** .... **1 point**
  - **l'antécédent de cholécystectomie augmente la probabilité de lithiase**
- **Pancréatite chronique** .... **4 points**
  - **mais la patiente ne présente pas un terrain favorable à une pancréatite chronique, et il est exceptionnel qu'une pancréatite chronique ait comme première manifestation un ictère**

En cas de découverte d'une masse pancréatique suspecte, quels sont les examens complémentaires utiles à la décision thérapeutique? Justifiez vos réponses.

- **Le scanner thoraco-abdominal recherche** .... **2 points**
  - **l'extension régionale** .... **2 points**
  - **en particulier au contact des vaisseaux** .... **2 points**
  - **les métastases pulmonaires** .... **2 points**
  - **les métastases hépatiques** .... **2 points**
- **L'écho-endoscopie précise l'extension vers le duodénum, les vaisseaux, la présence d'adénopathies** .... **4 points**
- **L'IRM peut apporter des précisions en cas de difficultés d'interprétation du scanner** .... **1 point**

La patiente est gênée par un prurit.

La cholestyramine est un chélateur des sels biliaires utilisé dans le traitement de prurit en rapport avec certaines causes de cholestase. Quelle est la place de ce médicament si le diagnostic de cancer du pancréas est confirmé? Justifiez votre réponse.

- **La cholestyramine n'a aucune place dans un ictère par cancer du pancréas** .... **4 points**
- **La chélation par la cholestyramine empêche la réabsorption des sels biliaires lorsqu'ils sont passés dans l'intestin grêle** .... **3 points**
- **En cas de cancer de la tête du pancréas la bile ne passe pas dans le tube digestif, il n'y a donc pas de sels biliaires sur lesquels la cholestyramine puisse agir** .... **3 points**

COMMENTAIRES

Ce dossier n'offre pas de difficulté particulière et la plupart des questions ne peuvent surprendre.

Deux questions peuvent permettre de départager des candidats, la première et la dernière :

- pour la première il faut savoir que la cholécystectomie ne protège pas de récidive lithiasique dans la voie biliaire principale ;

- la dernière met l'accent sur l'inutilité d'un traitement au goût désagréable.

La prescription de vitamine K par voie intra-musculaire peut entraîner des hématomes, celle par voie orale est inutile, d'où la pénalisation.

Mme Lucie N., 37 ans, a un reflux gastro-œsophagien occasionnel depuis environ cinq ans.

Depuis quelques semaines son pyrosis devient gênant, sa fréquence et son intensité ayant augmenté ; depuis quelques jours il lui est arrivé de ressentir à certains moments une difficulté à avaler, mais en veillant à mastiquer correctement « *tout passe* ».

Au cours de la semaine précédente, profitant d'un congé, elle a fait beaucoup de jardinage dans sa maison à la campagne.

Aucun antécédent notable, personnel ou familial.

Contexte : célibataire, employée de mairie.

Elle ne prend qu'occasionnellement de l'alcool. Elle fume 5-6 cigarettes par jour.

Examen : Mme N. est en bon état général, l'examen clinique est normal. On note cependant un poids de 75 kg pour une taille de 1,66 m.

La fibroscopie a montré une hernie hiatale sur une hauteur de 3 cm, une œsophagite érosive assez importante, une sténose peptique peu serrée (l'endoscope passe la sténose en forçant un peu), un endo-brachyœso-phage sur 2 cm. Les biopsies ne montrent pas de dysplasie.

Question 1 Faites un schéma légendé représentant la description endoscopique.

Question 2 Expliquez ce qu'on désigne par endo-brachyœsophage

Question 3 Exposez votre stratégie thérapeutique pour les deux mois à venir.
1. Indiquez vos objectifs.
2. Exposez les moyens thérapeutiques dont on dispose pour traiter un RGO.
3. Faites un choix concret de traitement, justifiez-le.

Question 4 Rédigez une ordonnance dans les termes mêmes où vous la remettriez à la patiente. *Pour cette question vous êtes le Docteur Avicenne.*

Question 5 Au terme du traitement que vous venez de prescrire différentes modalités évolutives auront été possibles. Exposez ces modalités évolutives et les options thérapeutiques que vous prendriez pour chacune d'elle.

Question 6 Mme N. a entendu parler de traitement chirurgical. Elle vous demande de lui expliquer de quoi il retourne et de lui préciser ce qu'on enlève. Indiquez les grandes lignes de votre réponse.

GRILLE DE CORRECTION

Question 1

25 points

Faites un schéma légendé représentant la description endoscopique.

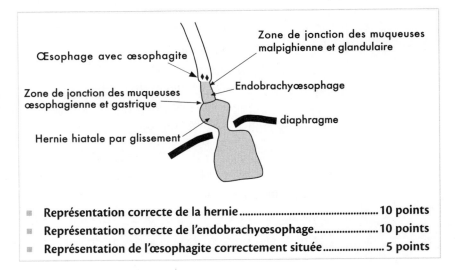

Œsophage avec œsophagite

Zone de jonction des muqueuses malpighienne et glandulaire

Zone de jonction des muqueuses œsophagienne et gastrique

Endobrachyœsophage

Hernie hiatale par glissement

diaphragme

- ▪ **Représentation correcte de la hernie** .... **10 points**
- ▪ **Représentation correcte de l'endobrachyœsophage** .... **10 points**
- ▪ **Représentation de l'œsophagite correctement située** .... **5 points**

Question 2

10 points

Expliquez ce qu'on désigne par endo-brachyœsophage.

- ▪ **Remplacement de la muqueuse malpighienne détruite par le reflux acide** .... **3 points**
- ▪ **Par de la muqueuse glandulaire gastrique** .... **3 points**
- ▪ **Le risque est la dégénérescence néoplasique** .... **4 points**

Question 3

30 points

Exposez votre stratégie thérapeutique pour les deux mois à venir.
1. Indiquez vos objectifs.
2. Exposez les moyens thérapeutiques dont on dispose pour traiter un RGO.
3. Faites un choix concret de traitement, justifiez-le.

1. • **Soulager les symptômes** .... 2 points
   — **au moins en diminuant l'acidité du reflux** .... 2 points
   — **si possible en diminuant le reflux** .... 2 points
   — **rétablir un calibre œsophagien normal** .... 2 points
   • **Prévenir les récidives** .... 2 points
2. • **Règles hygiéno-diététiques :**
   — **diminuer les apports alimentaires pour perdre du poids** 1 point
   — **le patient doit éviter les aliments qui lui donnent des douleurs** .... 1 point
   — **à titre d'hygiène générale éviter alcool et tabac** .... 1 point
   • **Topiques œsophagiens qui ont un rôle de tampon (alginates)** 1 point
   • **Antisécrétoires : inhibiteurs de la pompe à protons pour diminuer le caractère acide du reflux** .... 5 points
   • **Prokinétiques pour augmenter le tonus du sphincter inférieur œsophagien et régulariser la motricité œsophagienne** .... 1 point
   • **Dilatation par des bougies** .... 2 points
3. • **Du fait du reflux sévère avec œsophagite** .... 2 points
   • **IPP à double dose** .... 3 points
   • **Attendre quelques jours le résultat du traitement sur la dysphagie. Si celle-ci persiste : dilatation** .... 3 points

Question 4

10 points

Rédigez une ordonnance dans les termes mêmes où vous la remettriez à la patiente. *Pour cette question vous êtes le Docteur Avicenne.*

▪ **En-tête au nom d'Avicenne** .... 1 point
▪ **Date** .... 1 point
▪ **Un IPP**
   • **(nom de DCI ou de spécialité)** .... 1 point
   • **dosage** .... 3 points
   • **posologie à double dose (matin et soir à jeun)** .... 2 points
   • **pour un mois à renouveler une fois** .... 1 point
▪ **Signature lisible** .... 1 point
→ *La prescription d'un anti-H2 donnerait la note 2 (au lieu de 5).*

Au terme du traitement que vous venez de prescrire différentes modalités évolutives auront été possibles. Exposez ces modalités évolutives et les options thérapeutiques que vous prendriez pour chacune d'elle.

- **Évolution favorable avec au bout de deux mois:**
    - **disparition des signes cliniques**...1 point
    - **disparition de l'œsophagite à l'endoscopie** ....1 point
    - **poursuite d'un IPP à demi-dose** ....2 points
    - **contrôle endoscopique annuel de l'endobrachy-œsophage**.......1 point
- **Simplement amélioration avec au bout de deux mois:**
    - **disparition des signes cliniques**
    - **persistance de l'œsophagite** ....2 points
        - **si l'œsophagite est sévère** ....1 point
            - **poursuite de l'IPP à double dose**...........................1 point
            - **contrôle dans deux mois** ....1 point
        - **si l'œsophagite est minime:**
            - **poursuite de l'IPP à la dose minimale efficace sur le pyrosis**...1 point
            - **pas de contrôle endoscopique** ....1 point
- **Absence d'amélioration:**
    - **intervention chirurgicale** ....2 points
    - **précédée de dilatations si la dysphagie persiste**...................1 point

Mme N. a entendu parler de traitement chirurgical. Elle vous demande de lui expliquer de quoi il retourne et de lui préciser ce qu'on enlève. Indiquez les grandes lignes de votre réponse.

- **Il n'y a aucune résection au niveau de l'œsophage ou de l'estomac** ....2 points
- **L'estomac est remis à sa place dans l'abdomen** ....2 points
- **Il est effectué une fundoplicature**..3 points
    - **un manchonnage du bas œsophage par la grosse tubérosité renforce la tonicité du sphincter inférieur de l'œsophage** ....3 points

COMMENTAIRES

Ce dossier a pour originalité la demande de faire un schéma. À la reconnaissance de lésions typiques sur un cliché de fibroscopie il est ici préféré la compréhension d'un compte rendu.

Un tel schéma est aisé à corriger et certainement discriminant.

Ensuite l'accent est mis sur la stratégie thérapeutique. Dans le programme d'hépato-gastro-entérologie le RGO est une des rares situations où on peut demander la rédaction d'une ordonnance.

Il faut donc respecter scrupuleusement les règles de rédaction d'une ordonnance.

À titre d'exemple votre ordonnance pourrait se présenter comme suit

---

Docteur Avicenne   La Réflexion 6 août 2004

Mme Lucie Navale
- Omeprazole 20 mg
  1 comprimé au lever
  1 comprimé au coucher avant le repas du soir, à jeun.

- Gaviscon
  1 cuillerée à dessert après les repas
  tant que les douleurs persistent

Traitement pour un mois à renouveler pendant 1 mois.

Avicenne

Mme Joëlle R., 55 ans, présente depuis 48 heures une douleur de la fosse iliaque gauche, un arrêt du transit intestinal, sans nausée ni vomissement, et une fébricule à 38 °C.

Habituellement elle présente simplement une tendance à la constipation, et elle dit « devoir faire attention ».

Elle aurait présenté un épisode identique mais sans fièvre six mois auparavant.

Par contre elle vous signale qu'elle a souvent la jaunisse depuis son enfance.

Antécédents :

- Appendicectomie à l'âge de 12 ans.
- Cholécystectomie il y a quinze ans à la suite de la découverte d'une lithiase pourtant asymptomatique.
- A eu deux enfants qui ont maintenant 22 et 27 ans.
- Son père avait été opéré d'un cancer de l'intestin il y a une vingtaine d'années. Cet homme est décédé d'un infarctus.

À l'examen clinique elle apparaît en bon état général. Taille 1,68 m et 76 kg. Pression artérielle à 13-8 cm Hg.

Vous notez un certain ballonnement et une sensibilité localisée à la fosse iliaque gauche. Le toucher rectal est normal.

Contexte : elle travaille dans une banque. C'est une personne enjouée qui a tendance à minimiser ses troubles.

Sa fille, laborantine, lui a fait un bilan en prévision de cette consultation.

Le voici :

Hémogramme		Bilirubine totale	38 µmol/l
Hématies	4 750 000 mm³	— conjuguée	4 µmol/l (N = 0)
Hémoglobine	14,8 g/dl	— non conjuguée	34 µmol/l (N < 17)
VGM	87 µ³	Transaminases ASAT	22 UI/l (N < 35)
Globules blancs	15 800 mm³	Transaminases ALAT	23 UI/l (N < 35)
— neutrophiles	83 %	Phosphatases alcalines	75 UI/l (N < 80)
— éosinophile	1 %	Protides	78 g/l (60-80)
— basophile	0,5 %	Albumine	43 g/l (35-50)
Lymphocytes	10 %	Cholestérol	9,2 mmol/l (N 3-5,5)
Monocytes	5,5 %	Triglycérides	3,5 mmol/l (N 0,4-1,8)
		Taux de prothrombine	98 %
		C réactive protéine	56 mg/l (N < 8)
		Na	138 mmol/l
		K	3,8 mmol/l
		Créatinine	108 µmol/l

Question 1 — Quelles sont vos hypothèses pour expliquer le tableau douloureux abdominal que présente cette patiente? Argumentez-les.

Question 2 — Commentez et expliquez les résultats du bilan.

Question 3 — Vous vous préoccupez d'abord du problème des douleurs abdominales. Dans cette période aiguë allez-vous faire d'autre(s) investigation(s)? Si oui, la ou lesquelles? Justifiez votre (vos) réponse(s).

Question 4 — Une coloscopie a-elle sa place (et quand) dans le bilan de l'affection présentée par Mme R.? Justifiez votre réponse.

Question 5 — Présentez, vos objectifs et vos choix thérapeutiques, à court terme (une semaine) et à long terme.

Question 6 — Exposez le pronostic à court terme (une semaine) de cet épisode aigu.

Question 7 — Vous allez maintenant réfléchir au pronostic à long terme de Mme R.: présentez l'ensemble des facteurs de risques présentés par cette patiente en précisant la nature de ces risques.

Question 8 — Est-il possible de prendre des mesures pour contrôler ces facteurs de risques? Argumentez votre réponse.

GRILLE DE CORRECTION

Question 1

15 points

Quelles sont vos hypothèses pour expliquer le tableau douloureux abdominal que présente cette patiente ? Argumentez-les.

- **Diverticulite sigmoïdienne (ou sigmoïdite diverticulaire)**
  - **âge où peuvent apparaître les complications de la diverticulose** .... 2 points
  - **le siège des douleurs** .... 2 points
  - **la fièvre** .... 2 points
  - **l'arrêt du transit** .... 2 points
  - **un épisode presque identique six mois avant** .... 2 points
- **Cancer du sigmoïde**
  - **possible étant donné l'âge de Mme R** .... 2 points
  - **il arrive qu'à l'occasion d'une sigmoïdite on découvre un cancer associé** .... 1 point
  - **l'antécédent familial** .... 2 points

Question 2

10 points

Commentez et expliquez les résultats du bilan.

- **Leucocytose : signe d'infection cohérent avec l'hypothèse de sigmoïdite** .... 1 point
- **Taux de CRP élevé, en rapport avec l'infection** .... 2 points
- **Taux de bilirubine non conjuguée élevé sans anémie**
- **Probable maladie de Gilbert** .... 4 points
- **Hypercholestérolémie et hypertriglycéridémie : hyperlipémie mixte pouvant être à l'origine d'une athéromatose** .... 3 points

Question 3

10 points

Vous vous préoccupez d'abord du problème des douleurs abdominales. Dans cette période aiguë allez-vous faire d'autre(s) investigation(s) ? Si oui, la ou lesquelles ? Justifiez votre (vos) réponse(s).

- **Scanner abdominal à la recherche :**
  - **de signes d'occlusion (niveaux hydro-aériques)** .... 3 points
  - **de diverticules du sigmoïde** .... 2 points
  - **d'épaississement pariétal** .... 1 point
  - **d'épaississement du méso en regard** .... 1 point
  - **d'abcès** .... 2 points
  - **de fistules** .... 1 point
- → *Faire précéder la réalisation du scanner d'un abdomen sans préparation n'a aucun intérêt et pourrait même faire perdre des points.*

Une coloscopie a-elle sa place (et quand) dans le bilan de l'affection présentée par Mme R. ? Justifiez votre réponse.

- ▣ **La coloscopie sert à rechercher un cancer du sigmoïde associé**..**2 points**
- ▣ **Elle est effectuée à froid, avant l'intervention**................................**3 points**
- → *La proposition d'une coloscopie en urgence peut faire perdre des points*

Présentez, vos objectifs et vos choix thérapeutiques, à court terme (une semaine) et à long terme.

- ▣ **À court terme :**
  - • **objectifs :**
    - — **rétablir le transit**..**1 point**
    - — **lutter contre l'infection**...**1 point**
  - • **choix thérapeutiques :**
    - — **jusqu'à reprise du transit**...**2 points**
      - — **diète hydrique**..**1 point**
      - — **en cas de vomissements perfusion**......................**2 points**
    - — **antibiotique (amoxicilline ou céphalosporine)**................**3 points**
    - — **antispasmodique**..**1 point**
- ▣ **À long terme :**
  - • **objectifs :**
    - — **prévenir les récidives**...**1 point**
  - • **choix thérapeutique**
    - — **résection chirurgicale du sigmoïde dans les semaines qui suivront**...............................**3 points**

Exposez le pronostic à court terme (une semaine) de cet épisode aigu.

- ▣ **Rémission de cet épisode (le plus probable)**........................**5 points**
- ▣ **Survenue de complications :**
  - • **abcès diverticulaire**..**2 points**
  - • **péri-sigmoïdite**..**1 point**
  - • **occlusion**..**2 points**
  - • **perforation avec péritonite**...**2 points**
  - • **fistule colo-vésicale**..**2 points**
  - • **autres fistules**..**1 point**

Vous allez réfléchir au pronostic à long terme de Mme R. Présentez l'ensemble des facteurs de risques présentés par cette patiente en précisant la nature de ces risques.

> ■ **La diverticulose responsable de deux poussées de diverticulite comporte un risque de récidive, éventuellement compliquée** .... 1 point
> ■ **Ensemble surpoids, hypercholestérolémie, hypertriglycéridémie** .... 1 point
> ■ **Antécédent familial d'infarctus** .... 1 point
>   • **risque de développement d'un diabète** .... 1 point
>   • **l'ensemble pouvant être facteur d'athérome** .... 1 point
>   • **lui-même susceptible d'entraîner**
>   — **angor, infarctus** .... 1 point
>   — **artérite des membres** .... 1 point
>   — **accidents vasculaires cérébraux** .... 1 point
> ■ **Antécédent familial de cancer (père ayant été opéré d'un cancer colique)**
>   • **risque un peu accru de cancer colo-rectal** .... 2 points

Une fois passé l'épisode aigu actuel, est-il possible de prendre des mesures pour contrôler l'ensemble des facteurs de risques présentés par la patiente ? Argumentez votre réponse.

> ■ **Il est possible de prendre des mesures pour contrôler l'ensemble des facteurs de risques :**
>   • **prévenir la récidive de la sigmoïdite**
>   — **par la résection chirurgicale du sigmoïde** .... 2 points
>   • **mesures diététiques visant à faire baisser les taux de cholestérol** .... 2 points
>   **et de triglycérides** .... 1 point
>   — **diminution des apports alimentaires en glucides et graisses animales** .... 2 points
>   — **diminuer pâtisseries, sucreries** .... 1 point
>   — **diminuer apports de viandes** .... 2 points
>   — **apport accru de fibres alimentaires** .... 1 point
>   — **une fois l'épisode de sigmoïdite passé** .... 1 point
>   — **selon les résultats d'un régime bien suivi** .... 1 point
>   — **peut se discuter l'opportunité d'un traitement hypolipémiant** .... 1 point
>   • **bilan cardio-vasculaire à la recherche de plaque d'athérome :**
>   — **électrocardiogramme** .... 1 point
>   — **surtout épreuve d'effort** .... 2 points
>   • **coloscopie tous les 5 ans pour recherche de tumeur colo-rectale** .... 3 points

COMMENTAIRES

Les dossiers de sigmoïdite diverticulaire susceptibles d'être proposés à l'ECN ne peuvent connaître de grandes variantes sur le thème lui-même.

En effet on peut distinguer deux situations :

- le tableau de banale sigmoïdite aiguë comme celui présenté ici, où le diagnostic est aisé et les conduites diagnostique et thérapeutique consensuelles ;
- les tableaux complexes du fait de leur atypie de présentation ou du contexte, et on est dans le domaine de la spécialité.

Pour « pimenter » un dossier de sigmoïdite banale il est possible de sonder les connaissances dans d'autres domaines.

La question 2 s'assure de la capacité à reconnaître la maladie de Gilbert, ce défaut de la glycurono-conjugaison de la bilirubine. Il est fréquent (10 % de la population), s'exprime par un ictère peu important qui n'est souvent apparent qu'aux conjonctives, plus marqué en cas de jeûne ; cet état est bénin et ne constitue pas un facteur de risque pour l'avenir.

Le reconnaître apporte ici 4 points. Une interprétation farfelue aux conséquences inopportunes dans la suite du dossier peut faire perdre des points jusqu'à mettre zéro à la réponse 2.

Les questions 2, 7 et 8 portent sur les divers facteurs de risques présentés par la patiente : identification à partir de l'histoire clinique et du bilan, évocation des conséquences possibles et des mesures à prendre.

Artificiel ce dossier ? Non, il évoque la prise en compte globale d'un patient à l'occasion d'un épisode de sigmoïdite aiguë qui occupe pour le moment le premier plan. Ce n'est probablement pas la diverticulite de Mme R. qui, à terme, met en jeu son pronostic vital, mais son hypercholestérolémie. La méconnaître maintenant est, peut être, laisser à Mme R. la malchance de faire un infarctus dans un an...

Julie, âgée de 8 ans, présente depuis la veille au soir une douleur de la fosse iliaque droite. Elle a eu 2 selles liquides et a vomi 3 fois dans la journée. Elle est actuellement en vacances dans un camping sur le littoral à 50 km de l'hôpital où vous la recevez à 19h45.

Dans ses antécédents, vous apprenez que cette enfant a présenté l'année dernière une salmonellose, et qu'elle est allergique aux acariens. Elle n'a toutefois pas fait de crise d'asthme depuis 6 mois.

À l'examen, vous trouvez Julie fatiguée, fébrile à 38°5. À la palpation de l'abdomen, la fosse iliaque droite est douloureuse mais dépressible.

Question 1 Quels diagnostics évoquez-vous ? Classez vos réponses par ordre de priorité décroissante. Vous argumenterez votre réponse en citant les éléments cliniques, présents dans l'histoire ou que vous rechercheriez, en faveur de vos différentes hypothèses.

Question 2 En fonction de vos hypothèses, citez les examens complémentaires qui seront utiles pour le diagnostic et les anomalies que vous y rechercherez.

Question 3 Ces examens sont normaux. Quelle attitude proposez-vous aux parents ?

Question 4 Quel (s) élément (s) dans l'évolution, emporteront votre conviction pour l'hypothèse diagnostique que vous aviez privilégiée.

Question 5 Ce diagnostic est finalement confirmé. Quel est le traitement précis de cette affection ?

Question 6 Citez les complications qui peuvent survenir dans ce contexte.

GRILLE DE CORRECTION

Question 1

25 points

Quels diagnostics évoquez-vous ? Classez vos réponses par ordre de priorité décroissante. Vous argumenterez votre réponse en citant les éléments cliniques, présents dans l'histoire ou que vous rechercheriez, en faveur de vos différentes hypothèses.

> ▪ **Les hypothèses diagnostiques à évoquer sont :**
> - **appendicite aiguë : langue saburrale, vomissements, douleur restant localisée en fosse iliaque droite lors de la palpation en décubitus latéral gauche**......................10 points
> - **gastro-entérite aiguë : nombreux bruits hydro-aériques abdominaux, douleur devenant périomibilicale lors de la palpation en décubitus latéral gauche**......................5 points
> - **adénolymphite mésentérique : contexte de virose**......................4 points
> - **infection urinaire : brûlures urinaires**......................3 points
> - **pneumonie franche lobaire aiguë : toux sèche, tachypnée superficielle, foyer de crépitants**......................3 points
> → *Oublier l'appendicite aiguë entraîne une note de 0 à cette question.*

Question 2

20 points

En fonction de vos hypothèses, citez les examens complémentaires qui seront utiles pour le diagnostic et les anomalies que vous y rechercherez.

> ▪ **Une numération-formule sanguine recherchant une polynucléose compatible avec une appendicite aiguë, une infection urinaire, une pneumopathie**......................5 points
> ▪ **Un ECBU révélant une infection urinaire en cas de leucocyturie > $10^4/mm^3$ et de bactéries à l'examen direct**......................4 points
> ▪ **Une radio d'abdomen sans préparation recherchant**......................
> - **dans l'hypothèse d'une appendicite : une anse sentinelle, un stercolithe appendiculaire, rare mais pathognomonique**......................3 points
> - **dans l'hypothèse d'une gastro-entérite aiguë : de multiples niveaux hydro-aériques**......................3 points
> ▪ **Une radiographie du thorax en cas de symptômes respiratoires recherchant une pneumopathie se présentant comme une opacité dense, systématisée**......................3 points
> ▪ **Éventuellement une échographie pouvant montrer inconstamment des adénopathies mésentériques en faveur d'une adénolymphite mésentérique**......................2 points

Question 3

10 points

Ces examens sont normaux. Quelle attitude proposez-vous aux parents ?

- Une surveillance en milieu hospitalier...3 points
- Chez un enfant à jeun, et perfusé...2 points
- En recherchant une majoration des symptômes
  et de la fièvre, l'apparition d'une défense abdominale
  lors des examens cliniques répétés ....5 points
→ *Renvoyer l'enfant dans son camping fait donner*
  zéro à la réponse.

Question 4

15 points

Quel (s) élément (s) dans l'évolution, emporteront votre conviction pour l'hypothèse diagnostique que vous aviez privilégiée.

- L'hypothèse diagnostique à privilégier est l'appendicite aiguë
- Les éléments dans l'évolution qui emporteront
  la conviction sont :
    - la persistance et la majoration de la douleur
      en fosse iliaque droite ....4 points
    - la persistance des vomissements ....4 points
    - l'apparition d'une défense à la palpation
      de la fosse iliaque droite ....7 points

Question 5

15 points

Ce diagnostic est finalement confirmé. Quel est le traitement précis de cette affection ?

- Le traitement est une urgence chirurgicale...................................5 points
- Après une courte réanimation en cas d'altération
  de l'état général et/ou de troubles métaboliques..........................3 points
- Appendicectomie...3 points
    - par laparotomie selon la voie de Mac Burney
      ou par cœlioscopie ....2 points
- Antibiothérapie per et post-opératoire dirigée
  contre les anaérobies...2 points
→ *Ne pas opérer l'enfant entraîne une note de 0 à cette question.*

Question 6

15 points

Citez les complications qui peuvent survenir dans ce contexte.

- Les complications peuvent être pré ou per-opératoires :
    - péritonite généralisée...3 points
    - péritonite localisée ou abcès appendiculaire.............................3 points
    - septicémie à bacille gram négatif ou anaérobie ....2 points
- ou post-opératoires :
    - péritonite stercorale en cas de lâchage de la suture du
      moignon..1 point
    - syndrome du 5e jour ....2 points
    - abcès de paroi..1 point
    - abcès profond ....2 points
    - occlusion sur bride précoce ou tardive.....................................1 point

COMMENTAIRES

L'appendicite aiguë est la principale urgence chirurgicale abdominale de l'enfant. Si ses signes sont souvent typiques, le diagnostic est parfois difficile. Évoquer l'appendicite aiguë est impératif dans tout tableau de douleur abdominale fébrile chez l'enfant.

Dans la question 1, elle doit être placée en première position. Les quelques selles liquides, assez fréquentes au cours d'une appendicite aiguë, ne doivent pas faire baisser la garde et se reposer sur la gastro-entérite qui reste en 2e position. L'adénolymphite mésentérique peut classiquement donner le change, l'infection urinaire et la pneumonie franche lobaire aiguë sont 2 causes classiques de tableaux pseudo-appendiculaires qu'il faut mentionner.

La question 2 doit amener à proposer 5 à 6 examens-clés qui seront utiles en urgence pour confirmer les hypothèses avancées. La recherche d'une hyperleucocytose est compatible avec une appendicite aiguë mais peut également témoigner d'un processus infectieux qui sera recherché par l'ECBU et la radio de thorax. L'échographie abdominale n'est proposée qu'en deuxième intention chez l'enfant car les renseignements qu'elle apporte (ganglions mésentériques) sont inconstants.

La question 3 teste la prudence de l'examinateur. Évoquer l'appendicite aiguë oblige à surveiller l'enfant et poser l'indication opératoire avant le stade de péritonite.

La question 4 insiste sur l'élément majeur du diagnostic : l'apparition d'une défense. Le diagnostic d'appendicite aiguë doit rester clinique. L'échographie n'est utile que dans de rares cas difficiles ou compliqués, et peut être **parfaitement prise en défaut même entre des mains expertes.**

La question 5 appelle bien entendu l'intervention chirurgicale en urgence.

La question 6 concerne les complications qui doivent en particulier être recherchées en cas de fièvre post-opératoire. Il ne faut pas oublier de citer l'occlusion sur bride bien qu'elle se manifeste souvent très à distance de l'appendicectomie.

M. Le B. Henri, 53 ans a été hospitalisé il y a trois heures après avoir extériorisé deux hématémèses en une heure.

À son arrivée il était pâle, inquiet, mais parfaitement conscient. La pression artérielle était à 9-6 cm Hg pour une normale à 11-7.

L'interrogatoire n'a pas retrouvé la notion de prise de médicament gastro-toxique, ni de douleur épigastrique. En clair ce patient dit qu'il se portait très bien jusqu'à ce matin.

En insistant, on apprend cependant que depuis deux ans il se sentait souvent fatigué mais admettait que c'était « l'âge ». En particulier, il a pratiquement arrêté de jouer au tennis.

À l'examen il est en bon état général. Pour une taille de 1,72 m il pèse 67 kg. On note sur son avant-bras un petit angiome stellaire qu'il dit présenter depuis environ un an.

On est surpris de constater que le foie déborde de 3 cm le rebord costal, est ferme, à bord inférieur tranchant.

Le reste de l'examen clinique est normal. En particulier son visage ne présente pas les petits signes qu'on observe volontiers chez les patients alcooliques. C'est un homme brun, au teint hâlé.

Antécédents :

- M. B. a eu un accident de moto en 1996 ; il avait alors eu une rupture de rate (en deux temps) et une fracture ouverte du fémur ; ces lésions avaient chacune nécessité une intervention.
- Il a eu les maladies éruptives de l'enfance (rougeole, varicelle).
- Il dit avoir fait une hépatite à 17 ans, juste après le bac, sans contexte particulier ; il avait été jaune pendant quelques jours, puis fatigué pendant quelques semaines.
- Antécédents familiaux : son père est décédé à l'âge de 35 ans « d'une maladie du cœur » ; lui-même avait alors huit ans et ne sait en dire plus.

Contexte :

– M. B. est journaliste pour un grand quotidien breton.

– Il est marié, a deux fils.

– De 27 à 35 ans il a travaillé au Brésil pour son journal. Ce fut une période active et riche de sa vie mais il n'a pas le souvenir d'avoir eu la moindre maladie là-bas. Selon ses dires sa consommation d'alcool serait modérée : un verre de vin à table, une bière de temps en temps, un apéritif certains soirs, le dimanche et les jours de fête.

La fibroscopie, faite il y a quelques minutes, a montré des varices œsophagiennes assez importantes avec des points rouges. Il n'y avait pas d'autre lésion dans l'estomac ou le duodénum. M. B. est maintenant au calme, suivi en soins intensifs. Un flacon de concentré globulaire est en train de passer.

Vous avez les premiers résultats de laboratoire concernant le bilan effectué à l'entrée :

Hématies	$2,45 \times 10^6/mm^3$
– Hémoglobine	7,6 g/dl
– Hématocrite	23 %
Leucocytes	10 500/mm³
Plaquettes	98 000/mm³
Taux de prothrombine	72 %
Bilirubine totale	15 µmol/l
– conjuguée	0 µmol/l (N = 0)
– non conjuguée	15 µmol/l (N < 17)
Transaminases ASAT	92 UI/l (N < 35)
Transaminases ALAT	123 UI/l (N < 35)
Phosphatases alcalines	98 UI/l (N < 80)
Protides	66 g/l (60-80)
Albumine	35 g/l (35-50)
Na	138 mmol/l
K	3,8 mmol/l
Créatinine	108 µmol/l

Question 1	Faites sous forme d'énumération structurée une synthèse des données cliniques et endoscopiques.
Question 2	Interprétez les examens de laboratoires. Calculez le volume globulaire moyen des hématies (VGM).
Question 3	Quelles hypothèses pouvez-vous formuler concernant les causes de l'atteinte hépatique? Énumérez-les et présentez ensuite chaque hypothèse en l'argumentant.
Question 4	Quels sont les examens complémentaires qui seront nécessaires dans les jours à venir pour compléter le bilan au plan du diagnostic?
Question 5	Les trois questions suivantes portent sur le pronostic (en d'autres termes les modalités évolutives possibles) à court terme (trois jours), moyen terme (1 mois) et long terme (au-delà du premier mois). Dans un souci de simplification ne faites intervenir que dans la question 7, (sur le pronostic à long terme) les causes possibles de l'atteinte hépatique comme facteurs de pronostic. Le pronostic à court terme, pour les trois jours à venir, de ce patient: exposer les facteurs du pronostic et les modalités évolutives possibles.
Question 6	Le pronostic à moyen terme, pour le mois à venir au-delà des trois jours, de ce patient: exposer les facteurs du pronostic et les modalités évolutives possibles.
Question 7	Le pronostic à long terme, au-delà du premier mois, de ce patient dans l'hypothèse où l'évolution de son état serait très satisfaisante à court terme et moyen terme: exposer les facteurs du pronostic (dont les causes possibles de la maladie hépatique) et les modalités évolutives possibles.

GRILLE DE CORRECTION

Question 1

12 points

Faites sous forme d'énumération structurée une synthèse des données cliniques et endoscopiques.

- Homme de 53 ans
- Venant de faire une hématémèse par rupture de varices œsophagiennes .... 2 points
- Avec un gros foie évocateur de cirrhose.. 2 points
- Sans ictère, ni ascite, ni encéphalopathie .... 2 points
- Dont la consommation d'alcool est difficile à apprécier................. 2 points
- Ayant un antécédent d'hépatite... 1 point
- Ayant eu un traumatisme suivi de splénectomie, donc des transfusions .... 1 point
- Dont le père est décédé jeune d'une maladie cardiaque................. 2 points

Question 2

8 points

Interpréter les examens de laboratoires.

- Anémie du fait du saignement
- VGM 95 μ^3, de peu de signification au stade de cirrhose .... 2 points
- Thrombopénie probablement par destruction périphérique........ 2 points
- → *Parler d'hypersplénisme chez ce splénectomisé ne donne pas les 2 points*
- Avec une cytolyse ou le rapport ASAT/ALAT n'est pas en faveur d'une atteinte alcoolique du foie... 1 point
- Taux bas d'albumine et de protides :
  - probablement plus par hémodilution que par insuffisance hépatique .... 2 points
- Mais TP un peu bas (un certain degré d'insuffisance cellulaire hépatique est possible) ....1 point
- Électrolytes et créatininémie normaux

Quelles hypothèses pouvez-vous formuler concernant les causes de l'atteinte hépatique? Énumérez-les et présentez ensuite chaque hypothèse en l'argumentant.

- Cirrhose alcoolique, cirrhose post-virale, hémochromatose
- Cirrhose alcoolique
  - possible consommation excessive présente et passée .... 2 points
  - mais cytolyse non évocatrice .... 2 points
  - VGM peu élevé .... 2 points
- Cirrhose post-virale B ou C
  - hépatite à 17 ans :
    - il faudrait faire préciser l'absence d'usage de drogue par voie IV .... 1 point
    - la probabilité qu'il se soit agi d'une hépatite A est forte .... 2 points
    - si hépatite A : aucun risque de cirrhose .... 1 point
  - transfusions probables en 1996 dans le contexte de l'accident et de la splénectomie :
    - mais en 96 le dépistage des virus B et C était très efficace .... 2 points
    - la probabilité de contamination est donc infime .... 2 points
  - contamination nosocomiale autre que transfusionnelle :
    - la probabilité d'une telle contamination est infime.......... 1 point
- Hémochromatose :
  - hypothèse à évoquer de principe lorsque les hypothèses alcoolique et virales sont fragiles... 2 points
  - dans le cas particulier
    - il est possible que ce patient soit breton........................... 1 point
    - son père aurait pu avoir une myocardopathie hémochromatosique .... 2 points

Quels sont les examens complémentaires qui seront nécessaires dans les jours à venir pour compléter le bilan au plan du diagnostic?

- **Recherche d'une atteinte virale B :**
  - **antigène HBs, anticorps anti-HBc seraient présents en cas d'hépatite B**... 2 points
  - **la preuve de l'activité virale serait apportée par la détection de l'ADN**.. 2 points
- **Recherche d'une atteinte virale C :**
  - **recherche des anticorps anti-HCV**... 2 points
  - **la preuve de l'activité virale serait apportée par la détection de l'ARN**.. 2 points
- **Recherche d'une hémochromatose :**
  - **recherche d'une élévation**
    - **du taux du fer sérique**... 2 points
    - **du coefficient de saturation de la sidérophiline**............. 2 points
    - **de taux de ferritine**... 2 points
  - **si chez ce patient au stade de cirrhose ces dosages sont normaux, le diagnostic d'hémochromatose serait exclu**.......... 2 points
  - **si ces taux sont élevés recherche de la mutation C282Y**.......... 2 points
    - **à l'état homozygote**.. 2 points

Les trois questions suivantes portent sur le pronostic (en d'autres termes les modalités évolutives possibles) à court terme (trois jours), moyen terme (1 mois) et long terme (au-delà du premier mois).

Dans un souci de simplification ne faites intervenir que dans la question 7, sur le pronostic à long terme les causes possibles de l'atteinte hépatique comme facteurs de pronostic

Le pronostic à court terme, pour les trois jours à venir, de ce patient : exposer les facteurs du pronostic et les modalités évolutives possibles.

> ■ **Les facteurs sont :**
> - **l'hypertension portale avec les varices œsophagiennes**..............1 point
> - **la possible insuffisance hépatique**..1 point
> ■ **Les modalités évolutives possibles sont :**
> - **l'amélioration régulière**...4 points
> - **la récidive hémorragique**...1 point
> - **la survenue d'une encéphalopathie hépatique**...........................1 point
>   - par production excessive d'ammoniaque............................1 point
>   - du fait de l'action des bactéries...1 point
>   - sur les protides du sang présent dans l'intestin................1 point
> - **hémorragie et/ou encéphalopathie peuvent entraîner le décès**...1 point
> - **la survenue d'un ictère**...1 point
> - **la survenue d'une ascite**..1 point
> - **les infections + (l'hémorragie favorise la translocation bactérienne)**..1 point

Le pronostic à moyen terme, pour le mois à venir, de ce patient : exposer les facteurs du pronostic et les modalités évolutives possibles.

> ■ **Les facteurs sont les mêmes**..1 point
> - **l'hypertension portale avec les varices œsophagiennes**..............1 point
> - **l'efficacité des ligatures élastiques et d'un traitement par bêtabloquant**...1 point
> - **la possible insuffisance hépatique**..1 point
> ■ **Les modalités évolutives possibles sont :**
> - **l'amélioration régulière**...3 points
> - **la récidive hémorragique**...1 point
> - **la survenue d'un ictère**...1 point
> - **la survenue d'une ascite**..1 point

Le pronostic à long terme, au-delà du premier mois, de ce patient dans l'hypothèse où l'évolution de son état serait très satisfaisante à court terme et moyen terme : exposer les facteurs du pronostic et les modalités évolutives possibles.

- Aux facteurs :
  - hypertension portale avec les varices œsophagiennes
  - insuffisance hépatique
  - efficacité des traitements
- S'ajoutent :
  - le facteur causal de la cirrhose
  - la possibilité d'effectuer une transplantation hépatique
- Le pronostic dépend du facteur causal :
  - alcool :
    - meilleur pronostic en cas d'abstinence qu'en cas de poursuite de l'alcool...2 points
  - virus :
    - meilleur pronostic si un traitement anti-viral est possible..1 point
    - et s'il est efficace..1 point
  - hémochromatose
    - stabilisation possible avec un traitement par saignée..2 points
- Les modalités évolutives possibles : à long terme une cirrhose :
  - peut rester compensée, surtout si on peut en contrôler la cause ....2 points
  - peut se compliquer
    - récidives hémorragiques.....................................1 point
    - insuffisance hépatique avec ascite, encéphalopathie, ictère ....1 point
    - survenue d'un hépatocarcinome ....2 points
- Une transplantation hépatique peut être discutée en cours d'évolution :
  - si les traitements médicaux ne contrôlent pas :
    - des hémorragies..1 point
    - ou des poussées d'insuffisance hépatique............1 point
  - éventuellement pour traiter un hépatocarcinome.....................1 point

COMMENTAIRES

Ce dossier porte sur le diagnostic étiologique d'une cirrhose et sur le pronostic des cirrhoses en tenant compte du facteur causal pour le pronostic à long terme.

C'est le cas typique où plusieurs causes sont possibles :

— une origine alcoolique ? Mais le patient affirme que sa consommation est modérée, assertion souvent renforcée par les assurances d'un entourage familial et professionnel crédible, d'une allure clinique peu évocatrice ;

— une origine virale ? Il a fait une hépatite à l'adolescence, mais la majorité des hépatites des sujets jeunes sont le fait d'une hépatite A, surtout lorsque les conditions sanitaires du pays n'étaient pas celles qu'elles sont actuellement. Il a été transfusé en 1996 ce qui rend très improbable une contamination transfusionnelle ; en effet les porteurs de virus B sont écartés depuis novembre 1971, ceux de virus C depuis le 1er mars 90, et surtout depuis 92 où les tests ont acquis une grande fiabilité. Il serait donc erroné de s'engouffrer dans l'hypothèse de la cirrhose post-hépatitique sans réserve ;

— une hémochromatose ? Il y a un clin d'œil au candidat en prenant comme exemple ce journaliste breton… mais ce n'est pas de relever cette origine géographique qui apporte des points : c'est l'antécédent du père qui doit faire évoquer la redoutable myocardopathie de l'hémochromatose du sujet jeune, et surtout le fait de devoir penser systématiquement à l'hémochromatose en cas de cirrhose. De façon générale, attention aux stéréotypes : certains auteurs de questions sont bienveillants, le breton aura une hémochromatose, l'égoutier une leptospirose et le berger un kyste hydatique ; d'autres seront plus retors et feront de telles indications des leurres.

Dans la conduite du bilan on recherche une attitude logique qui procède par étapes. Ici le sujet se prête à un plan simple dans la demande des examens biologiques dans la mesure où on cherche à confirmer des hypothèses précises : on part de chaque hypothèse diagnostique et on donne d'abord le ou les examens de première ligne, puis celui ou ceux de seconde ligne. Il faut surtout éviter de dresser une liste d'une quinzaine d'examens qui semblent être demandés de front et dont la moitié sera inutile… tout en ayant un coût.

Le pronostic : ce dossier incite à une approche structurée qui consiste à d'abord identifier des facteurs, puis à présenter clairement des modalités évolutives en allant des plus favorables aux plus fâcheuses.

Dans un cas comme celui de ce patient cirrhotique on pourrait parler d'un pronostic à 24 h où les deux grands risques sont la récidive hémorragique et l'encéphalopathie hépatique, susceptibles d'entraîner le décès. Ensuite pendant quelques semaines tout peut arriver, mais surtout l'apparition d'une ascite et d'un ictère, et bien sûr la possibilité d'une récidive hémorragique. À long terme ce sont les poussées d'insuffisance hépatique (ascite et œdèmes, ictère, encéphalopathie), surtout si on n'a pu agir sur le facteur responsable de la cirrhose, et la survenue d'un hépatocarcinome.

La possibilité de transplantation est un facteur majeur de pronostic lorsque la cirrhose a atteint un stade d'insuffisance hépatique (suffisamment sévère pour justifier la greffe, mais sans avoir encore entraîné une dégradation massive de l'état général) : si elle est impossible le malade ira en s'aggravant, si elle est réalisable le patient peut guérir.

M. C. Samuel, 52 ans, employé à l'EDF se plaint d'une douleur du bas-ventre à gauche.

Cette douleur est ancienne.

Il y a quelques années, alors qu'il avait fait une randonnée assez importante dans le Massif du Canigou, il avait déjà été gêné par cette douleur en fin de journée. Il l'avait attribuée à une tendinite. Tout était rentré dans l'ordre lorsqu'il avait terminé ses vacances en ne faisant plus de marches importantes.

Depuis maintenant six mois il a recommencé à souffrir ; il a remarqué que cette douleur survenait à l'effort, en particulier en soulevant des poids.

Surtout il est inquiet parce qu'il ressent parfois une boule dans l'aine droite, à la racine de la cuisse.

Antécédents : M. C. n'a jamais été malade.

Contexte :

- M. C. fume un paquet de cigarettes par jour, boit 1/2 l de vin dans la journée.
- Il est marié, a trois enfants de 33 à 18 ans.

Examen : M. C. est en bon état général. Il mesure 1,75 m et pèse 80 kg.

Vous commencez l'examen clinique du patient, allongé ; l'abdomen est un peu replet, la paroi est souple ; on ne provoque pas de douleur.

Question 1

Compte tenu de l'histoire précisez comment vous allez poursuivre l'examen clinique et ce que vous pourrez constater. Justifiez votre réponse.

Question 2

Supposons que vous ayez constaté une hernie inguinale droite. Quel(s) conseil(s) donnez-vous à M. C. ?

Question 3

Deux ans ont passé. M. C. s'est fait opérer.

Il y a un an il était déjà revenu vous voir, déçu, car la hernie avait récidivé. Tous les deux vous aviez discuté de l'opportunité d'une ré-intervention, du choix éventuel d'un autre chirurgien, de la voie d'abord. M. C. ne s'était pas décidé bien que sa hernie nécessite le port d'un bandage.

Il vient vous consulter. Il est accompagné de son fils car il n'aurait pas pu conduire la voiture tant il est gêné par un ballonnement.

Depuis trois ou quatre mois il est constipé et « *quand il pousse* » (c'est d'ailleurs la même chose quand il tousse), ressent des douleurs dans sa hernie. Cela fait maintenant trois jours « *qu'il n'a rien fait, ni gaz, ni matières* ». Il est suffisamment ballonné pour ne pas avoir pu fermer son pantalon et avoir remonté seulement à moitié la fermeture éclair de sa braguette.

« *J'aurais dû me faire opérer* » dit-il d'entrée.

Il n'a pas de fièvre. Il n'a pas de nausée, n'a pas eu de vomissement.

À l'examen l'abdomen est effectivement distendu, mais de façon modérée, tympanique, souple, non douloureux, et…

Mais on ne va tout de même pas faire tout l'examen à votre place !!!

Discutez vos hypothèses diagnostiques : ce seront elles qui guideront la suite de votre examen à la question suivante.

Question 4

Reprenez l'examen là où nous l'avions laissé et décrivez-en les points importants.

Question 5

À la surprise de M. C., vous éliminez formellement toute responsabilité de la hernie dans l'épisode actuel.

Quels arguments d'examen vous rendent aussi péremptoire ?

Question 6

Vous avez judicieusement choisi le lieu de votre installation : il y a un cabinet de radiologie presque en face du vôtre.

Nous sommes en début d'après-midi et vous avez pu adresser à votre confrère M. C. pour faire pratiquer un scanner.

Une demi-heure plus tard vous êtes avec ce confrère devant ces deux clichés (page suivante).

Pour chacun des deux clichés précisez son incidence et interprétez-le.

Question 7

L'heure est à la chirurgie.

Quel est l'objectif, que va-t-il être fait ?

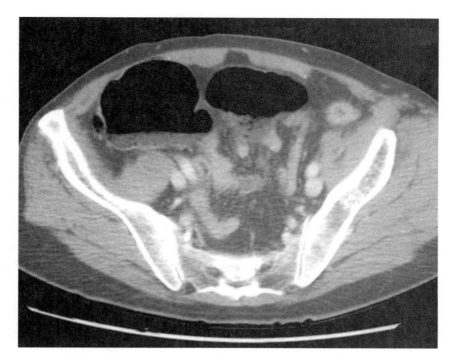

Cliché n° 1

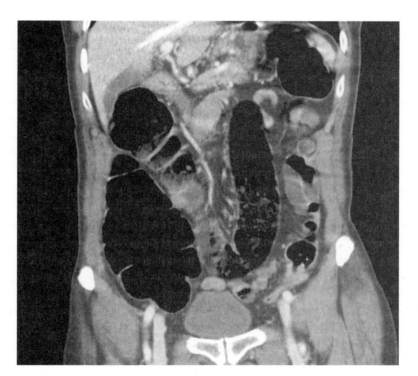

Cliché n° 2

Question 1

20 points

Compte tenu de l'histoire précisez comment vous allez poursuivre l'examen clinique et ce que vous pourrez constater.

- **L'histoire est évocatrice d'une hernie, inguinale ou crurale**
- **Examen de la région inguinale, en position debout puis couché** .... 2 points
  - **et en comparant avec le côté opposé** .... 1 point
  - **inspection debout : recherche d'une voussure expansible à la toux** .... 1 point
  - **palpation, debout et couché** .... 1 point
    - **peut permettre de réduire une hernie permanente visible** .... 1 point
    - **dans tous les cas, faire pénétrer l'index dans le canal inguinal externe** .... 1 point
    - **en provoquant l'invagination de la peau scrotale** .... 1 point
    - **et atteindre l'orifice inguinal profond** .... 1 point
  - **on peut apprécier**
    - **le diamètre du canal inguinal** .... 1 point
    - **en cas de petite hernie simplement percevoir une tuméfaction** .... 1 point
      - **impulsive à la toux** .... 1 point
      - **voire expansible si elle est plus volumineuse** .... 1 point
  - **une hernie crurale sera reconnue** .... 1 point
    - **si la tuméfaction est à la racine interne de la cuisse** .... 1 point
    - **si elle est en dedans de l'orifice inguinal** .... 1 point
- **Examen des organes génitaux externes**
  - **avec recherche d'une varicocèle associée** .... 1 point
  - **recherche d'une hydrocèle par transillumination** .... 1 point
- **Examen de la paroi abdominale, état de la musculature** .... 1 point
- **Toucher rectal pour ne pas ignorer une tumeur** .... 1 point

Question 2

10 points

Supposons que vous ayez constaté une hernie inguinale. Quel (s) conseil (s) donnez-vous à M. C. ? Justifiez votre réponse.

- **Intervention chirurgicale du fait** .... 2 points
  - **qu'il est jeune** .... 2 points
  - **fait des efforts physiques** .... 2 points
  - **qu'attendre expose à l'aggravation** .... 2 points
  - **et au risque d'étranglement herniaire** .... 2 points

Deux ans ont passé. M. C. s'est fait opérer.

Il était déjà revenu vous voir, déçu, car la hernie avait récidivé. Tous les deux vous aviez discuté de l'opportunité d'une ré-intervention, de changer éventuellement de chirurgien, de la voie d'abord. M. C. ne s'était pas décidé bien que sa hernie le gêne et le contraigne à porter un bandage.

Il vient vous consulter. Il est accompagné de son fils car il n'aurait pas pu conduire la voiture.

Depuis trois ou quatre mois il est constipé et « *quand il pousse* » (c'est d'ailleurs la même chose quand il tousse), ressent des douleurs dans sa hernie. Cela fait maintenant trois jours « *qu'il n'a rien fait, ni gaz, ni matières* ». Il est suffisamment ballonné pour ne pas avoir pu fermer son pantalon et avoir remonté seulement à moitié la fermeture éclair de sa braguette.

« *J'aurais dû me faire opérer* » dit-il d'entrée.

Il n'a pas de fièvre.

À l'examen l'abdomen est effectivement distendu, mais de façon modérée, tympanique, souple, non douloureux, et…

Discutez vos hypothèses diagnostiques : ce seront elles qui guideront la suite de votre examen à la question suivante.

- **Étranglement herniaire**...1 point
  - **le patient présente une hernie**..1 point
  - **mais celle-ci n'est pas très douloureuse**.....................................2 points
  - **il n'y a pas de douleurs abdominales**..1 point
- **Une occlusion sur brides est improbable**...1 point
  - **malgré l'antécédent d'intervention**...1 point
  - **du fait de l'absence de vomissements**..1 point
  - **de l'absence de douleur abdominale**..1 point
- **Une occlusion basse est la plus probable**...2 points
  - **par cancer**...2 points
    - **du rectum, du sigmoïde ou du côlon gauche**...................2 points
    - **en cohérence avec l'absence de vomissements et de douleurs**...2 points
    - **avec l'absence de fièvre**...1 point
  - **à la rigueur par sigmoïdite**..1 point
    - **mais absence de douleurs et de fièvre**...............................1 point

Question 4

10 points

Reprenez l'examen là où nous l'avions laissé et décrivez-en les points importants.

> ▪ **Palpation soigneuse de la fosse iliaque et du flanc gauches à la recherche d'une masse**...1 point
> ▪ **Examen de la hernie pour rechercher si elle est réductible ou non** .... 3 points
> ▪ **Toucher rectal** .... 2 points
> ▪ **Recherche d'un gros foie métastatique**.................................. 2 points
> ▪ **Recherche d'un ganglion de Troisier** .... 2 points

Question 5

5 points

À la surprise de M. C., vous éliminez formellement toute responsabilité de la hernie dans l'épisode actuel.

Quels arguments d'examen peuvent-ils vous rendre aussi péremptoire ?

> ▪ **La hernie est souple, non tendue**.. 2 points
> > • **parfaitement réductible** .... 2 points
> ▪ **Éventuellement :**
> > • **la découverte d'un cancer du rectum au toucher rectal** .... 1 point

Question 6

30 points

Vous avez judicieusement choisi le lieu de votre installation : il y a un cabinet de radiologie presque en face du vôtre.

Nous sommes en début d'après-midi et vous avez pu adresser à votre confrère M. C. pour faire pratiquer un scanner.

Une demi-heure plus tard vous êtes avec ce confrère devant ces clichés.

Une demi-heure plus tard vous êtes avec ce confrère devant ces deux clichés.

Pour chacun des deux clichés précisez son incidence et interprétez-le.

> ▪ **Cliché n° 1 :**
> > • **incidence axiale**... 2 points
> > • **distension du côlon**... 2 points
> > • **présence de niveaux hydroaériques**................................. 3 points
> > • **à gauche (partie basse du côlon descendant ou sigmoïde) cancer** .... 3 points
> > • **le côlon a une paroi épaissie** .... 3 points
> > • **avec lumière rétrécie** .... 2 points
> ▪ **Cliché n° 2 :**
> > • **incidence frontale** .... 2 points
> > • **distension du cadre colique, surtout au niveau du côlon droit**... 2 points
> > • **présence de niveaux hydroaériques**................................. 3 points
> > • **sténose longue de la partie haute du sigmoïde** .... 5 points
> > • **paroi épaissie avec lumière rétrécie** .... 3 points

Quoi qu'il en soit cela fait maintenant trois jours que M. C. a commencé à être gêné. L'heure est à la chirurgie d'urgence. Quel en est l'objectif, que va-t-il être fait ?

> ▪ **Objectif :**
>   • **lever l'occlusion** ....1 point
> ▪ **Que va-t-il être fait ?**
>   • **une colostomie** ....2 points
>   • **une résection d'emblée en cas de cancer du sigmoïde ou du côlon** ....2 points

COMMENTAIRES

Deux histoires sans difficultés dans un même dossier :

- **celle d'une hernie inguinale** permettant de montrer qu'on sait ;

- examiner un patient présentant une hernie ;

- reconnaître un étranglement herniaire ;

- et rappelant le risque de récidive ;

- **celle, classique, de l'occlusion révélatrice d'un cancer, soit du rectum, soit du sigmoïde, soit du côlon descendant.**

Il est certain que le patient avait déjà une tumeur deux ans auparavant. Était-elle asymptomatique ou avait-on négligé l'interrogatoire ?

Si un toucher rectal correct a été fait, le cancer n'était pas accessible, siégeant sur le haut rectum ou en amont.

Si le cancer est bas et que le toucher n'a pas été fait il y a deux ans, on se sentira mal à l'aise, certainement moins que M. C.

La clinique évoque une occlusion basse, l'abdomen sans préparation en montrant de niveaux hydro-aériques. Le scanner confirme l'occlusion, en situe le niveau et en donne la cause.

Mme Houria Zer. 25 ans présente une diarrhée chronique.

Depuis un an elle présente 4-5 selles par jour, pâteuses, importantes, de couleur mastic. Il n'y a pas de douleur abdominale mais un ballonnement inconfortable. Il n'y a pas d'émission de glaire ou de sang.

Progressivement, en un an, elle a perdu 7 kg.

Son appétit est resté normal et elle n'a pas d'intolérance alimentaire. Néanmoins elle a modifié plusieurs fois son alimentation en supprimant les sauces, puis la charcuterie, enfin les légumes et les fruits ; d'éphémères atténuations des troubles ont été autant de déceptions...

La prescription de divers anti-diarrhéiques n'a pas entraîné d'amélioration.

Depuis quelque temps ses règles sont plus abondantes et elle présente plus aisément qu'autrefois des hématomes aux moindres chocs.

Antécédents :

– Si elle a eu des épisodes diarrhéiques dans l'enfance, elle a ensuite passé des années sans aucun trouble.

– Appendicectomie à l'âge de 9 ans.

– Aucune maladie grave.

Contexte :

– Cette jeune femme est marocaine, mariée avec un ingénieur qui effectue un stage prolongé en France pour acquérir une spécialisation dans le domaine de l'aéronautique. Ils ont un fils de quatre ans. Elle travaille dans une grande librairie.

Examen :

– La patiente apparaît amaigrie et fatiguée (taille de 1,64 m et poids de 45 kg).

– Appareil cardio-vasculaire : normal ; PA : 11-6 cm Hg ; Pouls 66/min.

– Appareil respiratoire : normal.

– Appareil digestif : L'abdomen est souple, un peu météorisé ; à la palpation on provoque des gargouillements, surtout dans la fosse iliaque droite. Chez cette jeune femme mince le foie est palpable, avec un bord inférieur mousse dépassant de 4 cm le rebord costal ; sa consistance est normale (vous aviez déjà eu l'occasion d'examiner Mme Zer. il y a un an et son foie n'était pas palpable).

– On ne palpe pas d'adénopathies dans les aires ganglionnaires.

– Il faut encore noter un peu d'œdème aux membres inférieurs.

Question 1

Les données cliniques sont suffisantes pour évoquer le mécanisme le plus probable, quoique peu fréquent, de la diarrhée de Mme Zer. Quel est ce mécanisme ? Argumentez votre réponse.

Question 2

En toute logique vous avez dû implicitement écarter deux hypothèses : colopathie fonctionnelle et cancer intestinal.

Développer les arguments qui vous font écarter l'une et l'autre de ces hypothèses.

Question 3

Vous avez fait pratiquer un bilan biologique/biochimique de routine et une analyse de selles : en voici les résultats.

Hématies	$2,8 \times 10^6$/mm³	Bilirubine totale	15 µmol/l
— Hémoglobine	8,7 g/dl	— conjuguée	0 µmol/l (N = 0)
— Hématocrite	31 %	— non conjuguée	15 µmol/l (N < 17)
— VGM	108 µ³	Transaminases ASAT	42 UI/l (N < 35)
Leucocytes	5 500/mm³	Transaminases ALAT	53 UI/l (N < 35)
Plaquettes	288 000/mm³	Phosphatases alcalines	102 UI/l (N < 80)
Taux de prothrombine	55 %	Glycémie	4,6 mmol/l (N 3,6-6,1)
		Protides	45 g/l (60-80)
		Albumine	28 g/l (35-50)
		Na	138 mmol/l
		K	3,8 mmol/l
		Ca	1,7 mmol/l (N 2,1-2,65)
		Créatinine	108 µmol/l (60-120)

Analyse de selles :
- Selles pâteuses, de couleur mastic.
- Poids des selles de 24 h : 780 g.
- Poids en eau 82 %.
- Absence de parasites.
- Absence de flore pathogène.
- Élimination de 35 g de graisses (90 % étant des acides gras).

Ces résultats confortent l'hypothèse formulée dans la réponse n° 1 sur le mécanisme général de la diarrhée présentée par Mme Zer. (on parle bien de mécanisme et non de cause ou de conséquences). Quel est ce mécanisme ? Argumentez votre réponse.

Question 4

Maintenant énumérez les hypothèses diagnostiques les plus plausibles à évoquer devant ces données. Reprenez chacune de ces hypothèses et argumentez-la.

Question 5

Présentez la stratégie d'investigation qui semble la plus logique pour arriver au diagnostic en fonction des données présentées ci-dessus.

Question 6

Pour cette question et les suivantes vous considérez que l'affection présentée par Mme Zer. est la plus probable parmi celles évoquées et qu'un régime alimentaire approprié doit rapidement entraîner une amélioration.

1. Quelle est cette affection ?
2. Quel est le régime à effectuer ?
3. Citez les principales contraintes alimentaires de ce régime par rapport à une alimentation habituelle.

Question 7

Décrivez les lésions anatomo-pathologiques qui caractérisent cette affection.

Question 8

À partir des lésions anatomo-pathologiques et du mécanisme de la diarrhée :
– expliquez le(s) probable(s) mécanisme(s) de l'anémie ;
– expliquez le(s) probable(s) mécanisme(s) l'hypocalcémie ;
– donnez l'explication du taux de prothrombine à 55 %.

Question 9

Quelle est la lésion anatomo-pathologique la plus probable responsable de l'hépatomégalie et d'anomalies du bilan hépatique ?
Quelle est la cause de cette lésion ?

GRILLE DE CORRECTION

Les données cliniques sont suffisantes pour évoquer le mécanisme le plus probable, quoique peu fréquent, de la diarrhée de Mme Zer. Quel est ce mécanisme ? Argumentez votre réponse.

- **Malabsorption**...4 points
- **Arguments :**
  - diarrhée chronique avec selles importantes....................................1 point
  - de couleur mastic..1 point
  - sans douleur...1 point
  - avec amaigrissement ....2 points
  - les hématomes...1 point

En toute logique vous avez dû implicitement écarter deux hypothèses : colopathie fonctionnelle et cancer intestinal. Développez les arguments qui vous font écarter l'une et l'autre de ces hypothèses.

- **Dans une colopathie fonctionnelle il n'y a pas d'amaigrissement** ....2 points
- **Le cancer :**
  - est rare à cet âge ....1 point
  - mais un cancer colique droit peut entraîner une diarrhée........1 point
  - un cancer fistulisé dans le grêle pourrait donner une malabsorption..1 point

Ces résultats confortent l'hypothèse formulée dans la réponse n° 1 sur le mécanisme général de la diarrhée présentée par Mme Zer. (on parle bien de mécanisme et non de cause ou de conséquences). Quel est ce mécanisme ? Argumentez votre réponse.

- **Malabsorption**...2 points
- **Arguments :**
  - stéatorrhée ....3 points
  - avec 90 % d'acides gras, c'est-à-dire que la lipase pancréatique a transformé les triglycérides (pas d'insuffisance pancréatique)..5 points

Maintenant énumérez les hypothèses diagnostiques les plus plausibles à évoquer devant ces données. Reprenez chacune de ces hypothèses et, argumentez-la.

- ▪ **Énumération: maladie cœliaque, maladie de Crohn, tuberculose intestinale, lambliase intestinale, maladie de Whipple**
- ▪ **Maladie cœliaque: en faveur de cette hypothèse:**
  - • **c'est la plus fréquente des causes de malabsorptions**............... 3 points
  - • **absence de douleur**.. 2 points
- ▪ **Maladie de Crohn, mais:**
  - • **elle est rarement révélée par une malabsorption** .... 1 point
  - • **à moins d'une fistule jéjuno-iléale ou jéjuno-colique** .... 1 point
  - • **et il y a habituellement des douleurs**.. 2 points
- ▪ **Tuberculose intestinale:**
  - • **possible compte tenu que la patiente vient d'un pays où la tuberculose reste fréquente (ou un grave problème de santé publique)** .... 3 points
  - • **mais se présente plus habituellement avec des douleurs**........... 1 point
- ▪ **Lambliase intestinale, parasitose fréquente, mais:**
  - • **elle donne exceptionnellement une malabsorption chez le sujet non immuno-déprimé**.. 1 point
- ▪ **Maladie de Whipple:**
  - • **affection rare, associant diarrhée et rhumatisme inflammatoire**... 1 point

Présentez la stratégie d'investigation qui semble la plus logique pour arriver au diagnostic en fonction des données présentées ci-dessus.

- ▪ **Rechercher les marqueurs de maladie cœliaque**
  - • **anticorps anti-transglutaminase**.. 4 points
  - • **anticorps anti-endomysium** .... 2 points
    - — **de type IgA** .... 1 point
  - • **biopsie du grêle (pas de point car réponse induite par la question 7)**
- ▪ **S'ils sont négatifs recherche d'une maladie de Crohn ou d'une tuberculose**
  - • **avec éventuelle fistule entre grêle et côlon**................................ 2 points
  - • **ou scanner**.. 2 points
  - • **par endoscopie (coloscopie avec iléoscopie)** .... 2 points
- ▪ **Radiographie pulmonaire**
  - • **à la recherche d'une tuberculose**.. 2 points

Pour les questions suivantes vous considérez que l'affection présentée par Mme Zer. est la plus probable parmi celles évoquées et qu'un régime alimentaire approprié doit rapidement entraîner une amélioration.

1. Quelle est cette affection ?
2. Quel est le régime à effectuer ?
3. Citez les principales contraintes alimentaires de ce régime par rapport à une alimentation habituelle.

> 1. **Maladie cœliaque (ou synonyme)**.. 2 points
> 2. **Régime sans gluten**... 3 points
> 3. **Éviction du blé, de l'orge, du seigle**................................. 1 à 3 points
>   - **suppression des aliments à base de farines de blé**
>   **(pain, pâtes alimentaires, pâtisseries, sauces préparées**
>   **avec de la farine de blé)**... 2 points

Décrivez les lésions anatomo-pathologiques qui caractérisent cette affection.

> - **Atrophie villositaire**... 3 points
> - **Totale**... 3 points
> - **Infiltration du chorion par des lymphocytes**
>   **et plasmocytes**.. 2 points
> - **Augmentation des lymphocytes intra-épithéliaux**.................... 2 points

À partir des lésions anatomo-pathologiques et du mécanisme de la diarrhée

1. expliquez le(s) probable(s) mécanisme(s) de l'anémie ;
2. expliquez le(s) probable(s) mécanisme(s) l'hypocalcémie ;
3. donnez l'explication du taux de prothrombine à 55 %.

> 1. **Mécanismes :**
>   - **anémie macrocytaire :**
>   — **par malabsorption des folates**... 3 points
>   — **par atteinte duodénale**... 1 point
>   - **et malabsorption de la vitamine B$_{12}$**...................................... 2 points
>   — **si atteinte iléale**.. 1 point
> 2. - **malabsorption du calcium**... 2 points
>   - **malabsorption de la vitamine D**... 3 points
> 3. **Malabsorption de la vitamine K**... 3 points

Quelle est la lésion anatomo-pathologique la plus probable responsable de l'hépatomégalie et d'anomalies du bilan hépatique ?
Quelle est la cause de cette lésion ?

> - **Stéatose**... 5 points
> - **Dénutrition (amaigrissement)**.. 5 points

COMMENTAIRES

Les diarrhées par malabsorption sont peu fréquentes mais généralement aisées à identifier à partir du moment où les caractères de la diarrhée suggèrent une stéatorrhée.

Devant une stéatorrhée la distinction entre une origine grêlique et une insuffisance pancréatique est habituellement académique tant les contextes sont différents.

Stéatorrhée d'origine pancréatique

La stéatorrhée de l'insuffisance pancréatique est d'abord celle de la pancréatite chronique. Elle s'observe en pratique chez le sujet alcoolique invétéré, qui a fait des poussées plus ou moins bruyantes de pancréatite aiguë, qui a connu des années d'accalmie lui ayant permis de reprendre son alcoolisation sans être freiné par la douleur, et se retrouve dénutri, diabétique et diarrhéique.

Bien entendu les patients ayant un cancer du pancréas ont une stéatorrhée, mais elle n'est jamais au premier plan : les uns sont ictériques (cancers de la tête), les autres souffrent vite de façon importante (cancer du corps). L'insuffisance pancréatique exocrine, si même on la prend en compte, est contrôlée par l'opothérapie.

Stéatorrhée d'origine grêlique

Il y a les causes évidentes ou rapidement telles.

C'est le cas des **grêles devenus courts** après résection du grêle, **des grêles irradiés** (entérites radiques) lors du traitement de tumeurs.

Il y a **les fistules** auxquels il faut penser chez des patients ayant des cancers, une maladie de Crohn, des suites opératoires complexes avec des foyers inflammatoires qui peuvent accoler deux organes, nécroser leurs parois et les faire communiquer.

Il y a les patients ayant des affections graves, telles que **sclérodermie ou amylose évoluées**, où la diarrhée qui vient s'ajouter à leur calvaire peut être une stéatorrhée de mécanismes plus ou moins complexes.

Il y a les causes qui ne sont pas évidentes du fait de l'absence de contexte particulier.

Elles se présentent plus ou moins sous le masque d'une diarrhée qu'on estimerait volontiers fonctionnelle **si...**

Si un, voire plusieurs signes rendaient inacceptables de retenir au-delà d'un instant l'hypothèse de diarrhée fonctionnelle. Quels sont ces signes ?

- C'est un **amaigrissement** le plus souvent (c'est ce qu'illustre l'observation de Mme Zer.).
- Ailleurs c'est une pâleur qui fait découvrir une anémie :
    - microcytaire : on pense saignement avant malabsorption duodénale du fer ; mais lorsqu'on fait une fibroscopie dans le bilan d'une telle anémie il est de bonne règle de biopsier la muqueuse duodénale pour rechercher une atrophie villositaire ;
    - macrocytaire : la perche est fortement tendue pour arriver au diagnostic de malabsorption.
- Quelquefois ce seront des crampes qu'il faut faire décrire pour identifier une **tétanie**... et non une spasmophilie qui enfoncerait vers l'hypothèse *fonctionnelle*.
- Ailleurs encore ce sont de bizarres douleurs du bassin, du thorax, plus clairement une fracture pathologique qui font découvrir l'**ostéomalacie**. Ostéomalacie + diarrhée = malabsorption.

Quelles causes ?

- D'abord **la maladie cœliaque**, la maladie phare des malabsorptions. Ensuite d'autres... savoir qu'il y en a d'autres et que les livres sont là pour aider à les rechercher suffit pour qui n'est pas spécialiste.

Mais il faut connaître l'essentiel de la maladie cœliaque : c'est fait si vous avez bien mémorisé et compris cette observation et son corrigé.

Encore un effort : que se passerait-il si Mme Zer. ne suivait pas un régime sans gluten ? Petit exercice en suivant les pistes données par l'observation, le bilan et les notes ci-dessus.

Derniers efforts : quelques « noms » pour mémoriser *les formes sèches de maladie cœliaque*

M. Lepâle est blanc, pâle, essoufflé, fatigué, ne se plaint de rien et pas de diarrhée. Son anémie est microcytaire ferriprive, ou macrocytaire par manque de folates ou de B_{12}.

Mme Lacrampe ne se plaint de rien d'autres que de crampes : il faut reconnaître la tétanie, l'hypocalcémie, pour arriver à la malabsorption.

Don Malassi a des douleurs des os : comme cela paraît bizarre jusqu'à ce qu'on reconnaisse que le pauvre homme a une ostéomalacie et qu'on arrive à la malabsorption.

Mme Ducasse a aussi une ostéomalacie : en se cognant banalement le bras elle vient de se briser l'os. Là aussi on peut arriver à la malabsorption.

De garde vous recevez Mme D. Solange, 36 ans, réceptionniste de nuit dans un hôtel, qui présente depuis une heure de vives douleurs épigastriques.

Il est 17 heures.

Comme d'habitude elle s'était couchée à 7 h du matin ; hier elle était en forme mais s'était sentie plus fatiguée que d'habitude en seconde partie de nuit, un peu nauséeuse.

Elle s'est réveillée vers midi avec une gêne douloureuse épigastrique qui s'est vite majorée au point de devenir insupportable. Elle a pris du DAFALGAN® (paracétamol), médicament qu'elle prend occasionnellement pour des céphalées, mais elle l'a vomi au bout de quelques minutes.

Le médecin qui l'envoie lui a fait il y a une heure une injection d'un antispasmodique qui a un peu diminué la douleur.

La douleur, violente, occupe toute la partie haute de l'abdomen.

Mme D. explique qu'elle a déjà eu deux fois, il y a six ans et il y a deux mois, des « *douleurs d'estomac* ». Il s'était agi de crises douloureuses épigastriques, survenues dans la nuit, qui avait duré une demi-heure environ, avaient cédé sans traitement. Elle avait pensé à « *une gastro* » et négligé de consulter.

Il y a quelques jours elle s'était « *tordu la cheville* » et avait pris d'elle-même pendant deux jours 2 comprimés d'un AINS qui lui avait été prescrit il y a cinq ans pour une tendinite.

Examen :

- Mme D. paraît fatiguée, énervée, tremble un peu, son visage est un peu bouffi. Fatigue et énervement ? Consommation excessive d'alcool ? Les deux ?

- L'abdomen présente manifestement une défense dans sa partie haute : défense ou déjà contracture, c'est en fait difficile à dire. Par contre le reste de l'abdomen est souple, mais un peu distendu. Il n'y a pas de bruits à l'auscultation. Le toucher rectal n'est pas douloureux. Mme D. n'a pas été à selle depuis deux jours. Elle ne sait pas dire si elle a émis des gaz.

- Le rythme cardiaque est 86/min ; la tension artérielle à 11-7 cm Hg. L'examen pulmonaire est normal.

- Le reste de l'examen est normal. La température est à 37,2 °C.

- À la suite de votre examen, la patiente demande le bassin. Elle urine environ 150 ml d'urines claires.

Antécédents :

- Thyroïdectomie il y a cinq ans.
- Une cure de reflux gastro-œsophagien il y a quatre ans, par cœliochirurgie.
- Un épisode dépressif il y a trois ans à la suite d'une nouvelle déception sentimentale.

Contexte :

- Mme D. est divorcée, a un fils de 16 ans. Elle a travaillé comme serveuse dans un restaurant pendant quelques années mais les horaires de travail étaient peu compatibles pour élever son fils. Elle travaille donc de nuit depuis plusieurs années.

Question 1 Énumérez vos hypothèses diagnostiques. Reprenez chacune d'elles en l'argumentant et en mentionnant les éléments d'interrogatoire (positifs ou négatifs) qui pourraient en renforcer ou en diminuer la probabilité.

Question 2 Dans cette affaire vous allez demander quelques examens de laboratoires et faire pratiquer un cliché d'abdomen sans préparation (ASP). Dans les différentes hypothèses que vous avez présentées en réponse à la question 1, que peut vous apporter le cliché d'ASP ?

Question 3 Voici les résultats des examens de laboratoires ; ils vous permettent de retenir l'hypothèse de pancréatite aiguë.

Hématies	$3,8 \times 10^6/mm^3$	Phosphatases alcalines	98 UI/l (N < 80)
– Hémoglobine	11,9 g/dl	γ-glutamyl transférases	453 mmol/l (7-38)
– Hématocrite	40 %	Glycémie	4,6 mmol/l (N 3,6-6,1)
– VGM	105 μ^3	Protides	72 g/l (60-80)
Leucocytes	10 500/mm^3	Albumine	40 g/l (35-50)
Plaquettes	231 000/mm^3	Ca	2,2 mmol/l (N 2,1-2,65)
Taux de prothrombine	72 %	Na	138 mmol/l
Bilirubine totale	15 µmol/l	K	3,8 mmol/l
– conjuguée	0 µmol/l (N = 0)	Créatinine	108 µmol/l (60-120)
– non conjuguée	15 µmol/l (N < 17)	Amylasémie	N × 15 mmol/l
Transaminases ASAT	178 UI/l (N < 35)	Lipasémie	N × 50 mmol/l
Transaminases ALAT	82 UI/l (N < 35)	CRP	45 mg/l (< 8)

Vers quelle cause de pancréatite aiguë ce bilan oriente-t-il ? Argumentez votre réponse.

Question 4   Parmi ces données cliniques et biologiques certaines ont une valeur pronostique. Relevez celle(s) considérée(s) comme facteur(s) favorable(s) et celle(s) considérée(s) comme facteur(s) défavorable(s).

Question 5   Un des scores pronostiques le plus connu est celui de Ranson. Peut-on le calculer chez cette patiente ? Justifiez votre réponse.

Question 6   Quelles informations complémentaires peut apporter la réalisation d'une échographie, d'un scanner ?

Question 7   Nous abordons le traitement qui va être mis en place pour le court terme (aujourd'hui et les deux jours à venir). Sans entrer dans les détails indiquez :
1. les objectifs du traitement ;
2. ses grandes modalités ;
3. les paramètres du suivi de cette patiente.

Question 8   Quelles sont les modalités évolutives possibles de cette pancréatite aiguë dans la semaine à venir ?

GRILLE DE CORRECTION

Question 1

18 points

Énumérez vos hypothèses diagnostiques. Reprenez chacune de ces hypothèses en l'argumentant et en mentionnant les éléments d'interrogatoire (positifs ou négatifs) qui pourraient en renforcer ou en diminuer la probabilité.

- Ulcère perforé, pancréatite aiguë, occlusion sur brides
- Ulcère perforé, en faveur de cette hypothèse.......................................1 point
  - la douleur, siège et intensité...1 point
  - la prise d'AINS il y a quelques jours.. 2 points
  - par contre les « *douleurs d'estomac* » décrites par la patiente ne sont pas particulièrement évocatrices d'ulcère......1 point
  - la tension de la paroi où on hésite entre simple défense et contracture...1 point
- Pancréatite aiguë en faveur de cette hypothèse ....1 point
  - la douleur, siège et intensité...1 point
  - le terrain
    - sexe féminin, en faveur d'une lithiase biliaire ;...................1 point
    - mais aussi suspicion d'une possible alcoolisation .... 2 points
  - la tension de la paroi où on hésite entre simple défense et contracture...1 point
- Occlusion sur brides, en faveur de cette hypothèse ....1 point
  - la douleur, siège et intensité...1 point
  - le terrain : l'antécédent de chirurgie dans la partie haute de l'abdomen .... 2 points
  - la distension abdominale qui pourrait ne pas être un simple iléus réflexe... 2 points

Question 2

12 points

Dans cette affaire vous allez demander quelques examens de laboratoires et faire pratiquer un cliché d'abdomen sans préparation (ASP). Dans les différentes hypothèses que vous avez présentées en réponse à la question 1 que peut vous apporter le cliché d'ASP.

- Il s'agit de 2 clichés : un debout, de face avec les coupoles, et un profil couché.. 3 points
- Ulcère perforé, en faveur de cette hypothèse :
  - pneumopéritoine avec images de croissants gazeux sous les coupoles .... 2 points
- Pancréatite aiguë en faveur de cette hypothèse :
  - une image d'anse sentinelle (duodénum ou première anse jéjunale) .... 2 points
  - une lithiase vésiculaire radio-opaque...1 point
  - éventuellement les calcifications d'une pancréatite chronique.. 2 points
- Occlusion sur brides :
  - des images de niveaux hydroaériques à la partie haute du grêle..1 point
  - une distension gastrique ....1 point

Voici les résultats des examens de laboratoires ; ils vous permettent de retenir l'hypothèse de pancréatite aiguë. Vers quelle cause de pancréatite aiguë ce bilan oriente-t-il ? Argumentez votre réponse.

- Ces résultats orientent vers une origine alcoolique.............................1 point
- VGM élevé ....1 point
- Élévation des transaminases avec rapport ASAT/ALAT > 2...........2 points
- Forte augmentation des gamma-GT ....1 point

Parmi ces données cliniques et biologiques certaines ont une valeur pronostique. Relevez celle(s) considérée(s) comme facteur(s) favorable(s) et celle(s) considérée(s) comme facteur(s) défavorable(s).

- Toutes les données cliniques et biologiques sont favorables
- Cliniques :
    - pas de trouble des fonctions supérieures......................................2 points
    - pas de troubles respiratoire, cardiaque...2 points
    - la patiente a une diurèse ....2 points
    - pas de fièvre ....1 point
- Biologiques :
    - leucocytose < 16 000/mm³ ....1 point
    - pas d'ictère ....1 point
    - transaminases élevées mais probablement du fait
      d'une atteinte alcoolique du foie ....1 point
    - pas d'insuffisance rénale ....1 point
    - calcémie normale ....2 points
    - glycémie normale ....1 point
→ *Indiquer que le taux élevé des transaminases est un facteur*
  de mauvais pronostic donnera un point bien que dans le cas
  particulier cette interprétation soit contestable compte tenu de
  ce qui a été écrit ci-dessus.

Un des scores pronostiques le plus connu est celui de Ranson. Peut-on le calculer chez cette patiente ? Justifiez votre réponse.

- On ne peut pas calculer le score de Ranson......................................1 point
- Il se calcule au bout de 48 h en fonction
  de différentes données ....2 points
- Dont l'une est la séquestration liquidienne.....................................1 point
    - différence entre entrées et sorties liquidiennes..........................1 point
- Il manque les gaz du sang (hypoxie), les LDH et l'urée ....1 point

Question 6

15 points

Quelles informations complémentaires peut apporter la réalisation d'une échographie, d'un scanner ?

- ▪ L'échographie permet surtout de mettre en évidence une lithiase vésiculaire..1 point
  - • elle analyse mal le pancréas en cas de PA, du fait d'une gêne entraînée par l'iléus réflexe...1 point
- ▪ La scanner avec injection permet de mettre en évidence :
  - • une lithiase vésiculaire..1 point
  - • une augmentation de volume du pancréas ....1 point
  - • une nécrose pancréatique (absence d'opacification de la zone nécrosée) ....2 points
  - • une infiltration de la graisse péri-pancréatique ....2 points
  - • une ou des coulées de nécrose dans les méso..................1 point
  - • avec détails topographiques (arrière cavité, mésentère, mésocolon, loge pré-rénale, gouttière colo-pariétale) ....5 points
  - • les données du scanner permettent d'établir le score de Balthazar...1 point

Question 7

20 points

Nous abordons le traitement qui va être mis en place pour ce court terme (aujourd'hui et les deux jours à venir). Sans entrer dans les détails indiquez :
1. les objectifs du traitement ;
2. ses grandes modalités ;
3. les paramètres du suivi de cette patiente.

1. • calmer les douleurs...1 point
   • mettre au repos le pancréas...1 point
   • maintenir les grandes fonctions (état cardio-circulatoire, respiration, équilibre acido-basique, diurèse)....................2 points
2. • antalgiques ....1 point
   • apport de solutés apportant glucose et électrolytes.................2 points
   • sonde d'aspiration gastrique en cas de stase gastrique.............2 points
3. • état de conscience..1 point
   • les grands paramètres hémodynamiques : pouls, tension artérielle..2 points
   • paramètres respiratoires : rythme, saturométrie en O_2...........2 points
   • diurèse ....1 point
   • au plan biologique :
     — créatinine...1 point
     — CRP ....1 point
     — évolution des taux d'amylase et de lipase...........................1 point
     — gaz du sang...1 point
     — bilirubine, transaminases...1 point

Quelles sont les modalités évolutives possibles de cette pancréatite aiguë dans la semaine à venir?

- Évolution favorable en quelques jours..1 point
- Cas le plus probable ici, mais..1 point
  - la constitution d'un pseudo-kyste dans une zone de nécrose..1 point
  - ou à partir d'une coulée reste possible ....1 point
- Évolution défavorable avec évolution en PA nécrotico-hémorragique ....1 point
  - aggravation avec extension de la pancréatite...............................1 point
- Survenue de complications:
  - défaillance viscérale, syndrome de détresse respiratoire aigu...1 point
  - coulées de nécrose avec formation de pseudo-kyste.................1 point
  - infection ....1 point
- Le décès est possible...1 point

COMMENTAIRES

Rien de plus banal comme dossier que celui de cet abdomen aigu chez une femme jeune.

Le début conduit rapidement aux habituels modèles *« douleur épigastrique aiguë de la femme jeune »*, *« douleur épigastrique aiguë et prise récente d'AINS »*. L'histoire se complète en mobilisant le modèle *« occlusion haute chez une personne ayant un antécédent d'intervention abdominal »*.

Les examens de laboratoires imposent le diagnostic de pancréatite aiguë. On passe alors au modèle *« pancréatite aiguë avec transaminases élevées chez la femme »* fort évocateur d'une lithiase à l'origine de la pancréatite ; la clameur de ce modèle risque de faire passer au second plan le banal modèle *« macrocytose globulaire, élévation des transaminases où le rapport ASAT/ALAT > 2, et augmentation des gamma-GT »* tout à fait évocateur d'une atteinte hépatique alcoolique, même chez une femme.

La suite ne pose plus de problème. Elle porte sur la prise en charge et l'évolution à court terme de la pancréatite aiguë ; dans cette histoire précise la cause importe peu.

Il en serait différemment si la patiente présentait un ictère, une fièvre (alors signe d'angiocholite), une leucocytose, des ALAT égales ou supérieures aux ASAT : une lithiase du cholédoque serait probablement en cause et pourrait faire discuter à court terme l'opportunité d'une sphinctérotomie endoscopique si les signes ne s'amendaient pas. Mais ce serait une autre histoire...

Mme Céline G., 41 ans, présente depuis plusieurs années des douleurs abdominales et une constipation qu'elle traite par automédication avec un laxatif de contact. Depuis quelques jours elle est surprise d'avoir un peu plus de douleurs dans la partie basse de l'abdomen et d'avoir son transit « déséquilibré » ; en effet elle présente une ou deux fois par semaine une diarrhée impérieuse, alors qu'entre-temps elle est constipée. Enfin elle dit être souvent ballonnée.

Antécédents :

- Personnels : un kyste de l'ovaire ponctionné sous cœlioscopie il y a cinq ans. Elle a eu deux accouchements sans problème il y a quinze et dix ans.

- Familiaux : son père a eu un infarctus il y a cinq ans. Sa grand-mère maternelle a été opérée de l'intestin il y a quinze ans (on a la notion qu'elle avait « une poche » pour recueillir les selles).

Contexte : Mme G. est mariée, a deux enfants. Elle est agent d'entretien dans une grande surface.

À l'examen clinique Mme G. apparaît en excellent état général avec un poids de 62 kg pour une taille de 1,64 m. L'examen abdominal est normal, en dehors d'un léger météorisme et le fait que la patiente allègue une certaine sensibilité diffuse. Au toucher rectal on perçoit des selles moulées.

Le reste de l'examen clinique est normal.

Question 1   Citez vos hypothèses diagnostiques.
Reprenez ensuite chacune de vos hypothèses en la justifiant et en indiquant les points d'interrogatoire que vous feriez préciser.

Question 2   Exposez et justifiez votre conduite en matière d'examen(s) complémentaire(s).

Question 3   Pour cette question et les questions suivantes raisonnez sur l'hypothèse diagnostique qui vous semble la plus probable.
Exposez les mécanismes des troubles présentés par la patiente.

Question 4   Exposez les conseils que vous donneriez à cette patiente en ce qui concerne le choix de ses aliments dans le mois à venir.

Question 5   Quelle est votre stratégie thérapeutique pour le mois à venir? Quel(s) type(s) de médicament(s) lui prescrivez-vous? Justifiez votre prescription.

Question 6   Quels résultats de votre traitement attendez-vous au terme d'un mois?

GRILLE DE CORRECTION

Citez vos hypothèses diagnostiques.
Reprenez chacune de vos hypothèses en la justifiant et en indiquant les points d'interrogatoire que vous feriez préciser.

- **Colopathie fonctionnelle (ou terme équivalent)**.............................. 3 points
- **Cancer** .... 2 points
→ *Évoquer ces deux hypothèses n'est pas un exploit, ne rapportant que 5 points. Par contre l'énumération d'une série d'hypothèses non pertinentes peut conduire (tout dépend de la formulation) à attribuer zéro à la réponse même si les deux bonnes hypothèses ont été données.*
- **Colopathie fonctionnelle: hypothèse justifiée par:**
  - **la grande fréquence de cette affection** .... 3 points
  - **l'ancienneté des troubles**.. 3 points
  - **avec fausse diarrhée: selles moulées au TR** .... 5 points
- **Cancer du rectum ou du côlon: hypothèse justifiée par:**
  - **modification récente des symptômes**............................... 3 points
  - **antécédent familial de cancer colique** .... 5 points
- **Vis-à-vis des deux hypothèses vérifier:**
  - **l'absence de faux besoins, de ténesme, de rectorragies** .... 3 points
  - **l'absence d'anorexie, d'amaigrissement, d'anémie (pâleur)**..... 3 points
  - **donc probable colopathie fonctionnelle mais on ne peut écarter totalement un cancer**
→ *Confondre la fausse diarrhée avec une vraie diarrhée donne 0 à la réponse.*

Exposez et justifiez votre conduite en matière d'investigation(s).

- **Un seul examen est logique : la coloscopie :**
  - **inconvénient : une préparation désagréable, hospitalisation nécessaire** .... 2 points
  - **donc examen coûteux**
  - **surtout risque de perforation dont il faut avertir la patiente** .... 3 points
- **Deux choix sont possibles :**
  - **faire des investigations : donner les arguments pour :**
    - **modification récente de la symptomatologie** .... 3 points
    - **et probable antécédent familial de cancer du rectum** ... 2 points
  - **ne pas faire d'investigation et proposer un traitement de un mois au terme duquel on fera le point : donner les arguments :**
    - **forte probabilité du diagnostic de colopathie fonctionnelle** .... 2 points
    - **possibilité de revenir sur cette attitude en l'absence d'amélioration ou en cas de survenue d'élément nouveau** .... 3 points
- **Avoir clairement exprimé un choix** .... 5 points
- **Si on porte attention au terrain : dosage cholestérol, triglycérides, glycémie** .... 5 points

Exposez les mécanismes physiopathologiques des troubles présentés par la patiente.

- **Douleurs expliquées par des spasmes** .... 1 point
- **Et une sensibilité excessive de la paroi intestinale** .... 1 point
- **Constipation probablement de mécanisme mixte :**
  - **constipation terminale, probable dyschésie ancienne** .... 3 points
  - **troubles de la progression du fait des spasmes** .... 1 point
  - **mais peut-être aussi d'un manque relatif de fibres dans l'alimentation** .... 2 points
- **La fausse diarrhée est le fait d'une hypersécrétion de la paroi recto-sigmoïdienne réactionnelle à la stase** .... 2 points

Exposez les conseils que vous donneriez à cette patiente en ce qui concerne le choix de ses aliments dans le mois à venir.

- **Éviter actuellement les aliments riches en fibres** .... 3 points
  - **qui risquent de lui entraîner des ballonnements** .... 3 points
  - **ces aliments seront réintroduits plus tard** .... 1 point
  - **pas d'autre consigne** .... 3 points
- → *Prescrire un régime riche en aliments contenant des fibres donne 0 à la réponse*

Question 5

15 points

Quelle est votre stratégie thérapeutique pour le mois à venir ? Quel(s) type(s) de médicament(s) lui prescrivez-vous ? Justifiez votre prescription.

- **Mucilage pour augmenter le bol fécal sans donner de gaz (ou un laxatif osmotique avec polyéthylène glycol)** .... 7 points
- **Traitement de la dyschésie avec suppositoire pour stimuler le réflexe d'exonération** .... 5 points
- **Anti-spasmodique** .... 3 points

Question 6

10 points

Quels résultats de votre traitement attendez-vous au terme d'un mois ?

- **Diminution, voire disparition, des douleurs** .... 2 points
- **Disparition de la fausse diarrhée** .... 5 points
- **Diminution de la constipation** .... 3 points

COMMENTAIRES

Ce dossier est celui d'une forme banale de colopathie fonctionnelle où la constipation devient mal tolérée, entraînant une réaction sécrétoire colique à l'origine d'une fausse diarrhée. Problème quotidien du généraliste et du gastro-entérologue une telle histoire n'a pas suffisamment d'éclat pour constituer un dossier pour les ECN. dommage, mais maîtrisez-la, vous ne perdrez pas votre temps !

Question 1 : Reconnaître la colopathie fonctionnelle est aisé et la seule autre hypothèse méritant une discussion est le cancer intestinal sur la modification des troubles.

Alors que les données d'interrogatoire et d'examen imposent la reconnaissance d'une fausse diarrhée, l'erreur serait de se fourvoyer plus ou moins lourdement dans les causes de diarrhées chroniques.

La formulation de la **question 2** est assez neutre « *Exposez et justifiez votre conduite en matière d'investigation(s)* » ; il faut savoir que souvent des formulations de questions sont des leurres. En pratique soit on est certain qu'il n'y a pas lieu de faire d'investigation et on a le courage de répondre « contre la question », soit on contourne l'obstacle en répondant que compte tenu des données il n'y a pas lieu de faire des investigations **maintenant**, mais qu'en cas de fait nouveau, de non-réponse à un premier traitement bien conduit, il sera toujours possible de revenir sur cette attitude.

Dans ce dossier l'opportunité de faire des investigations est à discuter ; on peut conclure en choisissant de faire ou non réaliser une coloscopie à condition de justifier correctement son attitude.

Question 3 : Dans une telle colopathie fonctionnelle il y a plusieurs mécanismes pour expliquer les troubles. Les douleurs sont liées à des spasmes (quelquefois on vous signalera que la palpation permet de percevoir une corde sigmoïdienne) et à une hypersensibilité viscérale. La constipation est mixte : constipation par trouble de la progression du fait des spasmes et probablement d'un bol alimentaire relativement pauvre en fibres, constipation par trouble de l'évacuation (le plus courant étant la dyschésie rectale).

Ces considérations guident le traitement (**question 5**).

Le traitement de la dyschésie repose sur la prescription de suppositoires facilitant l'exonération. Les antispasmodiques agissent sur la douleur et sur un des facteurs de la constipation de progression.

Toute la difficulté est dans le fait qu'il faut augmenter le volume du bol alimentaire. L'erreur la plus courante est, contre l'intuition et l'expérience des patients, de conseiller d'augmenter les « fibres alimentaires » **de l'alimentation** : ces fibres sont le substrat de fermentations qui vont produire des gaz et augmenter le ballonnement, donc l'inconfort abdominal. En fait les fibres qu'il faut prescrire sont les mucilages qui prennent 80 fois leur volume en eau, hydratent le bol fécal en augmentant son volume, et ne subissent pas l'action des bactéries de fermentation.

Mme Maryse P., 47 ans, consulte pour un ictère qu'elle a constaté il y a 48 h. Elle est fatiguée depuis quelques jours. En outre elle a présenté il y a trois jours une douleur épigastrique assez forte qui a cédé avec la prise de paracétamol en une heure environ.

Elle n'a pas pris sa température ; actuellement elle n'a pas de fièvre.

Antécédents : pas d'intervention chirurgicale. Par contre elle a eu un premier accouchement par césarienne en juin 1982 suivi d'une hémorragie de la délivrance ce qui avait conduit à la transfuser.

L'examen clinique est normal en dehors d'une sensibilité de l'épigastre et de l'hypochondre droit.

Contexte : Mme P. est attachée de presse dans le siège d'une grande entreprise en province. Elle est divorcée, a deux enfants.

Elle a beaucoup voyagé, ayant séjourné aux Philippines, au Cameroun, en Tunisie et en Suède. Elle n'a pas le souvenir d'avoir eu besoin de soins lors de ces séjours. Cela fait près de dix ans qu'elle n'a pas quitté la France métropolitaine.

Question 1

Parmi les hypothèses diagnostiques qui peuvent être avancées retenons pour la discussion les trois suivantes : lithiase du cholédoque, hépatite aiguë virale, hépatite chronique.

Discuter chacune de ces hypothèses en vous appuyant sur les données de l'observation et en indiquant quels autres points vous feriez préciser à la patiente pour étayer ou infirmer chacune d'elles.

Question 2

Voici le bilan biologique de routine :

Hématies	$4,5 \times 10^6$/mm³	Bilirubine totale	87 µmol/l
— Hémoglobine	13,3 g/dl	— conjuguée	65 µmol/l (N = 0)
— VGM	88 µ³	— non conjuguée	22 µmol/l (N = 0)
— Hématocrite	45 %	Phosphatases alcalines	259 UI/l (N < 80)
Leucocytes	12 500/mm³	Transaminases ASAT	54 UI/l (N < 35)
— neutrophiles	83 %	Transaminases ALAT	132 UI/l (N < 35)
— éosinophiles	0,5 %	Protides	63 g/l (60-80)
— lymphocytes	13 %	Albumine	41 g/l (35-60)
— monocytes	4 %	Taux de prothrombine	98 %
Plaquettes	263 000/mm³	C réactive protéine	46 mg/l (< 10)

Poursuivez la discussion diagnostique en utilisant ces nouvelles données.

Question 3

Que retenez-vous comme hypothèse(s) pour expliquer l'ensemble des données cliniques et biologiques ?

Question 4

Maintenant vous allez argumenter la stratégie d'investigation par des examens complémentaires.

Pour limiter le champ de l'exposé on suppose que dans les jours qui suivent la patiente ne présente aucune manifestation incitant à prendre des mesures thérapeutiques d'urgence.

Précisez d'abord ce que vous attendez de l'échographie.

Question 5

Ensuite, dans l'hypothèse où l'échographie ne serait pas contributive au diagnostic, indiquez les avantages et inconvénients des autres examens possibles.

Question 6

Présentez les examens de laboratoires que vous demanderiez pour rechercher des arguments en faveur d'une hépatite virale chronique.

GRILLE DE CORRECTION

Question 1
30 points

Parmi les hypothèses diagnostiques qui peuvent être avancées retenons pour la discussion les trois suivantes : lithiase du cholédoque, hépatite aiguë virale, hépatite chronique.

Discuter chacune de ces hypothèses en vous appuyant sur les données de l'observation et en indiquant quels autres points vous feriez préciser à la patiente pour étayer ou infirmer chacune d'elles.

- **Lithiase du cholédoque : hypothèse la plus plausible**
  - douleur et ictère, mais pas de fièvre : c'est une variante connue .... 5 points
  - faire préciser si les caractères de la crise douloureuse ont été ceux d'une crise de colique hépatique .... 5 points
- **Hépatite aiguë : peu plausible**
  - habituellement pas de douleur dans une hépatite aiguë virale .... 5 points
  - pas de contage apparent .... 2 points
  - faire néanmoins préciser l'éventualité de facteurs de risques :
    - antécédent de traitement comportant des piqûres ou des injections avec du matériel non jetable (hépatite B et C) .... 2 points
    - usage de drogues injectables ou par voie nasale (hépatite B et C) .... 2 points
    - contamination sexuelle (hépatite B) .... 2 points
- **Hépatite chronique :**
  - habituellement pas de douleur dans une hépatite chronique .... 3 points
  - mais antécédent transfusionnel rendant plausible une contamination virale C (en 1982 on recherchait l'Ag HBs chez les donneurs mais pas les anti-VHC) .... 4 points

Question 2
20 points

Poursuivez la discussion diagnostique en utilisant ces nouvelles données.

- **Hépatite aiguë : le bilan biologique exclut cette hypothèse**
  - transaminases très peu élevées .... 5 points
- → *Une argumentation détaillée besogneuse portant sur tout le bilan ne fait pas gagner les 5 points.*
- **Lithiase du cholédoque : le bilan biologique est cohérent :**
  - des taux de transaminases peu élevés sont compatibles avec l'hypothèse .... 5 points
  - élévation des phosphatases alcalines : cholestase .... 3 points
  - leucocytose .... 2 points
- **Hépatite chronique :**
  - le bilan biologique est cohérent avec cette hypothèse .... 5 points

Question 3

10 points

Que retenez-vous comme hypothèse(s) pour expliquer l'ensemble des données cliniques et biologiques ?

- Une hépatite aiguë est exclue... 2 points
- La lithiase du cholédoque est l'hypothèse la plus probable pour expliquer l'épisode actuel... 3 points
- On ne peut exclure que la patiente ait en plus une hépatite chronique virale, plus volontiers C que B.. 2 points
  - sans responsabilité dans l'ictère et les douleurs............................ 1 point
- De toute façon il y a un dépistage à faire vu l'antécédent transfusionnel .... 2 points

Question 4

10 points

Maintenant vous allez argumenter la stratégie d'investigation par des examens complémentaires. Pour limiter le champ de l'exposé on suppose que dans les jours qui suivent la patiente ne présente aucune manifestation incitant à prendre des mesures thérapeutiques d'urgence.

Précisez d'abord ce que vous attendez de l'échographie.

- Recherche des arguments en faveur d'une lithiase du cholédoque. En premier lieu une échographie peut montrer :
  - une lithiase vésiculaire (masse échogène vésiculaire, cône d'ombre en prolongement) .... 5 points
  - éventuellement une dilatation de la voie biliaire principale.. 3 points
  - plus rarement un calcul du cholédoque....................................... 2 points
→ *L'omission de mentionner la lithiase vésiculaire donne zéro à la question.*

Ensuite, dans l'hypothèse où l'échographie ne serait pas contributive au diagnostic, indiquez les avantages et inconvénients des autres examens possibles.

> ■ **Si l'échographie est normale on peut être amené à faire d'autres investigations :**
> - • **bili-IRM : cet examen donne une bonne image des voies biliaires et pancréatiques ; il est non invasif (quoique pénible pour les claustrophobes), mais coûteux**..........................5 points
> - • **écho-endoscopie, examen invasif, examine bien la voie biliaire principale, implique une anesthésie donc une hospitalisation**..........................5 points
> - • **duodénoscopie : permet seulement de reconnaître les ampullomes se présentant au minimum comme une grosse papille** ....3 points
> - • **cathétérisme rétrograde des voies biliaires : permet une bonne visualisation des voies biliaires** ....2 points
>   - — **mais comporte des risques de pancréatite aiguë**............2 points
>   - — **et d'angiocholite** ....2 points
>   - — **l'indication n'en est posée qu'en cas d'urgence comme l'étape précédant une sphinctérotomie pour drainer une voie biliaire infectée, ou chez les sujets cholécystectomisés (ce qui n'est pas le cas de Mme P)**..........................1 point
> → *Mentionner le cathétérisme sans ces précisions donne zéro à la question.*

Présentez les examens de laboratoires que vous demanderiez pour rechercher des arguments en faveur d'une hépatite virale chronique.

> ■ **Hépatite chronique B ou C : première ligne :**
> - • **recherche anticorps anti-VHC** ....2 points
> - • **recherche de l'antigène HBs** ....2 points
> - • **autres marqueurs pertinents (anticorps anti-HBc ou HBs)** .....2 points
> ■ **Si positivité d'un marqueur B ou C, pour affirmer l'évolutivité actuelle, en 2e ligne on recherche :**
> - • **l'ARN pour le virus C** ....2 points
> - • **l'ADN pour le virus B** ....2 points

COMMENTAIRES

Ce dossier est transversal, amenant à discuter plusieurs causes d'ictères dont les hépatites virales aiguës et chroniques. En proposant d'emblée trois hypothèses diagnostiques on limite volontairement (et certes arbitrairement) le champ de la réflexion, mais pour permettre de la pousser assez loin.

La réponse à la **question 1** fait appel aux connaissances, de la séméiologie clinique des trois hypothèses évoquées, de l'épidémiologie des hépatites.

La question 2 fait reprendre la discussion à la lumière des résultats du bilan biologique. Le taux très peu élevé des transaminases impose d'écarter l'hypothèse d'hépatite aiguë et une argumentation besogneuse détaillée serait une erreur et ne ferait pas gagner les 5 points.

La question 3 est posée de façon telle que la réponse spontanée serait seulement lithiase du cholédoque. La question a été ici volontairement incomplète (il manque la petite phrase *Justifiez votre réponse*), alors même qu'une petite discussion est attendue ; dans les épreuves des ECN on peut avoir des questions suggérant une réponse courte où le groupe de correction met dans sa grille des points pour les justifications. **Argumentez simplement toute réponse doit devenir le réflexe du candidat bien préparé.**

La question 4 oblige à aborder de front deux hypothèses diagnostiques sans lien entre elles : lithiase du cholédoque et hépatite chronique.

Pour la lithiase du cholédoque il faut bien montrer que le fait de découvrir une lithiase vésiculaire étaie fortement un diagnostic évoqué par la clinique et la biologie. Par contre il est plus rare de trouver directement le calcul du cholédoque.

Il est habituel que dans un tel cas on trouve au moins une anomalie à l'échographie (lithiase vésiculaire ou dilatation de la voie biliaire principale). Une échographie normale remet en cause l'hypothèse de la lithiase cholédocienne sans néanmoins l'infirmer.

En pratique la conduite à tenir est du domaine de la spécialité et dépend de l'évolution clinique :

- si l'ictère disparaît :
    - on refait une échographie quelques jours plus tard ;
    - si elle reste normale on continue à chercher une anomalie sur les voies biliaires par bili-IRM ou écho-endoscopie ;
    - si ces examens sont normaux on se borne à une surveillance.
- si l'ictère persiste :
    - et que les différents examens (échographie, bili-IRM, écho-endoscopie) sont normaux, on recherche une cause de cholestase intra-hépatique ;
    - la décision de faire un cathétérisme rétrograde reste sous-tendue par l'idée de faire une sphinctérotomie endoscopique si on trouve une anomalie oddienne (en fait il est hasardeux et contestable de faire ce geste tant qu'on n'a pas la certitude d'un obstacle sur la voie biliaire principale).

Enfin le fait que la patiente ait été transfusée impose un dépistage d'hépatite chronique B ou C (et même du VIH) ; le coût des investigations impose de procéder en deux temps, d'abord recherche des marqueurs habituels, puis en cas de positivité recherche de l'ARN du virus C ou de l'ADN viral B.

Mlle P. Caroline, 18 ans, étudiante, se présente au service des urgences avec des douleurs abdominales.

Depuis quelques heures, elle présente des douleurs du bas-ventre assez violentes. Elle a vomi son petit-déjeuner et n'a rien pris à midi. Elle n'a pas été à selle depuis 24 h.

Elle a déjà eu ce qu'elle appelle « *des pointes douloureuses* » dans son abdomen, relativement brèves. Son transit n'est pas parfait, parfois un peu constipée, parfois avec un peu de diarrhée.

Ses règles sont irrégulières, un peu douloureuses ; les dernières remontent à une semaine.

Son état général est bon.

Antécédents :

- Oreillons à 10 ans.
- À 13 ans, elle a été opérée des amygdales car était sujette aux angines.
- Cystite confirmée il y a deux ans ayant nécessité un traitement antibiotique.

Contexte :

- Étudiante dans un IUT de gestion.
- Elle s'ennuie un peu étant éloignée de sa famille et de ses amis.
- Mlle P. se présente comme une jeune fille en bon état général mais un peu fatiguée, avec une température à 38,2 °C, un pouls à 95/min. Vous remarquez au niveau de la conjonctive de son œil gauche une petite tache rouge vif, en nappe, de 3 mm environ ; elle l'a aussi constatée en se regardant dans la glace il y a trois jours, mais « *cela* » ne la gêne pas car n'entraînant aucune douleur, aucun trouble visuel, aucun larmoiement ; en outre elle trouve que « *c'est* » moins étendu.

Question 1

1. Énumérez les hypothèses diagnostiques à évoquer devant ces données.
2. Reprenez chaque hypothèse en l'argumentant, et en indiquant les points d'interrogatoire qui seront particulièrement à rechercher pour l'étayer ou l'infirmer.

Question 2

Décrivez votre examen clinique.

Question 3

Décrivez les constats d'examen clinique qui vous permettraient de quasiment affirmer que Mlle P. présente une appendicite aiguë de la fosse iliaque droite avec déjà des signes de réaction péritonéale.

Remarque: il ne vous est pas demandé de décrire une péritonite caricaturale mais bien les petits signes qui doivent faire soupçonner le début d'une péritonite.

Question 4

Supposons que vous ayez quelques hésitations pour affirmer le diagnostic d'appendicite aiguë (ou en d'autres termes qu'après votre examen d'autres hypothèses diagnostiques restent encore plausibles). Présentez la stratégie d'investigation qui semble la plus logique en fonction des données présentées et de votre réponse à la question 1.

Question 5

Appendicite aiguë ou non, tel est le dilemme. Opérer ou surveiller, telle est l'alternative. La décision opératoire s'impose habituellement dans la crainte de survenue de complications graves (comportant des risques vitaux).

Citez ces complications graves.

Question 6

Que pensez-vous de l'œil rouge?

GRILLE DE CORRECTION

1. Énumérez les hypothèses diagnostiques à évoquer devant ces données.
2. Reprenez chaque hypothèse en l'argumentant, et en indiquant les points d'interrogatoire qui seront particulièrement à rechercher pour l'étayer ou l'infirmer.

---

1. **Appendicite aiguë, forme appendiculaire de maladie de Crohn, diverticulite de Meckel, trouble fonctionnel intestinal, infection annexielle, pyélo-néphrite droite**

2. • **appendicite aiguë, l'histoire est typique**.................................... 2 points
   • **forme pseudo-appendiculaire de maladie de Crohn** .... 2 points
      — **la forme pseudo-appendiculaire est un mode de début bien connu** .... 2 points
      — **analyser précisément les troubles du transit : vraie ou fausse diarrhée ?** .... 1 point
      — **rechercher des manifestations extra-digestives :**
         • **notions de douleurs articulaires**............................. 2 points
         • **érythème noueux**.. 1 point
   • **diverticulite de Meckel :**
      — **évoqué par principe mais en fait c'est un diagnostic opératoire** .... 1 point
      — **recherche de crises douloureuses abdominales restées non étiquetées**.. 1 point
   • **colopathie fonctionnelle (intestin irritable)**
      — **la fièvre exclue que l'épisode actuel soit fonctionnel**...... 2 points
      — **même s'il est possible que Mlle P. présente un intestin irritable**
   • **pyélo-néphrite droite :**
      — **évoquée sur l'antécédent d'infection urinaire qu'on fait préciser**.. 2 points
   • **infection annexielle :**
      — **rechercher des pertes vaginales anormales** .... 1 point
      — **des antécédents d'infection annexielle**............................ 1 point
   • **une grossesse extra-utérine semble pouvoir être exclue**
      — **règles il y a une semaine** .... 1 point
      — **dans le doute on demanderait les βHCG**............................ 1 point

Décrivez votre examen clinique.

- **Inspection de l'abdomen, respiration abdominale** .... 2 points
- **Palpation abdominale :**
  - **recherche d'un point douloureux dans la fosse iliaque droite**... 2 points
  - **recherche de la souplesse du reste de l'abdomen** .... 2 points
- **Palpation des fosses lombaires**.. 2 points
- **Toucher rectal** .... 2 points
- **Toucher vaginal**.. 1 point
  - **à condition que la jeune femme ne soit pas vierge** .... 1 point
- **Examen général recherchant :**
  - **une angine mais adénolymphite mésentérique improbable à 18 ans**... 1 point
  - **et examen de routine cardio-respiratoire** .... 1 point
  - **palpation des aires ganglionnaires** .... 1 point

Décrivez les constats d'examen clinique qui vous permettraient de quasiment affirmer que Mlle P. présente une appendicite aiguë de la FID avec déjà des signes de réaction péritonéale.

Remarque : il ne vous est pas demandé de décrire une péritonite caricaturale mais bien les petits signes qui doivent faire soupçonner le début d'une péritonite.

- **Abdomen respirant peu ou pas** .... 4 points
- **Douleur à l'inspiration profonde**... 4 points
- **Impossibilité de rentrer le ventre** .... 4 points
- **Douleur à la palpation de la fosse iliaque droite** .... 2 points
- **Douleur de la fosse iliaque droite à la décompression après appui dans la fosse iliaque droite (signe de Blumberg), ou de la fosse iliaque gauche (signe de Rosving)**............................... 4 points
- **Douleur au niveau du cul-de-sac de Douglas au toucher rectal** ... 2 points

Supposons que vous ayez quelques hésitations pour affirmer le diagnostic d'appendicite aiguë (ou en d'autres termes qu'après votre examen d'autres hypothèses diagnostiques restent encore plausibles). Présentez la stratégie d'investigation qui semble la plus logique en fonction des données présentées et de votre réponse à la question 1.

- **Examens qui confirment une infection** .... 1 point
  - **hémogramme : leucocytose** .... 1 point
  - **VS et CRP élevées** .... 1 point
- **Échographie peut montrer :**
  - **qu'un appendice semble normal** .... 2 points
  - **ou au contraire dans un cas d'appendicite**
    - **un gros appendice** .... 3 points
    - **avec l'image dite « en cocarde »** .... 4 points
  - **en cas de maladie de Crohn**
    - **une augmentation de l'épaisseur de la paroi iléale** .... 2 points
    - **une augmentation de l'épaisseur de la paroi colique** ...... 2 points
    - **avec ou sans atteinte appendiculaire** .... 1 point
  - **un calcul en cas de lithiase urinaire**
- **L'examen cyto-bactériologique des urines (bandelette urinaire)**
  - **infirme ou confirme une infection urinaire** .... 2 points
- **Un scanner peut être nécessaire dans les cas difficiles avec absence de cohérence entre la clinique et les examens précédents** .... 1 point
  - **peut montrer les signes décrits ci-dessus pour l'échographie**
  - **la découverte d'un stercolithe appendiculaire impose le diagnostic d'appendicite** .... 5 points

Appendicite aiguë ou non, tel est le dilemme. Opérer ou surveiller, telle est l'alternative. La décision opératoire s'impose habituellement dans la crainte de survenue de complications graves (comportant des risques vitaux).
Citez ces complications graves.

- **Péritonite appendiculaire avec sepsis** .... 5 points
  - **soit d'emblée par perforation de l'appendice** .... 3 points
  - **soit après constitution d'un abcès** .... 3 points
- **Gangrène appendiculaire avec syndrome toxique** .... 4 points

Que pensez-vous de l'œil rouge ?

- **Banale hémorragie sous-conjonctivale d'après la description faite** .... 5 points

COMMENTAIRES

Voici une histoire d'appendicite comme tant d'autres. On peut espérer qu'elle se terminera bien et ne laissera pas un souvenir cuisant.

La France resterait le pays où on fait le plus d'appendicectomies et beaucoup sont inutiles. Mais l'appendicite, à la réputation de bénigne banalité, peut tourner au drame.

Seule la rigueur peut permettre de tenir le cap entre l'écueil du diagnostic abusif par insuffisance d'analyse et l'incapacité coupable de prendre une décision opératoire en raison de données qui ne concordent pas parfaitement.

Il faut connaître les grandes causes de douleurs aiguës fébriles de la FID.

De la péritonite il faut bien sûr connaître le tableau majeur décrit partout. Mais c'est une erreur d'attendre qu'il soit aussi affirmé pour en faire le diagnostic. Le patient y risque sa vie. Le chirurgien aura du mal à tout nettoyer, « *la fameuse toilette péritonéale* » connaît ses recoins d'accès difficile ; les suites opératoires seront complexes et ce sera parfois au prix du drainage de quelques « *collections purulentes* » et de semaines d'hospitalisation qu'un patient sera sorti d'affaires.

Les investigations sont utiles et licites... à condition de ne pas retarder une prise de décision opératoire. Elles permettent d'éviter les interventions inutiles.

En pratique, dans certains cas qui se présentent comme celui de Mlle P., les données biologiques et/ou d'imagerie incitent à écarter l'hypothèse d'appendicite aiguë. **Il faut surveiller attentivement le patient, 2 fois, 3, voire 4 fois par jour, apprécier son état général, s'enquérir de signes fonctionnels, examiner l'abdomen.** Si tout rentre définitivement et résolument dans l'ordre ce n'était pas une appendicite. Qu'était-ce ? On ne le saura parfois jamais.

L'œil rouge :

— un clin d'œil à l'item 212 du programme (*œil rouge et/ou douloureux*) ;

— un chiffon rouge pour ceux qui savent qu'on peut observer des irido-sclérites et des épisclérites dans la maladie de Crohn : mais dans ces cas l'œil rouge est douloureux, larmoie, et supporte mal la lumière : il est raisonnable de demander un avis à l'ophtalmo qui traitera.

Alexia, âgée de 5 ans, est amenée par ses parents aux Urgences pour des douleurs abdominales. Il s'agit d'une fillette sans antécédents, qui présente depuis 24 heures des douleurs péri-ombilicales, associées à 2 vomissements alimentaires. Les douleurs sont continues, vraisemblablement exarcerbées par des paroxysmes puisqu'elle se met à pleurer de façon fréquente. Par ailleurs, Alexia se serait cognée la jambe droite et présente depuis 3 jours des arthralgies localisées principalement aux chevilles.

À l'examen, l'enfant est bien colorée mais semble algique. L'abdomen est sensible dans son ensemble, sans défense. La température est à 37,7 °C, la fréquence cardiaque à 108/min et la PA à 132/85 mm Hg. L'auscultation pulmonaire est normale, il n'existe pas de syndrome méningé. Les deux chevilles sont effectivement douloureuses, avec un œdème modéré prenant le godet.

Vous effectuez une bandelette urinaire à l'arrivée de l'enfant : protéinurie (+), avec hématurie microscopique (+), absence de leucocytes, de nitrites, de glucose.

Question 1 — Quel diagnostic évoquez-vous ? Indiquez sur quels arguments.

Question 2 — Quel élément clinique précis recherchez-vous pour confirmer le diagnostic ?

Question 3 — Quelle complication digestive devez-vous craindre ? Comment la rechercher ?

Question 4 — Quel traitement instaurez-vous ? Quelle est l'évolution habituelle de cette pathologie ?

Question 5 — De quelle atteinte dépend le pronostic à long terme ? Indiquez comment la dépister.

GRILLE DE CORRECTION

Question 1

25 points

Quel diagnostic évoquez-vous ? Indiquez sur quels arguments.

- **Un purpura rhumatoïde**..**10 points**
- **Devant l'association des signes suivants :**
  - douleurs abdominales péri-ombilicales....................................**4 points**
  - arthralgies des chevilles avec œdèmes....................................**4 points**
  - atteinte rénale (HTA modérée, hématurie + et protéinurie +)..**4 points**
  - sans fièvre, ni défense abdominale..**3 points**

Question 2

15 points

Quel élément clinique précis recherchez-vous pour confirmer le diagnostic ?

- **L'élément clinique essentiel à rechercher pour confirmer le diagnostic est :**
  - un purpura cutané..**8 points**
  - déclive, prédominant aux fesses, membres inférieurs et avant bras..**4 points**
  - non nécrotique..**3 points**

Question 3

15 points

Quelle complication digestive devez-vous craindre ? Comment la rechercher ?

- **La complication digestive à craindre est :**
  - une invagination intestinale aiguë..**3 points**
  - généralement iléo-iléale..**2 points**
  - évoquée devant les douleurs paroxystiques intenses (pleurs)..**2 points**
  - et les vomissements..**2 points**
- **Elle est mise en évidence par :**
  - l'échographie abdominale..**2 points**
  - qui montre une image en sandwich de profil, en cocarde de face..**2 points**
  - avec un centre hyperéchogène et paroi externe épaissie..........**2 points**

Quel traitement instaurez-vous? Quelle est l'évolution habituelle de cette pathologie?

> ▪ **Le traitement mis en place comprend:**
> - • **repos digestif (à jeun) et réhydratation par voie veineuse**....... 5 points
> - • **antalgiques (paracétamol, voire NUBAIN®), antispasmodiques** .... 7 points
> - • **corticothérapie à discuter**.. 5 points
> ▪ **Évolution plus ou moins longue, souvent par poussées successives et imprévisibles**.. 4 points
> - • **mais à terme guérison sans séquelles des lésions digestives**.... 3 points
> → *Mettre comme antalgique l'aspirine entraîne la note 0 à cette question*

De quelle atteinte dépend le pronostic à long terme? Indiquez comment la dépister.

> ▪ **Le pronostic à long terme dépend:**
> - • **de l'atteinte rénale** .... 4 points
> - • **qui peut survenir à distance de l'épisode initial**............ 3 points
> - • **et se manifester par l'apparition d'une HTA, d'une protéinurie et/ou d'une hématurie, voire d'un syndrome néphrotique**.................................... 3 points
> - • **elle peut évoluer vers l'insuffisance rénale chronique**.............. 3 points
> ▪ **On doit la dépister par:**
> - • **la surveillance de la PA et la bandelette urinaire**....................... 4 points
> - • **systématique et prolongée: 1 fois par semaine pendant 1 mois, 1 fois par mois pendant 3 mois, puis tous les 3 mois pendant 1 an** .... 3 points

COMMENTAIRES

Le purpura rhumatoïde est une pathologie fréquente responsable chez l'enfant de tableaux douloureux abdominaux parfois sévères, voire pseudo-chirurgicaux. Faire le diagnostic précocement peut éviter une laparotomie. Il faut rechercher d'emblée les complications.

La question 1 ne pose pas de problème devant l'association de douleurs abdominales, d'arthralgies et d'une atteinte rénale.

La question 2 insiste sur l'élément clé du diagnostic qui est clinique : le purpura. Celui-ci est parfois discret au début, limité au pli interfessier. Il peut également être retardé, ou découvert par le chirurgien qui trouve lors de la laparotomie exploratrice un purpura de la séreuse du grêle.

La question 3 concerne la principale complication de l'atteinte digestive : l'invagination intestinale aiguë qui a la particularité d'être iléo-iléale. Il n'y a pas d'indication du lavement baryté autant sur le plan du diagnostic qui repose sur l'échographie, que sur le plan thérapeutique puisque la baryte atteindrait difficilement le grêle et n'exercerait aucune action mécanique sur le boudin d'invagination. L'abstention est la règle car si l'invagination peut récidiver, elle est en règle spontanément régressive. Une intervention chirurgicale est exceptionnellement nécessaire en cas de syndrome occlusif persistant.

La question 4 teste les connaissances du traitement qui essentiellement symptomatique, centré sur la mise au repos du tube digestif et les antalgiques. En cas de symptômes digestifs sévères ou prolongés, une corticothérapie peut être discutée bien qu'aucune donnée objective n'ait confirmé son efficacité. Le caractère capricieux de l'évolution de l'atteinte digestive du purpura rhumatoïde, avec des poussées successives imprévisibles, doit être connu des médecins... et de la famille. On doit toutefois rassurer sur la guérison à terme, constante et sans séquelles digestives.

La question 5 insiste logiquement sur ce qui fait le pronostic à long terme de cette pathologie : l'atteinte rénale, qui peut évoluer vers l'insuffisance rénale chronique. On attend une réponse précise sur la façon de la dépister.

Mᵐᵉ E., 43 ans, travaillant à la Direction des Ressources Humaines d'une grande entreprise publique, arrive aux Urgences présentant des douleurs abdominales et des vomissements.

Cela fait quelques semaines, peut-être en fait trois ou quatre mois, qu'elle présente une vague gêne du « côté droit » : de sa main elle désigne une zone qui englobe le flanc et la fosse iliaque droits.

Son transit est régulier, avec de temps en temps de la diarrhée, trois à quatre selles par jour ; l'émission de selles faisait parfois disparaître la gêne douloureuse.

Depuis hier soir il s'agit franchement de douleurs. Cette nuit elles sont survenues par crises de quelques minutes, laissant un endolorissement pendant des accalmies allant de trois quarts d'heure à une heure. La nuit a été de ce fait assez pénible.

Actuellement (nous sommes en cours de matinée) il s'agit d'un fond douloureux permanent bien que les douleurs soient moins intenses. À deux reprises Mᵐᵉ F. a vomi, « *que de la bile* » dit-elle, « *car elle n'a rien pris depuis hier midi* ».

Contexte :

- Elle fume environ un paquet de cigarettes par jour depuis l'âge de 17 ans. Elle prend depuis un an une statine pour une hyper-cholestéromie.

- Elle dit avoir des « *rhumatismes* » ; il s'agit de douleurs des mains, surtout en début de journée. Parfois elle a mal à un poignet, ou une cheville, ou un genou, pendant deux ou trois jours et cela passe.

Antécédents :

- Elle a eu deux enfants (qui ont respectivement 18 et 15 ans).
- Sa mère est décédée à 43 ans d'un « *cancer de l'intestin* ».

À l'examen :

- Mme F. est fatiguée, mais en bon état général ; elle dit avoir un poids de 56 kg pour une taille de 1,68 m. Sa température est à 37,2 °C.
- À l'examen l'abdomen est distendu : « *c'est presque comme si j'étais à terme* » ironise-t-elle ; à la percussion il est sonore. On ne perçoit pas de péristaltisme. Dans la fosse iliaque droite on a l'impression de palper une masse en profondeur, un peu sensible, aux contours mal définissables, d'environ 6 cm sur 4 cm.
- Le reste de l'examen clinique est normal.

Question 1   Synthétisez en termes médicaux appropriés le tableau clinique décrit ci-dessus.

Question 2   La phrase « *Le reste de l'examen clinique est normal* » suppose qu'un certain nombre de gestes ont été effectués et n'ont pas apporté d'information positive ; explicitez les informations négatives qui ont une grande importance ici.

Question 3   Énumérez et discutez vos hypothèses diagnostiques.

Question 4   Exposez votre stratégie d'investigation (en d'autres termes, décrivez les étapes de votre démarche diagnostique).

Question 5   Indiquez les grandes orientations thérapeutiques en restant en cohérence avec vos réponses à la question 3.

GRILLE DE CORRECTION

Question 1

20 points

Synthétisez en termes médicaux appropriés le tableau clinique décrit ci-dessus.

> ▣ **Synthèse : on doit retrouver les éléments suivants :**
> - évolution depuis plusieurs semaines .... 5 points
> - occlusion .... 2 points
> - occlusion du grêle .... 3 points
> - syndrome de Kœnig (ou expression équivalente) .... 5 points
> - syndrome de masse de la FID .... 3 points
> - antécédent familial de cancer recto-colique .... 2 points

Question 2

20 points

La phrase « *Le reste de l'examen clinique est normal* » suppose qu'un certain nombre de gestes ont été effectués et n'ont pas apporté d'information positive ; explicitez les informations négatives qui ont une grande importance ici.

> ▣ **Doivent être précisées :**
> - l'absence de défense, de contracture, faire gonfler
>   puis rentrer le ventre .... 5 points
> - l'absence de hernie inguinale, crurale, d'éventration
>   sur la cicatrice .... 5 points
> - l'absence de douleur du Douglas aux touchers pelviens .... 5 points
> - qualité de la rédaction de cette partie .... 0 à 5 points

Question 3

15 points

Énumérez et discutez vos hypothèses diagnostiques

> ▣ **Deux hypothèses surtout, cancer et maladie de Crohn**
>   **sur les notions de** .... 2 points
>   - diarrhée .... 1 point
>   - syndrome de Kœnig .... 1 point
>   - masse de la fosse iliaque droite .... 1 point
> ▣ **Pour le cancer**
>   - antécédent familial .... 2 points
>   - absence de fièvre .... 1 point
> ▣ **Pour la maladie de Crohn**
>   - l'âge (femme jeune) .... 2 points
>   - la notion de rhumatismes .... 3 points
> ▣ **Sténose du grêle d'autre origine (prise d'AINS**
>   **pour les douleurs articulaires)** .... 2 points
> → *Par contre la méconnaissance du cancer ou du Crohn*
>   *donne 0 à la question*

Exposez votre stratégie d'investigation (en d'autres termes, décrivez les étapes de votre démarche diagnostique).

- Bilan biologique de routine...5 points
- Abdomen sans préparation sur une échelle de 0 à 5
  selon la qualité :
  - un cliché debout, de face, avec les coupoles,
    et un cliché profil couché...1 point
  - description d'une occlusion du grêle..2 points
  - fosse iliaque droite sans gaz, possibilité d'une masse...............2 points

→ *L'oubli de l'ASP ne fait pas perdre de points lorsqu'il y a une demande de scanner et que la description des résultats du scanner comporte les signes d'occlusion.*

- Scanner évoqué..3 points
  - scanner avec description pertinente de ce qui peut
    être observé :
    — soit épaississement pariétal du grêle
       en faveur d'une maladie de Crohn..2 points
    — avec éventuellement un abcès..2 points
    — soit épaississement au niveau du côlon
       en faveur d'un cancer...2 points
    — ascite (carcinose péritonéale)...1 point

→ *La proposition de faire faire une coloscopie a comme conséquence zéro à la question*

Indiquez les grandes orientations thérapeutiques en restant en cohérence avec vos réponses à la question 2. 3

- Cancer : colectomie droite sans précision..5 points
  - précision qu'il y a une résection iléo-colique droite,
    curage ganglionnaire, anastomose iléo-transverse.....................5 points
- Crohn : essai de traitement médical pour passer le cap..................2 points
  - Crohn : alimentation parentérale, aspiration gastrique,
    antibiotiques..3 points
  - Crohn : intervention correctement commentée.........................2 points
  - Crohn : drainage éventuel d'abcès, éventuellement
    résection, éventuellement iléostomie en attendant
    la réponse à un traitement médical si risque
    de résection étendue..3 points

COMMENTAIRES

Ce dossier est celui d'une occlusion du grêle due soit à une localisation iléale d'une maladie de Crohn, soit à un cancer colique droit.

La notation :

- privilégie la synthèse de l'histoire, la qualité de l'approche clinique (les questions 1 et 2 apportent chacune 20 points) ;

- un modèle à se mettre en tête :

  - *Coliques itératives calmées par émission de selles ou de gaz ou des bruits de gargouillement intestinal*
    - syndrome de Kœnig

- privilégie les étudiants qui présentent l'hypothèse de maladie de Crohn car tous penseront au cancer (ce qui ne permet pas de discrimination). En effet une maladie de Crohn (au programme du deuxième cycle dans le module 8) peut se manifester pour la première fois chez des sujets après 40 ans et être révélée par une occlusion (l'autre forme « chirurgicale » révélatrice classique est le tableau d'appendicite aiguë) ;

- pénalise l'aberration de pratiquer une coloscopie dans une occlusion. La demande d'une coloscopie, acte techniquement difficile à réaliser ici (on ne peut faire une préparation) et dangereux (du fait d'insuffler de l'air dans le côlon de quelqu'un qui a le grêle déjà distendu) peut être pénalisée par un 0 à la question, voire à l'ensemble du dossier (si cette notation très pénalisante était autorisée).

M. Luc E. 44 ans, consulte pour la réapparition de douleurs.

Il y a deux mois il a été hospitalisé trois semaines pour une poussée de pancréatite aiguë. C'était la sixième en trois ans. Celle-ci avait été assez sévère, nécessitant un séjour d'une semaine en réanimation.

Un premier scanner avait montré une pancréatite aiguë céphalique avec un gros œdème péri-pancréatique ; un second, une semaine plus tard, avait retrouvé un aspect identique au niveau de la tête et une coulée dans une loge para-rénale.

L'évolution avait néanmoins été favorable. Pour des raisons diverses il n'avait pas pu être fait de scanner avant la sortie du patient.

M. E. a passé deux semaines en maison de repos. Il est rentré chez lui depuis deux semaines.

Il dit que cette fois il « a compris », et affirme ne pas avoir pris une goutte d'alcool depuis sa sortie.

Il n'est pas payé de retour puisqu'il présente à nouveau des douleurs épigastriques qui surviennent très vite après le repas et durent environ deux heures, assez vives.

Contexte :

- M. E. est chaudronnier, travaillant sur un chantier naval.
- Il est marié, a deux fils de 18 et 15 ans.
- Il a été jusqu'ici un consommateur très excessif d'alcool : deux à trois verres de vin à chaque repas, une dizaine de bières dans la journée, apéritifs de façon régulière, participation à des fêtes diverses qu'il a toujours joyeusement honorées.

Antécédents :

- Lumbago il y a trois ans.
- Six épisodes de pancréatite aiguë en trois ans ; les cinq premiers s'étaient résumés à des crises douloureuses abdominales de trois-quatre jours et à des hospitalisations d'une semaine.
- À deux reprises il a fait des cures de sevrage alcoolique et avait tenu plusieurs mois sans prendre de l'alcool. Les rechutes s'étaient faites dans un contexte de convivialité festive.

À l'examen :

- M. E. est en bon état général. Il avait même repris trois kilos.
- L'abdomen est sensible dans la région épigastrique, un peu tendu.
- Le reste de l'examen est normal.

Vous faites pratiquer un bilan biologique et biochimique : le voici.

Hématies	$4,45 \times 10^6/mm^3$
— Hémoglobine	14,8 g/dl
— Hématocrite	46 %
— VGM	97 μ^3
Leucocytes	10 500/mm³
Plaquettes	298 000/mm³
Taux de prothrombine	86 %
Bilirubine totale	15 µmol/l
— conjuguée	0 µmol/l (N = 0)
— non conjuguée	15 µmol/l (N < 17)
Transaminases ASAT	38 UI/l (N < 35)
Transaminases ALAT	23 UI/l (N < 35)
Phosphatases alcalines	498 UI/l (N < 80)
Gamma-glutamyl tranférase	256 UI/l (7-55)
Glycémie	4,6 mmol/l (N 3,6-6,1)
Protides	72 g/l (60-80)
Albumine	40 g/l (35-50)
Créatinine	108 µmol/l (60-120)
CRP	96 mg/l (< 10)

Question 1 Quelles sont les anomalies et comment les interprétez-vous ?

Question 2 M. E. dit ne plus consommer d'alcool. Ce bilan permet-il de douter de sa sincérité ?

Voici le résultat du scanner que vous avez fait pratiquer.

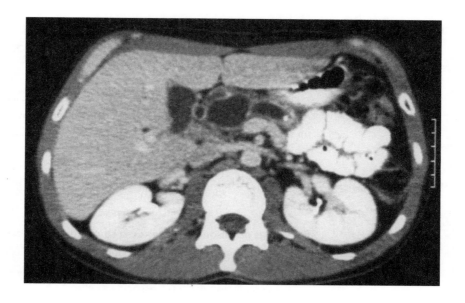

On observe une dilatation du canal de Wirsung dans sa portion corporéale.
Complétez l'interprétation de cet examen.

Question 4   Compte tenu des données cliniques, biologiques et du scanner, quelles sont les modalités évolutives possibles en l'absence de traitement?

Question 5   Quelles sont les grandes orientations thérapeutiques possibles?

Question 1

10 points

Vous faites pratiquer un bilan biologique et biochimique : le voici. Quelles sont les anomalies et comment les interprétez-vous ?

> ▪ **Augmentation des phosphatases alcalines
> et des gamma-GT évoque une cholestase anictérique**...................... 5 points
> ▪ **Augmentation de la leucocytose et de la CRP évoquent
> un syndrome inflammatoire** .... 5 points

Question 2

15 points

M. E. dit ne plus consommer d'alcool. Ce bilan permet-il de douter de la sincérité de M. E. ?

> ▪ **Il n'y a pas de raison de douter de la sincérité de M. E. car :**
> • **les taux de transaminases sont normaux** .... 5 points
> • **le VGM est encore élevé mais le sevrage est récent** .... 5 points
> • **l'augmentation des γ-GT, associée à celle
> des phosphatases alcalines évoque une cholestase** .... 5 points

Question 3

20 points

Voici le résultat du scanner que vous avez fait pratiquer.
On observe une dilatation du canal de Wirsung dans sa portion corporéale.
Complétez l'interprétation de cet examen.

> ▪ **Présence d'un pseudo-kyste céphalique** .... 5 points
> ▪ **Gros calcul pancréatique** .... 5 points
> ▪ **Cholédoque dilaté** .... 5 points
> ▪ **Pas de dilatation des voies biliaires intra-hépatiques** .... 5 points

Question 4

30 points

Compte tenu des données cliniques, biologiques et du scanner, quelles sont les modalités évolutives possibles en l'absence de traitement ?

> ▪ **Augmentation de volume du pseudo-kyste** .... 5 points
> ▪ **Infection du pseudo-kyste** .... 5 points
> ▪ **Compression du cholédoque donnant un ictère** .... 5 points
> ▪ **Compression duodénale avec vomissements** .... 5 points
> ▪ **Compression de la veine splénique** .... 5 points
> • **responsable d'une hypertension postale sous-hépatique** .... 2 points
> • **et d'hémorragies digestives** .... 3 points

Quelles sont les grandes orientations thérapeutiques possibles et l'éventuelle limite de chacune?

- **Drainage du kyste sous contrôle radiologique** .... 5 points
- **Drainage du kyste par technique endoscopique** .... 5 points
  - **dans ces deux techniques si le kyste communique avec le Wirsung il va se reconstituer** .... 10 points
- **Drainage chirurgical (wirsundo-jéjunostomie)** .... 5 points

COMMENTAIRES

Ce dossier illustre les problèmes posés par la constitution d'un pseudo-kyste après une poussée de pancréatite aiguë.

Les questions 1 et 2 portent sur l'interprétation du bilan biologique/biochimique. L'erreur possible est de méconnaître la cholestase anictérique et d'attribuer à une reprise de consommation d'alcool les anomalies.

La question 3 porte sur l'interprétation d'un scanner. Pour aider une indication majeure est donnée et ensuite il faut poursuivre l'interprétation. C'est probablement un exercice un peu difficile mais justifié dans un ouvrage pour entraînement ; l'image d'un monstrueux pseudo-kyste ne posant pas le moindre problème d'interprétation ne serait qu'une illustration.

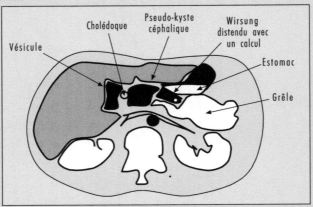

La question 4 est simple : elle revient à réfléchir sur ce qui peut se passer quand il y a une masse dans la tête du pancréas (pseudo-kyste comme ici, ou cancer).

La question 5 est probablement la limite de ce qu'il est possible de poser comme question en matière de traitement dans une pancréatite chronique en prenant à la lettre l'objectif *argumenter l'attitude thérapeutique et planifier le suivi du sujet* de l'item Pancréatite chronique (269).

On peut considérer qu'il y a trois grandes situations en ce qui concerne le traitement dans les pancréatites chroniques.

La 1re est celle où la pancréatite chronique est découverte à la suite d'une poussée de pancréatite aiguë bénigne ou dans le bilan de douleurs épigastriques où toute cause œso-gastro-duodénale est écartée. Le traitement repose uniquement sur l'abstinence en ce qui concerne l'alcool. La discussion porte alors sur la cause de l'alcoolisation et les facteurs pronostiques, favorables et défavorables, au maintien de cette abstinence (évoqués dans d'autres dossiers de cet ouvrage).

La 2e situation est celle présentée dans ce dossier. Il faut gérer à court terme une complication de la poussée de pancréatite aiguë sur pancréatite chronique, à long terme le maintien de l'abstinence. Ce dossier présente le problème le plus habituel, celui d'un pseudo-kyste. Si certains régressent spontanément, d'autres augmentent de volume.

Le fait que le pseudo-kyste communique ou pas avec le canal de Wirsung est déterminant. Si le pseudo-kyste est communiquant, tout drainage (quelle que soit la technique) n'est efficace que de façon éphémère et le pseudo-kyste se reconstitue plus ou moins rapidement. Seule une kysto-anastomose est efficace, faisant le plus souvent communiquer wirsung et jéjunum (kysto-jéjunostomie) : d'autres anastomoses sont possibles kysto-gastrostomie, kysto-duodénostomie.

La 3e situation est exceptionnelle. Ce sont les patients qui arrivent au stade d'insuffisance pancréatique endocrine (diabète) et exocrine (stéatorrhée par déficit en lipase pancréatique). Le traitement associe celui d'un diabète chez un sujet amaigri (en général insulinothérapie) et une opothérapie substitutive avec des extraits pancréatiques.

Mme G. Thérèse, 56 ans, vient d'être amenée aux Urgences par les pompiers. En effet, elle a eu un malaise au travail ; les gens qui l'entourent ont fait appel aux Pompiers, bien qu'elle n'ait eu qu'une vague sensation d'être dans le brouillard, sans perte de connaissance, quelques nausées, et que tout soit rentré dans l'ordre une fois qu'elle a été étendue.

D'emblée vous constatez la pâleur de Mme G., tout à fait inhabituelle affirme l'amie qui l'accompagne. La paume de sa main est très pâle, vous confirmant que Mme G. présente une anémie marquée.

Depuis environ trois mois, elle ressent une fatigue qui s'est accentuée ces dernières semaines. Le matin au réveil, elle se sent en forme mais très vite en cours de journée elle éprouve des difficultés à maintenir son activité. Alors qu'il y a quelques mois elle bénéficiait d'une excellente condition physique, elle est essoufflée à la marche, à la montée d'un escalier.

De temps en temps, elle a des sensations vertigineuses. La veille, elle avait déjà eu un petit malaise chez elle et avait déjà dû s'étendre quelques minutes.

Spontanément elle ne se plaint de rien d'autre que de cette fatigue ; elle ne se connaît pas d'affection particulière et ne suit aucun traitement.

Question 1

Devant une anémie sans cause évidente il faut d'abord se remémorer les grands groupes de causes possibles d'anémie chez Mme G., puis à partir de ce classement grossièrement probabiliste interroger la patiente.
Présentez en le justifiant le classement probabiliste des grands groupes de causes possibles de l'anémie présentée par Mme G.

Question 2

L'interrogatoire vous a appris que Mme G. a bon appétit, n'a pas de gêne après les repas. Depuis quelque temps, certainement moins d'une année, peut-être un peu plus de trois mois, elle ressent parfois « *une lourdeur dans le côté* » (elle désigne son flanc droit).
Récemment elle a noté que son intestin gargouillait, plutôt à droite. Mais tout cela lui paraît mineur. Son transit intestinal est régulier avec une selle tous les un à deux jours. Elle ne saurait dire la couleur de ses selles, n'y faisant guère attention.
Malgré votre insistance vous ne relevez pas d'élément particulier supplémentaire.

Antécédents :
– Rhumatisme articulaire aigu dans l'enfance, n'ayant laissé aucune séquelle.

Contexte :
– Elle est mariée, a une fille. C'est une femme sportive qui fait régulièrement de la randonnée.
– Elle n'a pas de problème particulier.
– Un petit fait cependant : il y a une semaine, chez elle, elle a fait un faux pas et est tombée de sa hauteur en heurtant un coin de canapé ; pendant à peu près une journée elle a ressenti une petite douleur basi-thoracique gauche qui a cédé avec du paracétamol.

En quoi la connaissance de cet incident peut-il avoir un intérêt ?

Question 3

Vous examinez Mme G.
Elle est en bon état général. Pour une taille de 1,62 m elle pèse 55 kg.
Sa pression artérielle est à 9-7 cm Hg. Le pouls est à 100/min. À l'auscultation il y a un petit souffle systolique au foyer mitral. Les pouls périphériques sont perçus.
Au plan respiratoire vous ne relevez rien d'anormal.
L'abdomen est souple, aisé à palper. Vous percevez une masse, mesurant environ 6 cm sur 4 cm, à cheval sur la fosse iliaque et le flanc droits, difficile à cerner, un peu sensible, peu mobilisable.
Le reste de l'examen abdominal est normal.
Les touchers pelviens sont normaux.
Vous recevez les premiers résultats de laboratoire donnés par téléphone :
– hématies 2 500 000/mm^3
– hémoglobine 6,8 g/dl
– hématocrite 17 %
– leucocytes 6 800/mm^3
– plaquettes 275 000/mm^3
– glycémie 5,3 mmol/l
– créatinine 78 µmol/l
– bilirubine 9 µmol/l
– CRP 12 mg/l (N < 8)

À partir de ces premières données vous calculez le VGM : quel est-il ?

Question 4

Compte tenu de l'ensemble des données cliniques et biologiques, citez puis argumentez vos hypothèses diagnostiques.

Question 5

Présentez votre stratégie d'investigation pour les jours à venir.

Question 6

Vous envisagez de faire passer du sang à Mme G. L'amie qui l'accompagne la met en garde contre les risques de contaminations virales inhérentes à une transfusion (elle-même est atteinte d'hépatite C, ayant été transfusée en 1986).

Qu'allez-vous expliquer à Mme G. à propos des risques de transmission virale ?

Question 7

Quelles sont les grandes règles d'hémovigilance qui doivent être appliquées pour Mme G. comme pour toute personne transfusée ?

Question 8

Dans l'hypothèse où le bilan confirme le diagnostic de cancer colique droit, indiquez l'orientation thérapeutique préférentielle.

Question 1

20 points

Présentez en le justifiant le classement probabiliste des grands groupes de causes possibles de l'anémie présentée par Mme G.

- ▪ **Anémie par carence martiale** .... **1 point**
  - ● **essentiellement par saignement à bas bruit d'origine digestive** .... **2 points**
  - ● **il est en effet peu probable qu'il puisse s'agir**
    - — **d'un saignement gynécologique car la patiente est ménopausée** .... **2 points**
    - — **d'un saignement urinaire (hématurie méconnue)** .... **1 point**
    - — **d'un manque d'apport en fer** .... **1 point**
    - — **d'une malabsorption du fer** .... **1 point**
- ▪ **Hémopathies** .... **3 points**
  - ● **une maladie de Biermer** .... **2 points**
  - ● **une anémie hémolytique auto-immune**
    - — **idiopathique** .... **1 point**
    - — **ou révélatrice d'un lymphome** .... **1 point**
  - ● **une anémie réfractaire** .... **2 points**
  - ● **une leucémie lymphoïde avec érythroblastopénie** .... **2 points**
- ▪ **Anémie inflammatoire mais il n'y a rien dans le contexte connu qui soit en faveur d'une telle hypothèse** .... **1 point**

Question 2

5 points

En quoi la connaissance de cet incident peut-il avoir un intérêt?

- ▪ **Il faut soulever l'hypothèse d'un risque d'hématome splénique** .... **3 points**
- ▪ **Mais elle n'expliquerait pas que les signes d'anémie remontent à 3 mois** .... **2 points**

Vous examinez Mme G.

Elle est en bon état général. Pour une taille de 1,62 m elle pèse 55 kg.

Sa tension artérielle est à 9-7 cm Hg. Le pouls est à 100/min. À l'auscultation il y a un petit souffle systolique au foyer mitral. Les pouls périphériques sont perçus.

Au plan respiratoire vous ne relevez rien d'anormal.

L'abdomen est souple, aisé à palper. Vous percevez une masse, mesurant environ 6 cm sur 4 cm, à cheval sur la fosse iliaque et le flanc droits, difficile à cerner, un peu sensible, peu mobilisable.

Le reste de l'examen abdominal est normal.

Les touchers pelviens sont normaux.

Vous recevez les premiers résultats de laboratoire donnés par téléphone:
– hématies 2 500 000/mm^3
– hémoglobine 6,8 g/dl
– hématocrite 17 %
– leucocytes 6 800/mm^3
– plaquettes 275 000/mm^3
– glycémie 5,3 mmol/l
– créatinine 78 µmol/l
– bilirubine 9 µmol/l
– CRP 12 mg/l (N < 8)

À partir de ces premières données vous calculez le VGM: quel est-il?

- **VGM: hématocrite/nombre de globules rouges: 66 µ^3** .... 3 points
- **Donc microcytose** .... 2 points

Compte tenu de l'ensemble des données cliniques et biologiques, citez puis argumentez vos hypothèses diagnostiques.

- **Cancer du côlon, tumeur bénigne, maladie de Crohn**
- **Cancer du côlon:**
  - **cause la plus probable d'une tumeur palpable et hémorragique chez cette patiente de 56 ans** .... 8 points
- **Maladie de Crohn peu probable:**
  - **le Crohn est diagnostiqué chez des gens plus jeunes** .... 2 points
  - **absence de douleurs, pas de trouble du transit** .... 2 points
- **Tumeur bénigne (schwannome)** .... 2 points
  - **éventualité exceptionnelle** .... 1 point

Présentez votre stratégie d'investigation pour les jours à venir.

- Essentiellement réalisation d'un scanner
  - pour analyser la masse palpée..2 points
    - préciser si elle est liquidienne ou tissulaire......................2 points
    - la rattacher ou la distinguer du côlon..............................2 points
    - vérifier l'absence d'hématome splénique...........................2 points
  - pour rechercher des métastases..1 point
    - hépatiques ou pulmonaires..2 points
- Coloscopie, s'il est confirmé qu'il y a une tumeur colique:
  - pour rechercher d'autres tumeurs, polypes
    voire autre cancer..3 points
- Le bilan général de Mme G..2 points
  - bilan d'hémostase..2 points
  - bilan cardio-respiratoire: ECG et radio pulmonaire...................1 point
  - bilan de routine: glycémie, créatinine, protides,
    transaminases..1 point

Qu'allez vous expliquer à Mme G. à propos des risques de transmission virale?

- Les donneurs sont soumis à un dépistage sévère comprenant:
  - élimination des donneurs à risques....................................2 points
  - dépistage systématique des virus VIH, VHB, VHC et HTLV......2 points
- Les risques de transmission de ces virus par la transfusion
  de produits labiles sont infimes...1 point

Quelles sont les grandes règles d'hémovigilance directement en rapport avec ce problème qui doivent être appliquées pour Mme G. comme pour toute personne transfusée?

> - **Un protocole d'hémovigilance existe dans tous les hôpitaux** .... 4 points
> - **Il faut s'y conformer avec rigueur**
> - **Les grandes règles sont de**
>   - **informer le patient**...1 point
>   - **recueillir l'identité complète du patient**...............................1 point
>   - **faire les sérologies des virus VIH, VHB et VHC** ....1 point
>   - **faire les dosages de transaminases**......................................1 point
>   - **avant transfusion**...1 point
>   - **et avec l'accord du patient**...1 point
>   - **en l'absence d'accord du patient, noter son refus dans le dossier**
>   - **vérifier l'identité des numéros indiqués sur la poche de sang et le bordereau de livraison** ....3 points
>   - **remplir les rubriques de la fiche d'hémovigilance**...............3 points
>   - **remettre au patient une fiche mentionnant la nature des produits transfusés**...1 point
>   - **remettre au patient une ordonnance pour refaire dans trois mois** ....1 point
>   - **les sérologies virales**...1 point
>   - **le dosage des ALAT** ....1 point

Dans l'hypothèse où le bilan confirme le diagnostic de cancer colique droit, indiquez l'orientation thérapeutique préférentielle,.

> - **La grande orientation thérapeutique est chirurgicale** .... 2 points
>   - **hémi-colectomie droite**.. 3 points
>   - **selon l'extension tumorale constatée en per-opératoire et sur la pièce de colectomie**.. 3 points
> - **Une chimiothérapie adjuvante sera décidée**................................... 2 points

COMMENTAIRES

Ce dossier présente l'histoire d'un cancer colique droit responsable d'une anémie à bas bruit ; comme cela arrive fréquemment c'est un malaise qui est la circonstance de découverte de toute l'affaire. Il répond aux objectifs généraux de l'item 148 *Tumeurs du côlon et du rectum*.

Mais ce dossier permet d'aborder d'autres items du programme.

D'abord les anémies pointées par les items 297 *Anémie* et 222 *Anémie par carence martiale*. Souvent le diagnostic des anémies est présenté dans les livres comme si les patients consultaient déjà munis du résultat d'une numération-formule. Or devant un patient pâle il est habituel d'évoquer d'emblée une anémie et de commencer à chercher quelle peut en être la cause ; interrogatoire et examen sont orientés par le classement des causes possibles. En pratique ce classement peut être celui présenté en réponse à la question 1.

La **question 2** peut surprendre : les traumatismes de la rate ne sont pas au programme ; par contre y sont *Anémie* (item 297) et *Splénomégalies* (item 332), *Évaluation de la gravité et recherche des complications précoces… chez un polytraumatisé, chez un traumatisé abdominal* (item 201). Il est utile de savoir qu'un traumatisme, même peu important, peut entraîner une rupture de rate en deux temps.

La **question 7** fait écho à la partie *Hémovigilance* de l'item 178 *Transfusions sanguines et produits dérivés du sang : indications, complications. Hémovigilance*. Il est autant difficile de formuler une question sur ce sujet que d'y répondre ; ici il a été choisi d'évoquer les inquiétudes des patients sur les risques de contamination virale.

Mlle Alice D., 22 ans, présente des troubles intestinaux.

Généraliste, vous recevez en consultation cette jeune femme de 22 ans que vous n'aviez pas vue depuis deux ou trois ans parce qu'elle allait très bien et qu'étudiante dans une autre ville elle ne revient chez ses parents qu'à l'occasion des vacances.

Depuis trois mois elle présente une diarrhée avec 4 à 5 selles dans la journée et 2 ou 3 la nuit; chaque émission de selles est précédée d'une colique intestinale parfois vive, perçue dans la partie basse et plutôt médiane de l'abdomen. Il n'y a pas d'émission de glaires ou de sang.

Les troubles avaient débuté assez brutalement, ayant l'allure d'une gastro-entérite avec coliques, diarrhée mais sans fièvre et sans émission de sang. Elle a consulté à deux reprises un médecin. Un traitement par lopéramide l'a d'abord un peu soulagée. Puis dans un second temps elle a pris des antibiotiques (elle ne se rappelle plus le nom) pendant une semaine. Elle a été un moment améliorée, mais les troubles ont repris, gênants.

Elle a perdu 4 kg depuis le début des troubles.

Elle a un retard de règles de trois semaines, ce qui majore son inquiétude bien que le test de grossesse fait la semaine dernière ait été négatif.

Antécédents :

    — Rien à retenir tant sur le plan personnel que familial.

Contexte :

    — Elle est étudiante en droit. Elle voudrait être magistrat pour enfants, ou peut-être passer le concours des commissaires de police. Elle travaille plutôt avec régularité.

    — Son copain ne comprend pas bien son manque d'entrain et leurs relations sont en train de se tendre. Du fait de ses troubles intestinaux elle a refusé de le suivre dans une croisière en voilier qu'ils avaient l'occasion de faire avec des amis.

    — L'an dernier elle a passé deux semaines au Gabon où son père terminait un séjour professionnel de deux ans.

    — Elle dit ne pas avoir de souci particulier.

Examen :

- Elle paraît un peu fatiguée, pâle et les traits tirés. Pour une taille de 1,75 m elle pèse 55 kg.
- L'abdomen est un peu météorisé, sensible dans son ensemble mais surtout dans l'hypogastre et les fosses iliaques. Le reste de l'examen est normal. Elle n'a pas de fièvre.

Question 1

Énumérez vos hypothèses diagnostiques puis reprenez chacune en l'argumentant.

Question 2

Quels examens complémentaires envisageriez-vous de demander ? Présentez votre plan d'investigations en le justifiant.

Avant de répondre à cette question prenez connaissance de la suivante pour ne pas éventuellement perdre du temps en répétitions.

Question 3

Mlle Alice D. vous présente quelques examens de laboratoire qui avaient été demandés par le médecin qui la suit juste avant qu'il parte en congés (il n'a donc pas pris connaissance de ces résultats).

Hématies	$3,25 \times 10^6/mm^3$
— Hémoglobine	10,1 g/dl
— VGM	80 µ^3
— Hématocrite	35 %
Leucocytes	12 500/mm^3
— neutrophiles	72 %
— éosinophiles	1 %
— lymphocytes	20 %
— monocytes	7 %
Plaquettes	488 000/mm^3
C réactive protéine	136 mg/l (N < 8)
Vitesse sédimentation	80 1re heure
	120 2e heure

Commentez ces résultats.

Par ailleurs Mlle D. vous a montré une analyse de selles qui ne montre pas d'anomalie.

Qu'apportent l'ensemble de ces résultats de laboratoire à votre réflexion diagnostique : en d'autres termes quelle(s) hypothèse(s) retenez-vous parmi celles présentées en réponse à la première question, quelles hypothèses écartez-vous ? Justifiez votre réponse.

Quatre jours plus tard vous revoyez Mlle Alice D.

Elle vous signale qu'elle a depuis deux jours trois « boutons » un peu douloureux sur la jambe droite : ce sont des nodules de près d'un cm de diamètre, rouges, fermes, sensibles à la pression.

Quel diagnostic portez-vous pour cette lésion cutanée ?

L'ensemble des données dont vous disposez doit maintenant vous permettre de poser un diagnostic les intégrant toutes.

Formulez le plus précisément possible ce diagnostic.

Synthétisez sous forme d'énumération l'ensemble des données de ce dossier.

Question 1

25 points

Énumérez vos hypothèses diagnostiques puis reprenez chacune en l'argumentant.

- Maladie de Crohn, entéro-colite à *Yersinia enterocolitica*, maladie cœliaque, amibiase intestinale, colopathie fonctionnelle
- Maladie de Crohn évoquée sur .... 2 points
  - le jeune âge .... 1 point
  - les douleurs sont des coliques intestinales .... 1 point
  - diarrhée .... 1 point
  - amaigrissement .... 1 point
- Entéro-colite à *Yersinia enterocolitica* :
  - le début des troubles serait en faveur .... 3 points
    - mais c'est une gastro-entérite où la bactérie est invasive .... 1 point
    - et ici il n'y a pas eu de fièvre ni d'émission de sang .... 1 point
- Maladie cœliaque évoquée sur .... 2 points
  - le jeune âge .... 1 point
  - la diarrhée .... 1 point
  - l'amaigrissement .... 1 point
  - mais habituellement pas de douleurs dans une maladie cœliaque .... 2 points
- Amibiase intestinale évoquée sur
  - l'antécédent de voyage au Gabon .... 1 point
  - mais le tableau présenté n'est pas celui d'une dysenterie .... 2 points
- Colopathie fonctionnelle évoquée
  - simplement sur la fréquence de cette affection .... 1 point
  - car si douleurs et diarrhée sont compatibles avec l'hypothèse .... 1 point
  - l'amaigrissement doit la faire écarter .... 2 points

Quels examens complémentaires envisageriez-vous de demander?
Présentez votre plan d'investigations en le justifiant.

- **Faire la preuve d'un syndrome inflammatoire: VS, CRP**
- **Estimer le retentissement:**
  - **par hémogramme**..1 point
  - **protidémie avec albuminémie**..2 points
  - **calcémie**...1 point
- **Demander une analyse de selles:**
  - **bactériologie**...1 point
  - **parasitologie**..1 point
  - **recherche de stéatorrhée**..1 point
  - **l'identification d'une bactérie pathogène conduirait au traitement antibiotique adapté**............................1 point
  - **la découverte d'une amibiase conduirait au traitement par métronidazole**..2 points
  - **la découverte d'une stéatorrhée:**
    - **devrait être interprétée en fonction du reste du bilan initial**...2 points
    - **elle pourrait être le fait:**
      - **d'une maladie de Crohn du grêle étendue**..............2 points
      - **d'une maladie de Crohn avec fistule grêlo-grêlique ou entéro-colique**.......................................2 points
      - **d'une maladie cœliaque**..2 points
      - **une analyse de selles normale est compatible avec une maladie de Crohn**.......................................2 points
- **Un scanner abdominal (ou de plus en plus une entéro-IRM) peut permettre:**
  - **de diagnostiquer une maladie de Crohn par:**
    - **l'épaississement pariétal**..2 points
    - **la mise en évidence de rétrécissement de la lumière**......2 points
    - **la mise en évidence de fistule entéro-colique (ou autre)**...2 points
  - **en cas de maladie de Crohn il est souvent utile de compléter le bilan par une coloscopie dans tous les cas (intérêt dans une localisation au grêle de vérifier l'existence ou pas de lésions coliques)**.......4 points

Mlle Alice D. vous présente quelques examens de laboratoire qui avaient été demandés par le médecin qui la suit juste avant qu'il parte en congés (il n'a donc pas pris connaissance de ces résultats). Commentez ces résultats.

▪ **Anémie microcytaire**..**1 point**	
• **par saignement** ....**1 point**	
• **ou par malabsorption du fer**.....................................**2 points**	
▪ **Leucocytose : infection ou inflammation**.........................**2 points**	
▪ **Syndrome inflammatoire avec**	
• **VS et CRP**..**1 point**	
• **taux de plaquettes élevé**..**2 points**	
▪ **Résultats tout à fait cohérents avec l'hypothèse**	
d'une maladie de Crohn..**1 point**	

Par ailleurs Mlle D. vous a montré une analyse de selles qui ne montre pas d'anomalie.

Qu'apporte l'ensemble de ces résultats de laboratoire à votre réflexion diagnostique : en d'autres termes quelle(s) hypothèse(s) retenez-vous parmi celles présentées en réponse à la première question, quelles hypothèses écartez-vous ? Justifiez votre réponse.

▪ **La seule hypothèse à retenir est maladie de Crohn**............**2 points**	
• **du fait du syndrome inflammatoire**.........................**2 points**	
▪ **Sont écartées les hypothèses de :**	
• **maladie cœliaque sur :**	
— **l'absence de stéatorrhée**.......................................**2 points**	
— **et le syndrome inflammatoire**..............................**2 points**	
• **amibiase sur l'absence de parasite**...........................**1 point**	
• **colopathie fonctionnelle sur le syndrome inflammatoire**..........**1 point**	

Quatre jours plus tard vous revoyez Mlle Alice D. Elle vous signale cependant qu'elle a depuis deux jours trois « boutons » un peu douloureux sur la jambe droite : ce sont des nodules de près d'un cm de diamètre, rouges, fermes, sensibles à la pression.

Quel diagnostic portez-vous pour cette lésion cutanée.

▪ **Érythème noueux**...**5 points**	

Question 6

20 points

L'ensemble des données dont vous disposez doit maintenant vous permettre de poser un diagnostic les intégrant toutes.

Formulez le plus précisément possible ce diagnostic.

Synthétisez sous forme d'énumération l'ensemble des données de ce dossier.

▪ **Maladie de Crohn touchant probablement le grêle**..........................2 points	
▪ **Une femme de 22 ans**..2 points	
▪ **Avec douleurs probablement à point de départ iléal**......................2 points	
▪ **Diarrhée**..1 point	
▪ **Érythème noueux**..1 point	
▪ **Un important syndrome inflammatoire biologique**..........................2 points	
▪ **Une anémie plus probablement par saignement**..............................3 points	
◦ **que malabsorption du fer (le fer est absorbé dans le duodénum qui ne semble pas touché d'après les symptômes)**..2 points	
▪ **Un scanner donnera la topographie des lésions**..............................5 points	

COMMENTAIRES

Le programme sur les maladies inflammatoires intestinales est limité au diagnostic (question 118), ce qui restreint le nombre de cas cliniques pouvant être raisonnablement soumis à réflexion.

Ce dossier porte à la fois sur cette question 118 et celle sur les diarrhées chroniques (question 303).

L'hypothèse de maladie de Crohn doit venir rapidement à l'esprit qui possède le modèle « *sujet jeune − coliques intestinales − diarrhée − amaigrissement* ».

Ensuite il faut freiner son enthousiasme d'avoir aisément deviné le diagnostic et maîtriser sa réflexion pour bien exposer l'ensemble des notions qui permettent d'évoquer avec très forte probabilité ce diagnostic.

L'incursion vers la yersiniose peut surprendre. C'est une situation peu fréquente ; ce sont des cas où le tableau clinique initial fait évoquer un début aigu de maladie de Crohn (coliques, diarrhée, fièvre, des lésions ulcérées plus ou moins marquées à la coloscopie). Les gastro-entérologues avertis et perspicaces peuvent faire d'emblée le diagnostic qui repose sur la sérologie. En fait c'est souvent la guérison en quelques semaines des lésions qui surprend et fait penser a posteriori à une yersiniose.

De là à faire d'une telle histoire rare un cas clinique pour le diagnostic d'une diarrhée aiguë il y a un pas que nous ne franchissons pas.

Par contre cette allusion un peu lourde à une yersiniose dans cette histoire-ci voudrait vous laisser un souvenir, utile à l'occasion.

Quelques modèles à propos des diarrhées chroniques :

- *Diarrhée chronique − Bon état général*
  - colopathie fonctionnelle
- *Diarrhée chronique, avec besoins impérieux, sans émission de glaires ou de sang, et toujours bon état général*
  - colopathie fonctionnelle avec fausse diarrhée
- *Diarrhée chronique − amaigrissement*
  - malabsorption
    - maladie de Crohn
      - insuffisance pancréatique
        - hyperthyroïdie
- *Diarrhée chronique sans douleurs − amaigrissement − sujet jeune*
  - maladie cœliaque
- *Diarrhée chronique avec coliques − amaigrissement − sujet jeune*
  - maladie de Crohn
- *Diarrhée chronique − pancréatite chronique connue − amaigrissement*
  - insuffisance pancréatique exocrine
- *Diarrhée chronique « récente » (3 ou 4 jours), sans autre signe fonctionnel mais avec épisodes de déshydratation*
  - tumeur endocrinienne à gastrine (Zolliger Ellison)
    - ou à VIP (Vipome)
- *Vieillard et « diarrhée » chronique récente*
  - avant de penser diarrhée chercher un fécalome

M. H. Manuel, 38 ans, conducteur d'engins de travaux publics, présente des douleurs abdominales. Vous le voyez pour la première fois ; en effet il est déçu que son médecin habituel n'ait pas trouvé de solution à ses troubles.

Les douleurs ont commencé il y a à peu près 4 mois.

La première fois, il s'était agi d'une crise douloureuse épigastrique survenant une heure après un repas. Le malade avait souffert une partie de l'après-midi, vomi son repas. On avait parlé « *d'indigestion* » sans pousser plus avant.

Quinze jours plus tard, il avait présenté des douleurs épigastriques plus régulières. À peu près chaque jour, il avait souffert de la partie haute de l'abdomen, « comme un poids ». L'examen n'aurait rien montré. Une fibroscopie avait été faite et il aurait été noté « une gastrite ». On avait conseillé à M. H. de diminuer tabac et alcool.

Il a fait un effort : de 40 cigarettes par jour, il est passé à 10, il ne prend plus d'apéritif et a diminué sa consommation de vin à 2 verres aux repas de midi et du soir. Auparavant il prenait un verre de vin vers 10 h au casse-croûte (au « petit-déjeuner » il ne prend qu'un bol de café), aux repas de midi et du soir trois verres de vin, une ou deux bières par après-midi, quotidiennement un apéritif avant dîner ; il en était ainsi depuis environ quinze ans.

Il a été mieux pendant quelques semaines.

Mais à nouveau, en l'espace de deux semaines, il a présenté quatre crises douloureuses ; l'actuelle est la plus forte.

Les douleurs, épigastriques, donnent une sensation de broiement. Elles durent de une à deux heures et sont atténuées par la prise de suppositoires de VISCÉRALGINE®.

M. H. garde un bon appétit mais commence à appréhender les repas de peur d'avoir une crise. Son transit intestinal est régulier avec des selles normales.

Antécédents :

– Une fracture de cheville il y a quinze ans après une chute de ski.

Contexte :

– M. H. est marié. Le couple a trois enfants.

– Conducteur d'engins, M. H. travaille sur de grands chantiers ; pour certains il est éloigné de son foyer pendant plusieurs semaines. Néanmoins il fait tout son possible pour passer les week-ends en famille, quitte à faire plusieurs centaines de kilomètres en voiture ; prudent pour sa vie et ne voulant prendre aucun risque de retrait de permis de conduire, il s'abstient de toute prise de boisson alcoolisée lors de ces déplacements.

– Très actif, il a des responsabilités syndicales. Il a eu l'occasion de participer à des négociations difficiles ; dans ces cas il prend du café ou des boissons non alcoolisées.

Examen :

– M. H. est en bon état général, son teint est bronzé. Pour une taille de 1,77 m il pèse 82 kg. Il a perdu environ trois kilos en deux semaines.

– L'abdomen est souple, mais la palpation de l'épigastre est sensible, la crise douloureuse commençant seulement à s'estomper.

– La pression artérielle est à 15-10 cm Hg. Le pouls est à 74/min.

– Les réflexes tendineux sont très vifs. Il signale avoir des crampes des mollets la nuit. Il n'a aucun trouble de la marche ou dans le maniement de l'engin sur lequel il travaille actuellement (une excavatrice). La pression des mollets est sensible.

– Le reste de l'examen est normal.

Question 1

Deux hypothèses sont à discuter pancréatite chronique et cancer du pancréas.

Discutez successivement chacune de ces hypothèses en donnant vos arguments en faveur et contre l'hypothèse.

Quelle est l'hypothèse la plus probable ?

Question 2

1. Estimez la consommation quotidienne d'alcool, en grammes par jour, de M. H. :
   – avant qu'il ait décidé de diminuer sa consommation ;
   – depuis qu'il a diminué sa consommation.
2. Sur quelle base faites-vous ces calculs de consommation ?
3. À partir de quel chiffre est-il convenu de parler de consommation excessive ?
4. Comment a été déterminé ce chiffre ?

Question 3 Présentez votre stratégie d'investigation en matière d'examens complémentaires en justifiant chacune de vos propositions.

Question 4 Voici le cliché d'abdomen sans préparation : interprétez-le.

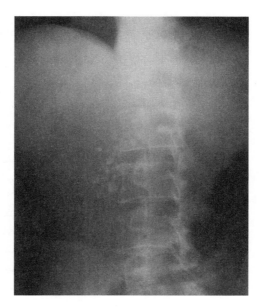

Question 5 Quels sont les éléments du traitement à instaurer chez M. H.

Question 6 Quelles sont les modalités évolutives possibles de la pancréatite chronique de M. H. ?

Question 7 Ce n'est un secret pour personne que l'abstinence alcoolique est un élément important du pronostic de M. H.
M. H. est-il consommateur excessif ou alcoolo-dépendant ? Argumentez votre réponse.
Quelle incidence pronostique peut-on déduire de ce classement ?

GRILLE DE CORRECTION

Question 1

20 points

Deux hypothèses sont à discuter pancréatite chronique et caner du pancréas.

Discutez successivement chacune de ces hypothèses en donnant vos arguments en faveur et contre l'hypothèse.

Quelle hypothèse est la plus probable ?

- **Pancréatite chronique, arguments en faveur :**
    - l'âge...1 point
    - l'intoxication alcoolique..2 points
    - depuis une quinzaine d'années...................................2 points
    - le type de la douleur..1 point
    - l'intensité de la douleur...1 point
    - le caractère intermittent des crises...........................2 points
    - il n'y a pas d'argument contre cette hypothèse...........1 point
- **Cancer du pancréas, arguments en faveur :**
    - le type de la douleur..1 point
    - l'intensité de la douleur...1 point
- → *Retenir l'amaigrissement ne donne pas de point car quelle que soit la cause c'est la douleur qui est responsable de la perte de poids.*
    - **il y a plusieurs arguments contre cette hypothèse :**
        - avec un recul de quatre mois le caractère intermittent de la douleur...3 points
        - la conservation de l'appétit.....................................3 points
- **La pancréatite chronique est l'hypothèse la plus probable...........2 points**

Question 2

13 points

1. Estimez la consommation quotidienne d'alcool, en grammes par jour, de M. H. :
   – avant qu'il ait décidé de diminuer sa consommation ;
   – depuis qu'il a diminué sa consommation.
2. Sur quelle base faites-vous ces calculs de consommation ?
3. À partir de quel chiffre est-il convenu de parler de consommation excessive ?
4. Comment a été déterminé ce chiffre ?

1. - **avant qu'il ait décidé de diminuer sa consommation : de 100 à 120 g...4 points**
   - **depuis qu'il a diminué sa consommation : de 40 à 50 g... 2 points**
2. - **un verre de boisson alcoolisé contient de 10 à 12 g d'alcool ....2 points**
3. - **40 g chez l'homme (20 g chez la femme)......................2 points**
4. - **par des enquêtes épidémiologiques chez des consommateurs d'alcool en distinguant les sujets ayant des affections liées à l'alcool et ceux n'en ayant pas ....3 points**

Présentez votre stratégie d'investigation en matière d'examens complémentaires en justifiant chacune de vos propositions.

- **En cas de crise douloureuse** .... 2 points
  - **dosages des amylases et lipases sanguines et/ou urinaires** .... 1 point
  - **pour rechercher une poussée de pancréatite aiguë** .... 1 point
- **Bilan général appréciant les conséquences possibles des troubles (hémogramme – Protides – albumine – lipides)** .... 1 point
- **Recherche d'un diabète : glycémie, sucre dans les urines** .... 1 point
- **Les conséquences hépatiques de l'alcoolisation (transaminases, gamma-GT)** .... 2 points
- **Abdomen sans préparation à la recherche de calcifications pancréatiques** .... 2 points
- **Scanner qui permet une analyse précise du pancréas :**
  - **dans le cadre d'une pancréatite chronique le scanner peut montrer :**
    - **un pancréas augmenté de volume ou atrophique** .... 2 points
    - **des calcifications** .... 1 point
    - **des zones œdématiée ou nécrotiques témoignant de poussées de pancréatite aiguë** .... 2 points
    - **une distension du canal de wirsung** .... 2 points
    - **un pseudo-kyste du pancréas** .... 2 points
  - **dans le cadre d'un cancer le scanner peut montrer :**
    - **une masse tumorale dense** .... 2 points
    - **du corps ou de la queue du pancréas** .... 2 points
- **Le scanner apprécie un éventuel retentissement sur la voie biliaire principale :**
  - **distension de la voie biliaire principale** .... 2 points
  - **qui précéderait un ictère** .... 1 point
- **Le scanner apprécie une éventuelle compression duodénale** .... 2 points
  - **qui serait alors asymptomatique** .... 2 points

Voici le cliché d'abdomen sans préparation : interprétez-le.

- **Cliché en oblique antérieure gauche** .... 2 points
- **Nombreuses calcifications pancréatiques** .... 2 points
  - **de la tête** .... 2 points
  - **et du corps du pancréas** .... 2 points

Quels sont les éléments du traitement à instaurer chez M. H.

- **Sevrage alcoolique, facteur clé du traitement** .... 2 points
  - **nécessitant un suivi** .... 2 points
  - **prise en charge psychologique si nécessaire** .... 2 points
- **Antalgiques en commençant par les non morphiniques** .... 2 points
- **Morphiniques en cas d'échec** .... 2 points

Quelles sont les modalités évolutives possibles de la pancréatite chronique de M. H.?

- **L'abstinence est un facteur majeur** .... 1 point
- **Si arrêt de la consommation alcoolique la PC peut ne plus se manifester** .... 1 point
- **L'histoire naturelle de la pancréatite chronique se déroule en deux phases** .... 1 point
  - **une première phase qui dure de 10 à 15 ans** .... 1 point
    - **avec des poussées de pancréatites aiguës** .... 1 point
    - **exposant à leurs complications propres, surtout les pseudo-kystes** .... 1 point
  - **une seconde phase**
    - **avec insuffisance pancréatique** .... 1 point
      - **exocrine : stéatorrhée** .... 1 point
      - **endocrine : diabète** .... 1 point
      - **exposant à la dénutrition** .... 1 point
    - **mais où il n'y a plus de douleurs** .... 1 point

Ce n'est un secret pour personne que l'abstinence alcoolique est un élément important du pronostic de M. H.

M. H. est-il consommateur excessif ou déjà alcoolo-dépendant?
Argumentez votre réponse.

Quelle incidence pronostique peut-on déduire de ce classement?

- **M. H. semble consommateur excessif** .... 1 point
  - **il ne prend pas d'alcool au réveil** .... 1 point
  - **il est capable d'arrêter l'alcool lors de ses déplacements** .... 2 points
- **On peut obtenir plus facilement l'abstinence chez le consommateur excessif** .... 2 points
  - **au prix d'explications sur les risques de l'alcoolisation** .... 1 point
  - **et d'un suivi clinique et biologique (hémogramme et gamma-GT) pour aider au maintien des bonnes résolutions et rappeler les enjeux de l'abstinence** .... 1 point

COMMENTAIRES

Pour peu fréquents qu'ils soient en pratique courante non spécialisée les pancréatites chroniques et les cancers du corps du pancréas sont relativement aisés à suspecter et à diagnostiquer grâce aux progrès de l'imagerie.

La présentation de ce dossier est telle que la pancréatite chronique est l'hypothèse la plus probable compte tenu du terrain et du caractère intermittent des crises et qu'une fibroscopie n'a montré ni ulcère ni cancer... et le cliché d'ASP impose le diagnostic (ses calcifications doivent avoir immédiatement en écho votre représentation mentale des calcifications pancréatiques).

Il suffirait de faire une description différente de l'évolution de la douleur pour que la première hypothèse soit celle de cancer du pancréas. La douleur aurait commencé insidieusement, d'abord simple gêne qu'on n'influence guère en modifiant son alimentation ou en dégrafant sa ceinture. Ensuite vraie douleur *supportable* mais qui inquiète de plus en plus. Enfin fond douloureux permanent avec des crises douloureuses intenses, insupportables, de moins en moins aisément contrôlées par les antalgiques. **Surtout, une fois enclenchée, la douleur ne disparaît pratiquement jamais**, le fond est de plus en plus haut, les crises de plus en plus fréquentes, intenses et prolongées.

L'observation a été présentée après qu'il y a déjà eu une fibroscopie.

La démarche du précédent médecin était alors logique compte tenu des douleurs présentées (*M. H. avait présenté des douleurs épigastriques plus régulières. À peu près chaque jour, il avait souffert de la partie haute de l'abdomen, « comme un poids »*). Chez un homme de 38 ans, il est plus fréquent d'observer une gastrite ou ulcère (duodénal) qu'une pancréatite chronique, même en cas de douleurs qui ne soient pas typiquement *ulcéreuses*.

Lors de la première rédaction de ce dossier nous avions rédigé une première question pour faire discuter les causes possibles de ces crises douloureuses épigastriques. Nous y avons renoncé car, une fois éliminées les origines œsophagienne basse, gastrique et duodénale, il n'y a pratiquement pas d'autre hypothèse à formuler que celles d'affections pancréatiques devant de telles douleurs. Si une première crise douloureuse isolée peut faire discuter un court moment une perforation gastrique ou duodénale, la répétition exclut cette possibilité.

L'histoire d'un anévrisme de l'aorte responsable de douleurs est brève : on en fait le diagnostic et on peut sauver le patient, on ne le fait pas et il en meurt.

Les douleurs solaires ont d'autres causes (saturnisme, tabès, maladie périodique, engainement du plexus solaire par des adénopathies cancéreuses) mais il n'est raisonnable d'y penser que dans des contextes fort précis ou après avoir écarté les causes pancréatiques.

Il est devenu généralement aisé d'écarter les causes pancréatiques. Cette assertion est plus vraie pour la pancréatite chronique que pour le cancer. En effet dans certains cancers du corps il y a un décalage de trois ou quatre mois entre l'apparition des douleurs et l'augmentation des marqueurs tumoraux ou l'apparition de signes au scanner. Il faut savoir répéter à un intervalle raisonnable des examens avant de penser que des personnes n'ont pas de lésion organique et que leurs douleurs ont une origine psychique.

Le fait de reconnaître sur un abdomen sans préparation un caricatural bouquet de calcifications ne doit pas susciter un enthousiasme et un écran intellectuel qui fassent répondre trop brièvement à la **question 3**.

C'est d'ailleurs un réflexe général devant toute iconographie dans ces dossiers d'ECN. Le document présenté n'est pas obligatoirement la pierre angulaire du dossier et il ne faut pas nécessairement centrer son intérêt sur lui.

Les questions sont par ailleurs simples avec un *petit coup de sonde* sur des notions d'épidémiologie (**question 2**), sur l'alcoolisme (**questions 2 et 7**).

M. T. Georges, 58 ans, a été opéré il y a deux ans d'un cancer du sigmoïde qui avait été révélé par des rectorragies.

Après l'intervention on avait pu conclure que la tumeur avait envahi toute la paroi, que deux ganglions (sur 12 examinés) au contact de la tumeur étaient envahis, mais qu'il n'y avait pas de métastase.

Une chimiothérapie adjuvante avait été effectuée pendant six mois.

M. T. a eu un bilan systématique tous les six mois.

Au bilan actuel il est toujours en bon état général, ne présente aucun signe fonctionnel, et son examen clinique est normal.

Mais, alors que l'échographie précédente était normale, la dernière vient de mettre en évidence un nodule de 2 cm dans le lobe gauche. La question d'une métastase se pose.

Question 1

Citez les affections qu'il est possible d'évoquer de façon générale devant la découverte d'un nodule dense hépatique à l'échographie chez un patient asymptomatique.

Chez M. Georges T. quels sont vos arguments pour évoquer une métastase.

Question 2

En cas de métastase, quels peuvent être les objectifs thérapeutiques chez M. Georges T. dans le meilleur des cas?

Question 3

Compte tenu des réflexions précédentes quels pourraient être l'objectif et la conduite des investigations éventuellement nécessaires?

Question 4

En retenant comme hypothèses que le nodule hépatique est une métastase, et qu'un bilan n'apporte pas de nouvelle donnée, citez les moyens thérapeutiques possibles et ce qu'on peut en attendre.

Question 5

Dans le prolongement de la question précédente, toujours en retenant comme hypothèses que le nodule hépatique est une métastase et qu'un bilan n'apporte pas de nouvelle donnée: quel choix thérapeutique proposeriez-vous lors de votre présentation du cas de M. Georges T. à une réunion de concertation pluridisciplinaire (RCP)? Justifiez votre choix.

Question 6

Enfin, toujours en retenant comme hypothèses que le nodule hépatique est une métastase et qu'un bilan n'apporte pas de nouvelle donnée, quel est le pronostic à long terme en précisant:
– les facteurs du pronostic;
– les modalités évolutives possibles.

GRILLE DE CORRECTION

Citez les affections qu'il est possible d'évoquer de façon générale devant la découverte d'un nodule dense hépatique à l'échographie chez un patient asymptomatique.

Chez M. Georges T. quels sont vos arguments pour évoquer une métastase.

■ **De façon générale la découverte d'un nodule hépatique fait discuter :**

- angiome...2 points
- hyperplasie nodulaire focale..2 points
- adénome ....2 points
- métastase..2 points
- hépatocarcinome...2 points

■ **Les arguments en faveur d'une métastase chez M. T. sont :**

- le fait qu'il a été opéré il y a deux ans d'un cancer du sigmoïde...1 point
- de stade T4 N1 M0..1 point
- le caractère récent du nodule, le bilan pré-opératoire et les trois précédentes échographies ne l'ayant pas montré.. 3 points

---

En cas de métastase, quels peuvent être les objectifs thérapeutiques chez M. Georges T. dans le meilleur des cas ?

■ **Le meilleur des cas est celui :**

- où la métastase hépatique est unique...............................3 points
- et où il n'y a pas de récidive colique ....2 points

■ **Les objectifs thérapeutiques sont :**

- la suppression de cette métastase......................................3 points
- la prévention des récidives ....2 points

Compte tenu des réflexions précédentes quels pourraient être l'objectif et la conduite des investigations éventuellement nécessaires ?

- Compte tenu des réflexions précédentes l'origine **métastatique du nodule ne fait pas de doute, les objectifs sont de s'assurer :**
  - que la métastase est unique .... 3 points
  - qu'il n'y a pas de récidive colique .... 2 points
- **Un bilan va comporter :**
  - un scanner thoraco-abdomino-pelvien pour rechercher :
    - d'autres métastases hépatiques .... 2 points
    - des métastases pulmonaires .... 3 points
    - d'autres métastases abdominales, ganglionnaires ou autres .... 2 points
  - une coloscopie .... 3 points
  - un dosage de l'ACE pour le suivi .... 1 point
    - (après l'intervention d'exérèse un taux élevé devrait revenir à la normale si tout le tissu cancéreux a été extirpé) .... 2 points
  - l'opportunité d'une biopsie du nodule est à discuter en RCP .... 2 points

En retenant comme hypothèses que le nodule hépatique est une métastase, et qu'un bilan n'apporte pas de nouvelle donnée : citez les moyens thérapeutiques possibles et ce qu'on peut en attendre.

- **Résection chirurgicale** .... 2 points
  - moyen le plus sûr .... 3 points
  - nécessite une intervention et ses risques .... 1 point
- **Gestes dirigés sur la tumeur :**
  - destruction par radiofréquence .... 2 points
  - destruction par alcoolisation .... 2 points
  - chimio-embolisation .... 2 points
  - ne nécessitent pas d'intervention .... 3 points
  - mais susceptibles d'une moindre efficacité que l'exérèse .... 5 points
- **Chimiothérapie par voie générale vise plus à traiter un processus métastatique diffus ou à prévenir une diffusion métastatique** .... 5 points
→ *Ne pas parler de résection chirurgicale donne zéro à la réponse.*

Dans le prolongement de la question précédente, toujours en retenant comme hypothèses que le nodule hépatique est une métastase et qu'un bilan n'apporte pas de nouvelle donnée : quel choix thérapeutique proposeriez-vous lors de votre présentation du cas de M. Georges T. lors de la réunion de concertation pluridisciplinaire (RCP) ? Justifiez votre choix.

> ■ **Exérèse chirurgicale**
> * • **une hépatectomie gauche est un geste chirurgical simple**....... 3 points
> * • **c'est le traitement le plus efficace** .... 2 points
> * • **M. T. peut supporter cette intervention**... 3 points
> ■ **Une chimiothérapie adjuvante sera à discuter**.................................. 1 point
> * • **de seconde ligne puisque M. T. a déjà eu une chimio**
> **adjuvante**.. 1 point

Enfin, toujours en retenant comme hypothèses que le nodule hépatique est une métastase et qu'un bilan n'apporte pas de nouvelle donnée : quel est le pronostic à long terme en précisant :
– les facteurs du pronostic ;
– les modalités évolutives possibles.

> ■ **Les facteurs du pronostic sont :**
> * • **l'âge de M. T. qui n'a que 58 ans**... 2 points
> * • **et le fait que l'observation ne mentionne pas**
> **de tares viscérales**.. 2 points
> * • **constituent des facteurs favorables** .... 2 points
> * • **le cancer devenu métastatique est le facteur**
> **le plus défavorable**... 2 points
> * • **la réussite à court terme du traitement de la métastase**
> **serait un facteur favorable**.. 2 points
> ■ **Les modalités évolutives possibles :**
> * • **la guérison (40 % des cas) : pas de survenue**
> **de nouvelle métastase**.. 5 points
> * • **la reprise évolutive néoplasique avec :**
> * — **nouvelles métastases hépatiques**... 2 points
> * — **métastases pulmonaires**.. 1 point
> * — **carcinomatose péritonéale** .... 1 point
> * — **autres métastases : osseuses, cérébrales**............................... 1 point

COMMENTAIRES

La fréquence des cancers colo-rectaux et leur gravité dès le moment du diagnostic rendent banales les discussions diagnostiques et thérapeutiques devant la découverte d'une métastase hépatique dans le suivi.

Le diagnostic de métastase est évident lorsqu'on découvre une tumeur hépatique qui n'existait pas antérieurement chez un sujet suivi après le traitement d'un cancer colo-rectal. Cette évidence diagnostique, jointe au risque de dissémination tumorale, fait que des auteurs récusent la biopsie du nodule. C'est pourquoi une position prudente est à prendre dans un tel dossier, en envisageant de discuter l'opportunité de la biopsie en réunion de concertation pluridisciplinaire (RCP).

L'attitude actuelle devant les métastases est active. Une métastase unique, des métastases localisées dans un même segment hépatique (ou pulmonaire) seront généralement traitées chirurgicalement. Les autres traitements évoqués ici ont plus leur place dans les hépatocarcinomes.

Les dossiers de cancérologie se prêtent au bilan pré-thérapeutique. Ici on n'a développé que le bilan d'extension. Il pourrait être précisé que « le terrain », M. T., est bon (M. T. a bien supporté une intervention puis une chimiothérapie).

De même ces dossiers se prêtent à l'exposé du pronostic ; le tout est de ne pas omettre que le patient peut guérir.

Il est évident que dans un dossier comme celui-ci il n'y a certainement pas lieu de faire une présentation « catastrophe » axée sur l'abstention thérapeutique, l'évocation des traitements antalgiques (alors que le patient est asymptomatique), des soins palliatifs et de l'accompagnement compatissant : chaque chose en son temps, celui-ci est l'heure d'un combat pour guérir. Les chances de guérison après ablation d'une métastase du foie provenant d'un cancer colorectal sont de 40 %.

Loisir et Culture à T.

Il est 16 heures. Vous venez d'être appelé dans cet endroit fort agréable qu'est le Centre Loisir et Culture de la vallée de S. Il a été ouvert il y a cinq ans, à l'initiative de la ville de T., et avec le soutien de différents ministères. Il reçoit plusieurs fois par an des groupes de personnes qui suivent un cycle de conférences et d'ateliers consacrés à l'histoire et l'architecture médiévales.

Le centre est suffisamment équipé en matière de salles de conférences, de réunions, d'hébergement (bungalows) et de restauration, pour recevoir simultanément une centaine de personnes. Actuellement le centre reçoit trois groupes différents, chacun d'une vingtaine de personnes.

Un des groupes est là depuis trois jours. Ses membres étaient ravis de leur séjour jusqu'à aujourd'hui. En effet plusieurs d'entre eux présentent depuis la matinée une gastro-entérite qui les perturbe et déstabilise l'animateur de l'atelier sur la symbolique des chapiteaux.

Vous avez été appelé il y a environ trois quarts d'heure par le directeur du centre et il a été convenu que l'infirmière du centre vous présenterait les patients, du plus au moins atteint, afin que vous puissiez prendre les mesures qui s'imposent.

Le centre, qui reçoit des personnes de tous âges, a constamment une infirmière présente. Son rôle est de soigner les petits maux, de servir d'intermédiaire avec le médecin en cas de besoin (comme aujourd'hui), de faire éventuellement quelques injections. Par contre on ne peut envisager de garder des patients sous perfusion. À une demi-heure de distance par voiture il y a un centre hospitalier avec un service de médecine. Ayant travaillé deux ans pour une structure mobile d'urgence vous êtes équipé pour donner des soins de première urgence.

Vous allez avoir deux missions : d'abord examiner des patients et prendre des décisions les concernant, ensuite avoir une action de santé publique.

Le directeur du centre est très inquiet, pour ses hôtes… mais aussi pour la réputation de son centre. Il souhaiterait « éviter les vagues ».

En premier lieu vous vous occupez des patients.

Question 1

La première personne que vous examinez est Mme Lise T. 72 ans, ancien professeur d'histoire dans un lycée à Rennes.

Hier le groupe est allé visiter l'abbaye de M. puis a déjeuné dans un restaurant organisé selon la formule du buffet: chacun se sert ce qui lui plaît, le service se limitant à retirer les couverts sales et tenir les tables propres.

Mme T. a pris un œuf à la mayonnaise, une tranche froide de rôti de bœuf, du riz, un éclair au chocolat.

Hier soir elle était fatiguée et ressentait un inconfort abdominal. Dans la nuit elle a vomi à plusieurs reprises et reste nauséeuse. Elle a des douleurs abdominales et de la diarrhée, ayant eu six ou sept émissions de selles liquides depuis 5 heures du matin.

Elle a une fièvre à 38,5 °C. À l'examen cette femme (1,54 m pour 47 kg habituellement, ce jour 44 kg) a la bouche sèche, son abdomen est souple et sensible; il y a déjà un pli cutané. La pression artérielle est à 9-5 cm Hg contre 12-8 d'habitude.

Mme T. a comme antécédent un épisode d'aphasie de quelques heures survenu il y a un an.

Quelle(s) décision(s) prenez-vous concernant Mme T. ? Justifiez-vous.

Question 2

La deuxième personne est M. Marc G. 54 ans, ébéniste à Lyon.

Au déjeuner d'hier il a pris du céleri mayonnaise, une tranche froide de rôti de bœuf, une salade composée (pomme de terre, haricots verts, thon, anchois), un morceau de fromage (brie) de la salade de fruits.

Lui aussi a vomi dans la nuit; il est très nauséeux, présente des coliques, est allé deux fois à selles. Avec son 1,78 m et ses 86 kg il ne paraît pas en péril. Sa bouche est un peu sèche et il a dit avoir soif mais se retenir de boire de crainte de vomir. L'abdomen est souple, un peu sensible et gargouillant. Sa température est à 38 °C.

Il minimise ses troubles, dit que tout va aller bien.

Il présente un diabète insulino-dépendant avec trois injections d'insuline par jour. Il a fait son insuline ce matin, mais pas à midi et vous demande ce qu'il doit faire pour ce soir.

Quelle(s) décision(s) prenez-vous concernant M. G. ? Justifiez-vous.

Question 3

La troisième personne est Mlle Céline D. 48 ans, documentaliste dans un Centre Départemental de Documentation Pédagogique à Colmar.

Au déjeuner d'hier elle a pris de la salade de riz au thon, a partagé avec une amie un blanc de poulet et une tranche de rôti, pris une pomme vapeur, un yaourt, une tranche de flan.

Elle est outrée d'une telle aventure. Elle, qui est fragile des intestins, « *il ne lui manquait plus que cela* ». Depuis toujours elle a « *les intestins fragiles* », présentant à longueur d'années des coliques, alternant constipation et diarrhée.

Elle a vomi en début de matinée et depuis reste nauséeuse, a eu une selle diarrhéique il y a une heure. Elle a mal au ventre et a pris un médicament à base de charbon et un antispasmodique, produits dont elle ne se sépare jamais.

D'emblée elle vous dit qu'elle ne veut pas être hospitalisée dans la région ; par contre elle a une assurance qui lui remboursera *un rapatriement sanitaire* dans la clinique où exerce le seul gastro-entérologue qui la comprenne.

À l'examen cette femme de 1,66 m, 57 kg, est en bon état général. Elle a le dessous de la langue humide. Son abdomen est souple, mais elle dit avoir mal.

Quelle(s) décision(s) prenez-vous concernant Mlle D. ? Justifiez-vous.

Question 4

Les deux autres personnes que vous examinez sont M. Maurice V., 62 ans et son épouse Mme Françoise V. 57 ans, lui professeur de littérature, elle musicienne.

Ils sont habitués aux voyages et ce n'est pas leur première gastro-entérite.

Ils ont pris les mêmes plats au repas d'hier : quelques charcuteries (saucisson, salami, pâté), ont partagé une tranche de rôti de bœuf, du poisson, quelques frites, un peu de camembert, de la glace.

Hier soir ils n'ont pas dîné, se contentant d'un fruit et d'une part de gâteau basque. L'un et l'autre ont été malades en cours de nuit : ils ont vomi deux fois, ont eu quelques coliques et trois selles liquides. Depuis ils gardent un état nauséeux mais ont néanmoins pris un peu de Coca il y a une heure. Ils gardent un inconfort abdominal.

Sans attendre ils ont pris un anti-diarrhéique dès cette nuit ; ce médicament fait partie de leur trousse de voyage mais ils ne s'attendaient pas à devoir l'utiliser ici.

À l'examen l'un et l'autre ont simplement une sensibilité abdominale, et leur abdomen est gargouillant. Suite à votre examen M. V. va d'ailleurs à selles, et revient en disant qu'il a fait peu de chose, bref que « *ça va mieux* ».

Mme V. a dans ses antécédents une résection du sigmoïde il y a six ans pour un cancer.

Quant à M. V. il a eu un pontage coronarien il y a deux ans.

Quelle(s) décision(s) prenez-vous concernant M. et Mme V. ?

Question 5

M. V. vous signale néanmoins *un petit ennui*. Depuis ce matin il ressent une petite douleur anale permanente et a constaté qu'il avait *une boule comme une petite cerise* au niveau de l'anus. Que vous attendez-vous à trouver à l'examen ?

Question 6

En second lieu, les consultations terminées, vous réfléchissez avec le directeur du centre sur ce problème d'intoxication alimentaire.

1. Votre perspicacité vous a permis de porter vos soupçons sur un aliment, lequel ?
2. Quel autre argument épidémiologique pouvez-vous rapidement obtenir en questionnant les groupes (ce qui est aisé puisque, rappelons-le, les gens sont réunis en salle de conférence ou en atelier). Un groupe est néanmoins parti en excursion visiter un château fort.
3. Quelles peuvent être les raisons pour que cet aliment puisse avoir été contaminant ?
4. Quelles sont les bactéries qui peuvent être en cause ?

Question 7

Quel(s) examen(s) a (ou ont) un intérêt diagnostique ?

Question 8

Quel(s) acte(s) de santé publique devez-vous effectuer ?

Question 9

Le directeur du Centre peut-il être tenu responsable de cette intoxication ?

GRILLE DE CORRECTION

Question 1

10 points

Quelle(s) décision(s) prenez-vous concernant Mme T. ? Justifiez-vous.

- **Mise en place d'une perfusion de soluté glucosé et salé** .... **2 points**
- **Hospitalisation** .... **2 points**
- **En raison :**
  - **de la déshydratation déjà marquée** .... **2 points**
  - **de la fragilité vasculaire (aphasie peut-être par AVC il y a un an)** .... **2 points**
  - **de l'impossibilité de la faire boire (nausées)** .... **1 point**
  - **de l'impossibilité de maintenir au centre une patiente sous perfusion** .... **1 point**

Question 2

10 points

Quelle(s) décision(s) prenez-vous concernant M. G. ? Justifiez-vous.

- **Hospitalisation en raison** .... **2 points**
  - **du diabète insulino-dépendant avec trois injections d'insuline** .... **2 points**
  - **de l'incertitude quant à ses possibilités de boire et s'alimenter dans les heures à venir** .... **2 points**
  - **du risque d'acido-cétose** .... **3 points**
  - **ingérable au niveau du centre Loisir et Culture** .... **1 point**

Question 3

10 points

Quelle(s) décision(s) prenez-vous concernant Mlle D. ? Justifiez-vous.

- **La rassurer et la maintenir au Centre** .... **1 point**
- **Diète hydrique pour cette journée** .... **2 points**
- **Reprise progressive de l'alimentation demain** .... **1 point**
- **Si demain les troubles persistaient traitement antibiotique** .... **2 points**
- **Vous passerez la voir demain ainsi que le couple V** .... **1 point**
- **Du fait :**
  - **que ses troubles sont modérés** .... **1 point**
  - **qu'elle n'est pas déshydratée** .... **2 points**

Question 4

10 points

Quelle(s) décision(s) prenez-vous concernant M. et Mme V. ?

- **Diète hydrique ce jour** .... **2 points**
- **Reprise progressive de l'alimentation demain** .... **2 points**
- **Du fait :**
  - **que leurs troubles sont modérés** .... **2 points**
  - **que leur état clinique est bon, sans déshydratation** .... **2 points**
  - **l'antécédent de Mme V ne constitue pas un facteur de risque** .... **1 point**
  - **l'antécédent de M. V. constituerait un facteur de risque s'il était déshydraté** .... **1 point**

M. V. vous signale néanmoins un petit ennui. Depuis ce matin il ressent *une petite douleur* anale permanente et a constaté qu'il avait *une boule comme une petite cerise* au niveau de l'anus. Que vous attendez-vous à trouver à l'examen ?

> ▪ **Une thrombose hémorroïdaire externe**..5 points

1. Votre perspicacité vous a permis de porter vos soupçons sur un aliment, lequel ?
2. Quel autre argument épidémiologique pouvez-vous rapidement obtenir en questionnant les groupes (ce qui est aisé puisque, rappelons-le, les gens sont réunis en salle de conférence ou en atelier). Un groupe est néanmoins parti en excursion visiter un château fort.
3. Quelles peuvent être les raisons pour que cet aliment puisse avoir été contaminant ?
4. Quelles sont les bactéries qui peuvent être en cause ?

> 1. ▪ **la viande froide (rôti de bœuf)**.....................................3 points
> 2. ▪ **seules des personnes du groupe sont malades**.................2 points
>   ▪ **dans le groupe seules celles ayant consommé du rôti sont malades**...2 points
> 3. ▪ **aliment souillé lors de la manipulation**..........................2 points
>   ▪ **la rupture de la « chaîne du froid »**...............................5 points
>   — **aliment conservé à température trop élevée (panne de réfrigérateur ?)**.......................................1 point
>   — **aliment sorti trop tôt du réfrigérateur**............................2 points
> 4. ▪ **salmonelloses essentiellement**.......................................4 points
>   ▪ ***clostridium perfringens***..4 points

Quel(s) examen(s) a (ou ont) un intérêt diagnostique ?

> ▪ **Coproculture**...1 point
> ▪ **Parasitologie des selles**..1 point
> ▪ **Sérodiagnostics des salmonelles**.....................................4 points
> ▪ **Étude bactériologique des aliments du repas suspect**.........2 points
>   ▪ **acte qui relève de la DDASS**..2 points

Quel acte de santé publique devez-vous effectuer ?

> ▪ **Déclarer cette intoxication**..5 points
>   ▪ **à l'Agence Régionale de Santé**.....................................3 points
>   ▪ **ou à la DSV (direction des services vétérinaires)**..............2 points

Le directeur du Centre peut-il être tenu responsable de cette intoxication ?

> ▪ **Pour le moment la suspicion se porte sur un repas effectué en dehors du Centre**... 2 points
>
> ▪ **Une enquête sera effectuée au niveau du restaurant semblant en cause**.. 3 points
>
> ▪ **On ne peut formellement préjuger de ses résultats :**
>   - **il n'est pas exclu que l'enquête porte aussi sur la restauration du Centre**... 2 points
>   - **si la preuve est apportée que la contamination s'est faite au niveau du restaurant la responsabilité du directeur du Centre qui y a conduit ses hôtes resterait à apprécier** .... 3 points

COMMENTAIRES

Ce dossier sur une épidémie de gastro-entérite aiguë, peut-être de faible envergure (du moins pour le moment et au niveau du Centre Loisir et Culture), aborde les prises en charge individuelles et le lancement de l'enquête. Il correspond donc aux questions 302 (*diarrhée aiguë chez l'enfant et l'adulte, avec le traitement*, mais sans le P indiquant qu'on peut attendre la rédaction d'une ordonnance) et 73 (*Risques sanitaires liés à l'eau et à l'alimentation. Toxi-infections alimentaires*).

Un dossier sur ce thème peut se présenter comme le cas d'un patient. Il conduit alors à évoquer des hypothèses causales de diarrhées de façon un peu académique et décalée par rapport à la réalité ou à introduire des facteurs de risques qui vont prendre le pas sur l'aspect diarrhée.

Il peut être présenté centré sur l'atteinte collective ; l'aspect épidémiologique l'emporte alors sur celui de la discussion de la prise en charge des individus.

Ce dossier-ci est un compromis. Il donne les pistes de développements possibles pour les deux approches.

La question 7 est plus pertinente dans le cadre d'une toxi-infection alimentaire collective qu'à l'échelle individuelle ; s'il s'était agi d'un cas isolé les examens n'auraient pas forcément été utiles en première intention (on ne fait pas de copro pour une banale « gastro »).

Trois modèles à propos des diarrhées aiguës :

* *Diarrhée aiguë — Pas de fièvre*
  - origine virale
    - entérocolite aiguë à germes non invasifs mais sécréteurs d'une toxine
* *Personne jeune — Diarrhée aiguë fébrile*
  - entérocolite aiguë à germes invasifs
* *Personne âgée — Diarrhée aiguë fébrile*
  - colite ischémique
    - entérocolite aiguë à germes invasifs

La **question 5** situe dans un de ses contextes habituels la survenue d'une thrombose hémorroïdaire externe.
À ce propos quelques modèles :

Modèles « douloureux et dits » de proctologie :

* *Douleur pendant la défécation — accalmie — reprise de la douleur (douleur en 3 temps)*
  - fissure anale
* *Douleur pendant ou à la suite de défécation*
  - hémorroïdes
    - fissure anale atypique
* *Douleur anale aiguë et perception d'une « boule »*
  - thrombose hémorroïdaire externe
* *De façon aiguë douleur anale et « boursouflures » autour de l'anus*
  - thrombose hémorroïdaire interne

Modèles « douloureux et visuels » de proctologie :

- *Brutales et vives douleurs anales – une petite « cerise » noirâtre à l'anus*
  - thrombose hémorroïdaire externe
- *Brutales et vives douleurs anales – un bourrelet anal de muqueuse œdématiée, parfois ulcérée*
  - thrombose hémorroïdaire interne
- *Brutales et vives douleurs anales – une zone chaude, rouge et douloureuse plus ou moins à distance de l'anus*
  - abcès
- *Brutales et vives douleurs anales – rien à l'examen si ce n'est une zone douloureuse plus ou moins à distance de l'anus*
  - abcès
- *Brutales et vives douleurs anales (avec rythme à 3 temps : douleurs lors de l'émission de la selle – pause – « re-douleur ») et patient dont l'anus est impossible à déplisser, la manœuvre étant trop douloureuse*
  - fissure anale

La **dernière question** fait passer de l'aspect médical au problème de la responsabilité du directeur d'un établissement. Plus qu'une réponse juste il est attendu une réflexion sur cette responsabilité en général.

M. Alfred S., 54 ans, rentré il y a une semaine d'un voyage au Vietnam, vient vous raconter ses « ennuis d'intestins ».

Normalement il a un transit assez régulier ; très occasionnellement il est un peu constipé. Depuis une vingtaine d'années c'est un habitué des voyages en Asie ; il ne s'astreint pas à prendre des précautions alimentaires et a donc présenté à plusieurs reprises des épisodes plus ou moins désagréables de diarrhée ; en général il contrôle rapidement la situation en prenant pendant quelques jours 2 comprimés d'ofloxacine.

Cette fois les choses ne se sont pas déroulées comme d'habitude. Il y a quinze jours, il a d'abord ressenti, en soirée, une vague douleur dans la fosse iliaque gauche et un certain inconfort abdominal, mais pas de diarrhée. Il a néanmoins pensé qu'il allait faire un épisode de gastro-entérite et a pris son antibiotique.

Dans la nuit il a souffert et le lendemain il avait une franche douleur… mais toujours pas de diarrhée, et même il n'est pas allé à selles. Fort heureusement sa journée n'était pas chargée ; il a pu rester à l'hôtel toute la matinée, n'a pris qu'une soupe pour déjeuner. L'après-midi il a pu se rendre à son rendez-vous de travail.

Puis la douleur s'est très progressivement estompée. Loin d'avoir la diarrhée, il a en fait été constipé pendant trois jours.

Actuellement il va bien, mais il est inquiet. Un de ses amis a été opéré l'an dernier d'un cancer de l'intestin « pris trop tard » et son état actuel n'est pas brillant.

Antécédents :

- Paludisme il y a 10 ans, au retour d'Afrique (il avait oublié de prendre les anti-paludéens pendant quelques jours après le retour).
- Opéré d'un ménisque du genou à 27 ans.
- Cure de hernie inguinale bilatérale il y a six ans.
- Antécédent familial : M. S. a un oncle qui a été opéré d'un cancer du rectum. Sa mère a eu un cancer du sein.

Contexte :

- M. S. est célibataire, mais a eu plusieurs vies de couple un peu mouvementées.
- Il travaille dans l'aviation civile.

À l'examen :

- Il est en parfait état clinique : 1,83 m, 82 kg, une allure de baroudeur.
- Son abdomen est souple. La palpation de la fosse iliaque gauche est douloureuse en un point (il faut entendre par là sur 2 cm²).
- Le reste de l'examen clinique est normal.

Question 1

Dans un premier temps énumérez vos hypothèses diagnostiques.
Ensuite reprenez chacune de ces hypothèses pour la justifier, précisez quelles données complémentaires d'interrogatoire sont nécessaires pour l'étayer ou lui donner moins de poids.

Question 2

Exposez la stratégie d'investigation que vous envisagez. C'est-à-dire exposez quel(s) examen(s) complémentaire(s) vous envisagez, ce que vous en attendez. Dans le cas de plusieurs examens précisez la progression que vous envisagez.

Question 3

Malchance !
Le soir même de la consultation, M. S. présente une nouvelle crise douloureuse.
Vous l'examinez. La fosse iliaque gauche est nettement douloureuse. M. S. à une fièvre à 38,5 °C. Il est ballonné, n'est pas allé à selles de la journée.
Par contre il reste en forme et refuse de se faire hospitaliser. Avec vous, il est tout de même entre de bonnes mains et plus entouré qu'à Saïgon.
Exposez :
– votre attitude thérapeutique pour les heures qui viennent ;
– les modalités de surveillance.

Question 4

M. S. a de la chance. Le lendemain dans la journée la douleur s'estompe, il émet quelques gaz et une petite selle mince en soirée.
Vous demandez un scanner : pourquoi ? Que peut-il montrer d'anormal ?

Question 5

Le scanner confirme l'hypothèse qui apparaissait la plus probable, sans qu'il y ait de signe de gravité particulière.
Vous prenez rendez-vous auprès d'un chirurgien pour M. S. Dans la lettre que vous lui adressez que précisez-vous ?

Question 6

M. S. n'est pas enthousiaste à la perspective de rencontrer un chirurgien, donc de devoir se faire opérer. Il est d'autant plus réticent qu'il a peur « d'avoir une poche ».
Exposez à M. S. les risques évolutifs en l'absence d'intervention.
Que répondre à sa question sur l'anus artificiel ?

Deux jours ont passé.

M. S. ne vous lâche pas. Il vous appelle ce matin au téléphone pour vous dire qu'il a des brûlures en urinant et qu'il a eu un accès de paludisme dans la nuit, qu'il ne comprend pas (il est rentré depuis quinze jours et a bien pris ses anti-paludéens après son voyage dans le delta du Mékong).

Que peut-il se passer ?

GRILLE DE CORRECTION

Question 1

15 points

Dans un premier temps énumérez vos hypothèses diagnostiques. Ensuite reprenez chacune de ces hypothèses pour la justifier, précisez quelles données complémentaires d'interrogatoire sont nécessaires pour l'étayer ou lui donner moins de poids.

- **Poussée de sigmoïdite diverticulaire, cancer du sigmoïde, banal épisode de constipation**
- **Poussée de sigmoïdite diverticulaire:**
  - **la diverticulose est une affection fréquente à l'âge de M. S..... 2 points**
  - **douleur vive de la fosse iliaque gauche... 2 points**
  - **constipation aiguë.. 1 point**
  - **on ignore s'il a eu de la fièvre... 1 point**
  - **l'antibiotique a traité la poussée... 2 points**
- **Cancer du sigmoïde:**
  - **le tableau clinique est aussi cohérent avec un cancer du sigmoïde.. 2 points**
  - **il y a des antécédents familiaux de cancer................................... 1 point**
  - **rechercher la notion de faux besoins, ténesme, rectorragie.. 1 point**
- **Banal épisode de constipation:**
  - **M. S. a déjà eu des épisodes occasionnels de constipation .... 1 point**
  - **mais la douleur a été trop importante pour cette hypothèse .... 2 points**

Question 2

10 points

Exposez la stratégie d'investigation que vous envisagez. C'est-à-dire exposez quel(s) examen(s) complémentaire(s) vous envisagez, ce que vous en attendez. Dans le cas de plusieurs examens précisez la progression que vous envisagez.

- **Rechercher des signes en faveur d'une infection: hyperleucocytose, VS, CRP.. 5 points**
- **Coloscopie:**
  - **reste l'examen de référence pour dépister un cancer, un polype.. 1 point**
  - **permet de voir la diverticulose colique .... 2 points**
  - **et éventuellement de retrouver une zone inflammatoire .... 2 points**
- → *Un scanner a plutôt sa place en urgence dans le bilan d'une sigmoïdite (voir plus loin). Le lavement aux hydrosolubles est à réserver aux situations d'urgence en l'absence de scanner. Mettre l'un ou l'autre ici n'apporte pas de point mais ne pénalise pas.*

Exposez:
– votre attitude thérapeutique pour les heures qui viennent,
– les modalités de surveillance.

- ▪ **Diète hydrique** .... 3 points
- ▪ **Antispasmodique** .... 2 points
- ▪ **Antibiotique par voie orale** .... 5 points
- ▪ **Surveillance clinique et éventuellement biologique:**
  - • **douleur** .... 2 points
  - • **fièvre** .... 2 points
  - • **transit** .... 2 points
  - • **palpation de la fosse iliaque gauche** .... 2 points
  - • **leucocytose** .... 2 points

Vous demandez un scanner: pourquoi? Que peut-il montrer d'anormal?

- ▪ **Examen non invasif, n'expose pas au risque de perforation** .... 5 points
- ▪ **Visualise les diverticules enflammés (épaississement de paroi)** .... 3 points
- ▪ **L'épaississement du méso en regard** .... 3 points
- ▪ **Peut mettre en évidence un placard inflammatoire, un abcès** ...... 3 points
- ▪ **Éventuellement une perforation bouchée (air extra-colique)** .... 3 points
- ▪ **Éventuellement un signe de fistule colo-vésicale (air dans la vessie)** .... 3 points

Vous prenez rendez-vous auprès d'un chirurgien pour M. S. Dans la lettre que vous lui adressez que précisez-vous?

- ▪ **Que M. S. a fait deux poussées de sigmoïdite diverticulaire à quelques jours d'intervalle** .... 5 points
- ▪ **Que le scanner a confirmé le diagnostic sans montrer d'abcès ou de perforation** .... 5 points

Question 6

18 points

Exposez à M. S. les risques évolutifs en l'absence d'intervention. Que répondre à sa question sur l'anus artificiel?

- ■ **En l'absence d'intervention:**
  - • **récidive quasiment certaine**..**2 points**
  - • **risque d'abcès** ....**2 points**
  - • **risque de peri-sigmoïdite** ....**1 point**
  - • **risque de d'occlusion** ....**1 point**
  - • **risque de perforation avec péritonite** ....**1 point**
  - • **risque de fistule colo-vésicale** ....**2 points**
  - • **risque de fistule colo-grêlique** ....**1 point**
  - • **risque de fistule colo-pariétale**......................................**1 point**
- ■ **Sur l'anus artificiel:**
  - • **il est possible que le chirurgien crée temporairement une colostomie**..**1 point**
  - • **pour protéger l'anastomose** ....**2 points**
  - • **à terme pas d'anus artificiel sauf complication exceptionnelle** ....**2 points**
  - • **c'est en se faisant opérer à froid que le patient a le moins de risque d'avoir une colostomie, même temporaire** ....**2 points**

Question 7

7 points

Que peut-il se passer?

- ■ **Dans ce contexte penser à fistule colo-vésicale**...................**2 points**
  - • **rechercher pneumaturie et fécalurie**................................**3 points**
- ■ **Une infection urinaire banale est aussi possible** ....**2 points**

COMMENTAIRES

La sigmoïdite diverticulaire est un sujet à connaître parfaitement : elle est fréquente, se présente très banalement sous cet aspect « d'appendicite à gauche », expose le patient à des complications sévères, expose les chirurgiens à des surprises et des difficultés opératoires.

Il faut toujours avoir en tête les deux extrêmes :

— le plus simple : la poussée de diverticulite qui se résume à quelques heures de douleurs, une résection, à froid, sous cœlioscopie, du sigmoïde touché par la diverticulose suivie d'un rétablissement de la continuité, sans colostomie temporaire, et une petite semaine d'hospitalisation ;

— les horreurs : abcès et péritonites conduisant à des interventions par laparotomie chez des patients en sepsis, avec des risques vitaux peri-opératoires du fait du sepsis, des risques de lâchage de suture (même lorsque celles-ci sont protégées par un anus artificiel) avec leur cortège de complications septiques, le rétablissement de la continuité compromis... voire le décès en choc septique.

Une certaine stéréotypie des dossiers sur ce thème ne doit pas vous dispenser « de jouer le jeu », mais astucieusement. Il faut toujours discuter, le trouble fonctionnel qui est la plus fréquente cause de douleur abdominale, le cancer colique au nom du grand principe de précaution. Par contre inutile, sauf si vraiment on vous tend une perche qu'on ne peut négliger, d'aller chercher midi à quatorze heures pour faire du remplissage en discutant maladie de Crohn, ischémie colique, colique néphrétique, fibrose retro-péritonéale, etc.

Mme Hélène G., 58 ans, présente pour la première fois une ascite d'importance modérée.

Cela faisait plusieurs mois qu'elle accusait une certaine fatigue, mais elle tenait. Elle et son mari ont une boulangerie, lui au fournil, elle à la boutique. Ils s'étaient donné comme but de tenir encore deux ans avant de prendre la retraite.

Elle consulte pour cette augmentation de volume de l'abdomen et des jambes « enflées ».

À l'examen :

- Mme G. est en bon état général. Pour une taille de 1,60 m elle pèse 76 kg. « *J'ai grossi ces derniers jours* » dit-elle (son poids habituel est de 65 kg), ce qui la surprend car elle a un peu perdu l'appétit.
- Elle présente une ascite d'importance modérée et quelques œdèmes des membres inférieurs. Le foie est perceptible à la palpation, débordant de 4 cm le rebord costal droit, ferme, à bord inférieur tranchant. **Le reste de l'examen est normal.**

Antécédents :

Elle a eu des problèmes obstétricaux et gynécologiques :

- en 1982 : accouchement par césarienne ;
- en 1985, à la suite de ménorragies importantes il a été pratiqué une hystérectomie.

Contexte :

- Mariée, elle a un fils.
- Elle ne prend pratiquement jamais de boissons alcoolisées.

Voici le bilan :

Hématies	$3,78 \times 10^6/mm^3$
— Hémoglobine	11,8 g/dl
— VGM	92 μ^3
— Hématocrite	35 %
Leucocytes	6 500/mm³
— neutrophiles	72 %
— éosinophiles	1 %
— lymphocytes	20 %
— monocytes	7 %
Plaquettes	158 000/mm³

Bilirubine totale	32 µmol/l
— conjuguée	22 µmol/l (N = 0)
— non conjuguée	8 µmol/l (N < 17)
Phosphatases alcalines	85 UI/l (N < 80)
Transaminases ASAT	97 UI/l (N < 35)
Transaminases ALAT	142 UI/l (N < 35)
Protides	63 g/l (60-80)
Albumine	34 g/l (35-50)
Taux de prothrombine	71 %
Na	138 mmol/l (135-145)
K	3,8 mmol/l (3,5-5)
Créatinine	108 µmol/l (60-120)

Question 1 Rédigez sous forme d'une énumération structurée la synthèse des informations cliniques.

Question 2 Donnez votre interprétation des résultats des examens de laboratoire.

Question 3 Présentez et argumentez l'hypothèse sur la cause la plus probable qui intègre l'ensemble des données.

Question 4 Quels autres examens complémentaires auront un intérêt dans le bilan ? Justifiez vos propositions.

Question 5 Il faut de toute façon traiter cette première poussée d'ascite. Exposez votre stratégie thérapeutique en présentant successivement :
1. vos objectifs ;
2. les moyens thérapeutiques possibles ;
3. vos choix.

Question 6 Quelles sont les modalités du suivi du traitement ?

Question 7 Le pronostic à court terme (c'est-à-dire pour le mois à venir) de cette patiente : exposez le(s) facteur(s) du pronostic et les modalités évolutives possibles.

GRILLE DE CORRECTION

Question 1

5 points

Rédigez sous forme d'une énumération structurée la synthèse des informations cliniques.

- ▪ **Patiente de 58 ans, présentant:**
  - • **une ascite et des œdèmes** ....**1 point**
  - • **un gros foie ferme** ....**1 point**
    - — **donc évocateur de cirrhose** ....**1 point**
  - • **de probables antécédents de transfusions en 1985:**
    - — **soit un risque de contamination virale C** ....**1 point**
  - • **consommant peu d'alcool** ....**1 point**

Question 2

8 points

Donnez votre interprétation des résultats des examens de laboratoire.

- ▪ **Légère anémie sans macrocytose (contre le rôle de l'alcool)** ....**1 point**
- ▪ **Un taux de plaquettes à la limite de la normale mais peut-être signe d'hypersplénisme** ....**1 point**
- ▪ **Une cytolyse avec ALAT > ASAT (plus en faveur d'une origine virale qu'alcoolique de la cirrhose)** ....**2 points**
- ▪ **Un léger ictère à prédominance de bilirubine conjuguée**
- ▪ **Les taux bas d'albumine et du TP sont en faveur d'une insuffisance hépatique** ....**2 points**
- ▪ **Taux normaux des électrolytes et de la créatinine donc pas de contre-indication à un traitement diurétique** ....**2 points**

Question 3

4 points

Présentez et argumentez l'hypothèse sur la cause la plus probable qui intègre l'ensemble des données.

- ▪ **Hépatite C ayant évolué à bas bruit au stade de cirrhose** ....**1 point**
- ▪ **Très probables transfusions en 85 pour traiter des hémorragies, époque où on ne détectait pas le virus C chez les donneurs de sang** ....**1 point**
- ▪ **Faible consommation d'alcool d'après l'interrogatoire** ....**1 point**
- ▪ **Bilan qui n'est pas en faveur d'une atteinte alcoolique du foie (VGM normal et ASAT inférieures aux ALAT)** ....**1 point**

Quels autres examens complémentaires auront un intérêt diagnostique ? Justifiez vos propositions.

- ▪ **Prouver l'atteinte virale C :**
  - ● **recherche des anticorps anti-HCV** ....1 point
  - ● **s'ils sont présents recherche de l'ARN** ....2 points
- ▪ **Recherche d'une éventuelle atteinte virale B** ....1 point
  - ● **antigène HBs, anticorps anti-HBs et HBc** ....1 point
- ▪ **Recherche du VIH** ....1 point
  - ● **après en avoir informé la patiente** ....1 point
- ▪ **Dosage de l'alpha-foetoprotéine : élevé en cas d'hépatocarcinome** .... 4 points
- ▪ **Sur l'ascite :**
  - ● **cytologie** ....1 point
  - ● **bactériologie** ....2 points
  - ● **protides** ....1 point
- ▪ **Échographie abdominale ou scanner** ....1 point
  - ● **recherche foie cirrhotique (bosselé, hétérogène)** ....2 points
  - ● **recherche de signes d'hypertension portale** ....1 point
  - ● **apprécier la perméabilité de la veine porte** ....1 point
  - ● **dépistage hépatocarcinome** ....5 points
- ▪ **Fibroscopie sera à envisager :**
  - ● **recherche de varices œsophagiennes ou gastriques** ....5 points

Il faut de toute façon traiter cette première poussée d'ascite. Exposez votre stratégie thérapeutique en présentant successivement :
1. vos objectifs,
2. les moyens thérapeutiques possibles,
3. vos choix

1. **Faire disparaître l'ascite** ....3 points
   - ● **pour améliorer le confort de la patiente** ....2 points
2. ● **régime sans sel** ....1 point
   - — **contrainte plus ou moins importante pour le patient selon sa sévérité** ....1 point
   - — **souvent insuffisant** ....1 point
   - ● **ponctions évacuatrices** ....1 point
     - — **traitement efficace** ....1 point
     - — **mais contrainte pour le patient** ....2 points
   - ● **diurétiques** ....1 point
     - — **traitement simple pour le patient** ....1 point
     - — **comporte des risques sur la fonction rénale** ....4 points
     - — **implique un suivi attentif** ....3 points
3. **Choix pour commencer :**
   - ● **régime désodé** ....2 points
   - ● **à 1 g de sel par jour (Na 400 mg ou 17 mEq)** ....3 points
   - ● **un diurétique** ....1 point
   - ● **la posologie sera adaptée pour avoir une diurèse de 2 et 3 l par 24 h** ....3 points

Quelles sont les modalités du suivi du traitement?

- ▪ Suivi clinique sur:
  - • absence d'aggravation de l'état général ....1 point
  - • diurèse ....2 points
  - • baisse du poids..1 point
- ▪ Suivi biochimique: une à deux fois par semaine:
  - • natrémie..2 points
  - • kaliémie, créatininémie ....2 points

Le pronostic à court terme (c'est-à-dire pour le mois à venir) de cette patiente: exposer le(s) facteur(s) du pronostic et les modalités évolutives possibles.

- ▪ **Les facteurs du pronostic sont:**
  - • **le degré d'insuffisance hépatique**.................................2 points
  - • **dont l'état hémodynamique du rein**...............................2 points
  - • **la réponse au traitement**..2 points
- ▪ **Les modalités évolutives possibles:**
  - • **évolution favorable:**
    - — **assèchement progressif de l'ascite et des œdèmes**...........1 point
    - — **reprise de l'appétit**...1 point
  - • **absence d'amélioration conduisant à modifier le traitement**..1 point
  - • **évolution défavorable:**
    - — **survenue de signes biochimiques d'insuffisance rénale**...2 points
    - — **survenue d'une encéphalopathie hépatique (du fait du traitement)** ....2 points
    - — **survenue d'une autre complication de la cirrhose**
      - — **hémorragie** ....1 point
      - — **infection de l'ascite** ....1 point

COMMENTAIRES

Ce dossier illustre la situation où, chez un sujet jusque-là en bon état clinique, une première décompensation ascitique conduit à découvrir une cirrhose et son origine virale C.

L'accent est mis ici sur deux points : le traitement et le pronostic à un mois. Il y a référence à plusieurs points du programme de la 2ᵉ partie du 2ᵉ cycle :

- 176 : prescription et surveillance des diurétiques ;
- 179 : prescription d'un régime diététique ;
- 228 : cirrhoses et complications.

La question sur le pronostic fait écho au contenu du paragraphe « *argumenter l'attitude thérapeutique et planifier le suivi du patient* » dans le texte sur les Objectifs pédagogiques terminaux pour les items de la 2ᵉ partie du 2ᵉ cycle des études médicales.

En affirmant d'emblée l'origine C de la cirrhose, le même cas clinique pourrait conduire à un questionnement un peu différent. On pourrait ainsi supprimer les deux ou trois premières questions et questionner sur le pronostic à long terme.

Mme Mathilde F., 53 ans, présente une dysphagie.

Elle est porteuse d'une hernie hiatale connue depuis une dizaine d'années.

Depuis quelques mois elle présente un pyrosis occasionnel, mais surtout depuis quelques jours une difficulté à avaler : « *ça ne passe pas bien* » dit-elle en désignant la partie moyenne de son sternum.

Elle est en bon état général

Examen clinique :

- Il montre simplement une surcharge pondérale (pour une taille de 1,62 m elle pèse 75 kg).
- L'auscultation des bases pulmonaires permet de percevoir quelques râles bronchiques.

Antécédents :

- Hystérectomie pour fibrome il y a douze ans. Extraction de dents de sagesse à 21 ans.

Contexte :

- Mme F. est gérante d'un Relais Presse dans un centre commercial.
- Elle fume environ un paquet de cigarettes par jour. Elle présente d'ailleurs une bronchite chronique, toussotant de façon régulière. Il y a 5 ans et l'an dernier, elle a été arrêtée pendant une quinzaine de jours pour des épisodes infectieux bronchiques « sérieux » (n'ayant pas nécessité l'hospitalisation car Mme F. vit en famille).
- Elle est mariée, a deux fils, tous les deux ayant du travail (un au Canada, un au Cameroun). Elle habite avec son mari et sa mère, femme de 76 ans en pleine forme.

Question 1 Vous demandez une fibroscopie. Compte tenu des données de l'observation, quelles sont les différentes constatations qui seraient possibles chez cette malade.

Question 2 Le compte rendu d'endoscopie conclut à une œsophagite modérée et à la présence, à partir de 36 cm des arcades dentaires, d'un endo-brachy-œsophage avec une zone suspecte, érodée, sur laquelle il a été fait une biopsie.
L'anatomo-pathologiste a confirmé la nature cancéreuse du prélèvement biopsique.
Quel est le type anatomo-pathologique de la tumeur? Argumentez votre réponse.

Question 3 Présentez la conduite des investigations nécessaires au bilan pré-thérapeutique de cette lésion chez cette patiente en justifiant vos demandes.

Question 4 Présentez les moyens et attitudes thérapeutiques possibles chez cette patiente.

Question 5 Comment prendre la décision thérapeutique?

GRILLE DE CORRECTION

Question 1

20 points

Vous demandez une fibroscopie. Compte tenu des données de l'observation, quelles sont les différentes constatations qui seraient possibles chez cette malade.

- Œsophagite plus ou moins sévère.. 2 points
- Sténose peptique.. 3 points
- Endobrachyœsophage.. 4 points
- Ulcère de l'œsophage .... 1 point
- Hernie hiatale par glissement.. 2 points
- Cancer de l'œsophage .... 2 points
  - épidermoïde.. 1 point
  - sur muqueuse malpighienne... 2 points
  - adénocarcinome.. 2 points
  - sur muqueuse glandulaire.. 1 point

Question 2

10 points

Quel est le type anatomo-pathologique de la tumeur? Argumentez votre réponse.

- Adénocarcinome... 5 points
- La muqueuse où a eu lieu le prélèvement
  est de type glandulaire .... 5 points

Question 3

25 points

Présentez la conduite des investigations nécessaires au bilan préthérapeutique de cette lésion chez cette patiente en justifiant vos demandes.

- Échoendoscopie œsophagienne pour juger.......................................1 point
  - de l'extension en profondeur dans la paroi................................... 2 points
  - et de l'extension ganglionnaire éventuelle .... 2 points
- Scanner thoracique pour rechercher
  - adénopathies médiastinales... 3 points
  - métastases pulmonaires.. 2 points
  - épanchement pleural .... 2 points
- Scanner abdominal pour rechercher
  - adénopathies cœliaques.. 2 points
  - métastases hépatiques.. 2 points
- Exploration fonctionnelle respiratoire
  de la bronchite chronique .... 2 points
  - spirométrie... 3 points
  - avec gaz du sang.. 3 points
- Bilan de routine: hémogramme, coagulation, glycémie, etc............. 1 point

Présentez les moyens et attitudes thérapeutiques possibles chez cette patiente.

- ▪ **Le choix thérapeutique dépend du bilan d'extension de cette apparente petite tumeur**..........................5 points
- ▪ **Les moyens auxquels on recourt le plus souvent sont :**
  - • **exérèse chirurgicale de la tumeur**..............................10 points
  - • **radiothérapie seule**..5 points
  - • **radio-chimiothérapie**..3 points
    - — **si la patiente est inopérable ou la tumeur classée > T2 N0**...............................2 points
- ▪ **En cas de tumeur strictement intra-muqueuse (superficielle) peut se discuter**
  - • **une mucosectomie endoscopique**..................................2 points
  - • **en apportant des précisions sur l'acte et le fait qu'il est possible de faire un examen anatomo-pathologique complet sur la pièce**...3 points

Comment prendre la décision thérapeutique ?

- ▪ **Les choix thérapeutiques se discutent en Réunion de Concertation Pluridisciplinaire (RCP)**............................5 points
- ▪ **La patiente reçoit les explications sur sa maladie** ....3 points
- ▪ **La patiente est informée du traitement proposé :**
  - • **modalités** ....2 points
  - • **risques**...2 points
  - • **avantages** ....2 points
- ▪ **Si au terme de la discussion en RCP il subsiste plusieurs choix possibles de traitement la patiente en est informée de façon précise** ....3 points
- ▪ **C'est la patiente qui prend une décision éclairée** ....3 points

COMMENTAIRES

Ce dossier conduit à exposer une situation où on découvre un petit cancer sur un endobrachy-œsophage.

Il nécessite d'abord d'avoir des notions claires sur l'histologie de la muqueuse de l'œsophage, malpighienne dans sa plus grande partie, glandulaire dans sa partie basse. Souvent en dents de scie, la ligne de séparation est bien visible en endoscopie entre la muqueuse malpighienne, rose pâle, et la muqueuse glandulaire, orangée.

Le reflux acide peut altérer la muqueuse malpighienne (œsophagite), voire la détruire. Elle est alors remplacée par de la muqueuse glandulaire. La zone où la muqueuse malpighienne est remplacée par de la muqueuse glandulaire est appelée endobrachy-œsophage.

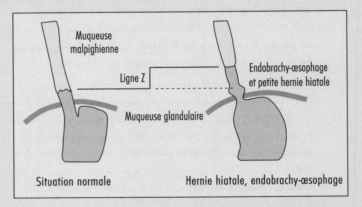

La discussion thérapeutique serait peut-être difficile si le bilan montrait que la tumeur était limitée à la muqueuse. C'est pourquoi il est simplement demandé d'évoquer les possibilités thérapeutiques en signalant qu'une tumeur strictement intra-muqueuse ferait discuter l'opportunité d'un traitement endoscopique ; chez cette femme jeune il s'agirait essentiellement d'une mucosectomie (exérèse du cancer *in situ* en enlevant la muqueuse et la sous-muqueuse) qui permet un examen anatomo-pathologique de la pièce d'exérèse.

L'importance d'une discussion en RCP est particulièrement majeure dans de telles situations.

M. Bernard G., 52 ans, a profité d'une campagne de dépistage de l'hépatite C et vient d'apprendre qu'il est porteur des anticorps anti-HCV.

En effet il pense avoir été transfusé en 1985. Circulant en moto il avait été percuté par une voiture ; il a eu un polytraumatisme avec une rupture de rate et une fracture fermée de jambe. Il en est maintenant d'autant plus persuadé qu'il présente des anticorps anti-HCV.

Il se décide donc à consulte. Il dit se sentir en forme ; son épouse lui rappelle que certains jours il se sent fatigué, ce dont il convient.

Antécédents :

- Appendicectomie à l'âge de 12 ans. Il a aussi été victime d'une brûlure sévère à l'âge de 18 ans (il avait été hospitalisé deux mois dans un service de Brûlés).

Contexte :

- M. G. est chef mécanicien chez le concessionnaire d'une marque d'automobiles. Pendant dix ans il a travaillé dans les usines Ford à Détroit aux USA.
- Il est marié. Son épouse est cadre infirmier dans un service de chirurgie.
- Il ne fume plus depuis quinze ans. Il dit prendre deux ou trois verres de vin par repas, une ou deux bières dans la journée. Il prend volontiers un apéritif en soirée.

À l'examen :

- Il apparaît en bon état clinique, pesant 80 kg pour une taille de 1,76 m. C'est un homme jovial mais assez tendu ; il voue aux gémonies « *les salauds qui l'ont contaminé* ».
- Il présente des cicatrices de brûlure du 3e degré sur les faces antérieures du tronc, des cuisses, de l'avant-bras droit.
- La palpation abdominale permet de percevoir un débord hépatique ; le foie apparaît ferme à bord inférieur tranchant, débordant de 4 cm le rebord costal droit.
- Le reste de l'examen clinique est normal.

Question 1
M. G. a été contaminé par le virus de l'hépatite C.
1. Quels ont été chez lui les possibles facteurs de risques de contamination d'après les lignes qui précèdent?
2. Quels sont les autres facteurs de risques à rechercher systématiquement par l'interrogatoire?

Question 2
En s'en tenant à ses dires, estimez, en grammes d'alcool pur, la consommation alcoolique quotidienne de M. G. (sous forme d'une fourchette: consommation la plus faible – consommation la plus forte). Interprétez votre résultat.

Question 3
Rédigez sous forme d'énumération la synthèse des données.
À partir de cette synthèse, formulez vos hypothèses diagnostiques en les argumentant.

Question 4
Voici le bilan que vous remet Mme G (infirmière); elle l'a fait faire à son mari pour gagner du temps.

Hématies	$3,5 \times 10^6$/mm^3
— Hémoglobine	12,3 g/dl
— VGM	99 µ^3
— Hématocrite	37 %
Leucocytes	6 500/mm^3
— neutrophiles	71 %
— éosinophiles	1 %
— lymphocytes	22 %
— monocytes	6 %
Plaquettes	143 000/mm^3
Bilirubine totale	22 µmol/l
— conjuguée	4 µmol/l (N < 0)
— non conjuguée	18 µmol/l (N < 17)
Phosphatases alcalines	1 089 UI/l (N < 80)
Transaminases ASAT	62 UI/l (N < 35)
Transaminases ALAT	141 UI/l (N < 35)
Protides	63 g/l
Albumine	41 g/l
Taux de prothrombine	88 %
C réactive protéine	26 mg/l (N < 3)

Interprétez ces données.

Question 5

Faut-il faire d'autre(s) examen(s) complémentaire(s) pour préciser le diagnostic?

– si non, justifiez votre réponse;

– si oui, précisez lequel ou lesquels en apportant des justifications.

GRILLE DE CORRECTION

Question 1

20 points

M. G. a été contaminé par le virus de l'hépatite C.

1. Quels ont été chez lui les possibles facteurs de risques de contamination d'après les lignes qui précèdent?
2. Quels sont les autres facteurs de risques à rechercher systématiquement par l'interrogatoire?

---

1. **Facteurs de risque de contamination**
   - **administration de produits sanguins:**
     - à la suite de l'accident de moto (concentrés globulaires)..2 points
     - lors du traitement des brûlures (apport de plasma)..3 points
   - **risque nosocomial « ordinaire » (deux séjours hospitaliers)**..5 points
2. **Rechercher comme facteur de risque**
   - **usage de drogues par voie veineuse ou nasale**............................3 points
   - **tatouages faits dans des conditions d'hygiène douteuse**..........2 points
   - **soins par piqûres ou injections dans des conditions d'hygiène douteuse**............................2 points
   - **risque de transmission sexuelle**..3 points

Question 2

10 points

En s'en tenant à ses dires, estimez, en grammes d'alcool pur, la consommation alcoolique quotidienne de M. G. (sous forme d'une fourchette: consommation la plus faible – consommation la plus forte). Interprétez votre résultat.

- **Sur la base qu'un verre de boisson alcoolisée correspond à 10-12 g d'alcool on estime approximativement une fourchette basse (4 verres de vin + une bière) à 50 à 60 g et une haute (6 verres de vin + 2 bières + 1 apéritif) à 90 à 108 g:**
  - **donc fourchette entre environ 50 g et 110 g**............................6 points
→ *Répondre de 0,5 à 1 g (confusion avec une alcoolémie) donne 0 la réponse.*
- **Consommation excessive (car au-delà de 40 g/j pour un homme)**............................4 points

Question 3

23 points

Rédigez sous forme d'énumération la synthèse des données.
À partir de cette synthèse, formulez vos hypothèses diagnostiques en les argumentant.

- **Homme de 52 ans :**
    - **présentant vraisemblablement une cirrhose** .... 3 points
    - **consommateur excessif d'alcool** .... 3 points
    - **ayant des anticorps anti-VHC** .... 3 points
    - **probablement en rapport avec ses antécédents de soins importants avec transfusions** .... 3 points
- **Il y a une cirrhose :**
    - **du fait du gros foie ferme à bord inférieur tranchant** .... 3 points
    - **compensée** .... 2 points
- **Avec deux causes possibles :**
    - **alcoolique si il n'y a plus d'activité virale** .... 3 points
    - **mixte, alcoolique et virale si le virus encore en activité**............ 3 points

---

Question 4

17 points

Interprétez ces données.

- **Élévation des transaminases avec rapport ASAT/ALAT < 1, la cytolyse n'est pas celle d'une hépatopathie alcoolique** .... 5 points
    - **donc probablement d'origine virale**... 2 points
- **Très forte élévation des phosphatases alcalines qui, dans ce contexte, fait redouter un hépatocarcinome sur cirrhose** .... 5 points
- **Légère thrombopénie évoquant un hypersplénisme**....................... 5 points
- **Discret syndrome inflammatoire, peut-être hépatique**
- **Discrète élévation de la bilirubine conjuguée**

Faut-il faire d'autre(s) examen(s) complémentaire(s) pour préciser le diagnostic?

– si non, justifiez votre réponse;

– si oui, précisez lequel ou lesquels en apportant des justifications.

■ **Il faut poursuivre les investigations:**

- ● **rechercher une contamination virale B** .... 1 point
  - — recherche d'antigène HBs, d'anticorps anti-HBc .... 2 points
  - — si ces marqueurs sont positifs recherche de l'ADN .... 3 points
- ● **s'assurer de l'absence de contamination par le VIH** .... 5 points
- ● **rechercher l'ARN du virus C; seule sa présence permettrait d'affirmer l'activité virale** .... 5 points
- ● **dosage du taux de prothrombine, du fibrinogène, pour préciser l'insuffisance hépatique** .... 2 points
- ● **dosage de l'alpha-foeto-protéine pour rechercher un hépatocarcinome** .... 2 points
- ● **la suspicion d'hépato-carcinome étant forte, scanner pour rechercher:**
  - — les bosselures d'un foie cirrhotique .... 2 points
  - — un ou des nodules d'hépatocarcinome .... 4 points
- ● **en cas de difficulté d'interprétation IRM** .... 2 points
- ● **fibroscopie à la recherche de varices œsophagiennes** .... 2 points

COMMENTAIRES

Ce dossier illustre la découverte simultanée chez un patient d'une contamination virale C, d'une consommation excessive d'alcool, d'une cirrhose et probablement déjà de l'apparition de nodules d'hépatocarcinome.

Il n'y a aucun piège dans cette observation.

Elle souligne simplement :

- l'importance séméiologique du gros foie ferme à bord inférieur tranchant pour évoquer une cirrhose ;

- l'intérêt de savoir estimer simplement la consommation alcoolique d'un patient à partir des quantités de boissons qu'il avance prendre ;

- l'intérêt de la notion qu'un rapport ASAT/ALAT > 1 est évocateur de maladie alcoolique du foie, et qu'un rapport inverse (rapport < 1) doit inciter à penser à une autre hypothèse qu'une atteinte alcoolique du foie ;

- que dans certains contextes (comme ici) une forte élévation des phosphatases alcalines doit faire évoquer un cancer (primitif ou secondaire) du foie. Mais attention, dans d'autres contextes l'élévation des phosphatases alcalines pourra être d'origine osseuse (métastases ou maladie de Paget) ;

- le risque de transmission virale C et VIH qu'a comporté l'administration de produits stables (plasma et facteurs de coagulation) jusqu'en juin 1987, année où a été introduite la technique de destruction virale par solvant-détergent, de produits labiles (globules rouges et plaquettes) jusqu'au 1er mars 1990 (date à partir de laquelle il y a eu obligation de rechercher les anticorps anti-HCV chez les donneurs).

Mᵐᵉ L. Lucinda, 58 ans, consulte pour asthénie.

Depuis 5 ou 6 mois, elle se sent de plus en plus fatiguée et en est arrivé à effectuer avec difficulté ses tâches ménagères. En fait elle ressent depuis plusieurs années « des coups de pompe » plusieurs fois dans l'année, mais elle l'expliquait par son contexte de vie (voir plus loin).

Elle ne présente aucun signe fonctionnel. Tout au plus a-t-elle moins d'appétit et se sent souvent « lourde à digérer ». Son transit intestinal est régulier.

Antécédents :

- Elle a présenté des épisodes d'infection urinaire il y a quelques années.
- Il y a vingt-deux ans elle avait eu d'importantes hémorragies lors d'avulsion de dents de sagesse.

Contexte :

- Elle a perdu un fils il y a un an. C'était un grand handicapé moteur cérébral depuis un accident de moto survenu il y a quinze ans ; pendant toutes ces années elle s'en est occupée pratiquement seule.
- Elle a une fille, mariée, mère de trois enfants de 2 à 12 ans, qu'elle voit une à deux fois par semaine.
- Avant l'accident de son fils elle avait été institutrice ; elle avait arrêté son métier pour s'occuper de lui.
- Il n'y a pas de tonalité dépressive évidente.
- Depuis trois ans, elle suit un traitement pour hypertension avec un inhibiteur de l'enzyme de conversion. L'équilibre obtenu est parfait, le traitement bien toléré. Par ailleurs elle prend parfois un anti-inflammatoire pour un rhumatisme de l'épaule.
- Elle ne fume pas et ne consomme pas d'alcool.

Examen :

- Mᵐᵉ L. paraît en bon état général malgré sa fatigue. Elle mesure 1,68 m et pèse 53 kg.
- Les bruits du cœur sont normaux.
- pouls 70/min. PA : 12-7 cm Hg.
- Le foie n'est pas palpable. Il n'y a pas d'ascite, pas d'œdème et pas de circulation collatérale.
- Le reste de l'examen clinique est normal, en considérant « *le reste* » comme les gestes d'examen que peut effectuer tout praticien consciencieux devant un tableau où il n'y a guère de point d'appel.

Connaissant bien Mᵐᵉ L. depuis des années vous êtes conduit à penser que son asthénie est liée à une cause organique.

Il n'y a rien de plus à attendre d'une reprise de l'interrogatoire ou de l'examen physique.

Question 1

En vous référant aux formes les plus courantes des affections, énumérez celles qui sont très susceptibles d'être en cause chez Mᵐᵉ L. ; vous tiendrez compte de ces hypothèses pour établir votre stratégie d'investigation.

Question 2

Voici les premiers éléments du bilan biologique :

Hématies	$4,18 \times 10^6/mm^3$	Bilirubine totale	19 µmol/l
– Hémoglobine	13 g/dl	– conjuguée	2 µmol/l (N = 0)
– VGM	94 µ³	– non conjuguée	17 µmol/l (N < 17)
– Hématocrite	39 %	Transaminases ASAT	115 UI/l (N < 35)
Leucocytes	6 500/mm³	Transaminases ALAT	248 UI/l (N < 35)
– neutrophiles	72 %	Phosphatases alcalines	175 UI/l (N < 80)
– éosinophiles	1 %	Gamma-glutamyl Transf	425 UI/l (7-55)
– lymphocytes	20 %	Protides	78 g/l (6-80)
– monocytes	7 %	Albumine	43 g/l (35-50)
Plaquettes	188 000/mm³	Cholestérol	3,4 mmol/l (N 3-5,5)
Vitesse de sédim.	85 1ʳᵉ heure	Triglycérides	0,5 mmol/l (N 0,4-0,8)
		Taux de prothrombine	78 %
		C réactive protéine	29 mg/l (N < 8)
		Na	138 mmol/l
		K	3,8 mmol/l
		Créatinine	108 µmol/l

Sans préjuger de la validité d'autres hypothèses, ce bilan conduit à suivre la piste des affections hépatiques. Quelles sont ces hypothèses ?

Question 3

Ayant orienté votre bilan pour identifier une hépatite chronique vous êtes arrivé à la certitude que Mme L. présente une hépatite chronique C, et elle seule.
Quels sont les examens et leurs résultats qui vous permettent d'être aussi catégorique ?

Question 4

Existe-t-il un intérêt à faire un génotypage du virus ? Justifiez votre réponse.

Question 5

Mme L. a quelques informations sur l'hépatite C ; elle appréhende la biopsie hépatique.
Que pouvez-vous lui répondre sur ce point ?

Question 6

Vous avez pris un avis auprès d'un spécialiste et il apparaît opportun de traiter Mme L.
Quelles sont les objectifs et les moyens thérapeutiques dans une hépatite C chronique comme celle présentée par Mme L. ?

Question 7

Quelles sont les modalités évolutives possibles de l'hépatite chronique C présentée par Mme L. ?

Question 8

Mme L. est très inquiète et a peur de contaminer ses petits enfants. Qu'allez-vous lui expliquer sur ce point de la contamination ?

GRILLE DE CORRECTION

Question 1

25 points

En vous référant aux formes les plus courantes des affections, énumérez celles qui sont très susceptibles d'être en cause chez Mme L. ; vous tiendrez compte de ces hypothèses pour établir votre stratégie d'investigation.

- Une anémie, quelle qu'en soit la cause peut contribuer à la fatigue .... 5 points
  - cancers :
    - digestifs (estomac, colon, pancréas) .... 2 points
    - gynécologiques (ovaire, utérus) .... 2 points
  - hémopathies .... 1 point
    - myélodysplasie .... 1 point
    - lymphome .... 1 point
    - myélome .... 1 point
  - insuffisance thyroïdienne .... 2 points
  - insuffisance surrénalienne .... 2 points
  - tuberculose pulmonaire .... 2 points
  - hépatites chroniques et cirrhoses :
    - virales .... 1 point
    - auto-immunes .... 1 point
    - hémochromatose .... 2 points
  - intolérance au traitement hypotenseur .... 2 points

Question 2

15 points

Sans préjuger de la validité d'autres hypothèses, ce bilan conduit à suivre la piste des affections hépatiques. Quelles sont ces hypothèses ? Justifiez vos propositions.

- Hépatites chroniques et cirrhoses .... 2 points
  - virales, plus C que B .... 2 points
    - antécédent possible de transfusion .... 2 points
    - contamination en faisant les soins à son fils .... 2 points
    - lui-même pouvait être atteint .... 1 point
  - auto-immunes :
    - le syndrome inflammatoire est important .... 3 points
- Hémochromatose :
  - à évoquer par principe en cas d'hépatopathie chronique .... 3 points

Ayant orienté votre bilan pour identifier une hépatite chronique vous êtes arrivé à la certitude que Mme L. présente une hépatite chronique C, et elle seule.

Quels sont les examens et leurs résultats qui vous permettent d'être aussi catégorique?

- **Certitude d'atteinte virale C car:**
  - **détection des anticorps anti-VHC** .... 1 point
  - **et de l'ARN du virus C** .... 2 points
- **Certitude que le virus B n'est pas en cause car:**
  - **soit négativité des marqueurs du virus B** .... 1 point
  - **soit cicatrice d'atteinte passée: anticorps anti-HBs** .... 2 points
- **Pas d'hépatite auto-immune, car recherche négative des auto-anticorps** .... 2 points
- **Pas d'hémochromatose, car fer sérique normal** .... 2 points

Existe-t-il un intérêt à faire un génotypage du virus? Justifiez votre réponse.

- **Le génotypage est utile:**
  - **pour le pronostic** .... 2 points
  - **pour la durée du traitement** .... 1 point
- **Apport de précisions:**
  - **génotype 1: répond dans environ la moitié des cas** .... 1 point
  - **génotypes 2 et 3: répondent dans 70-80 % des cas** .... 1 point

Mme L. a quelques informations sur l'hépatite C; elle appréhende la biopsie hépatique. Que pouvez-vous lui répondre sur ce point?

- **Le dogme de la biopsie hépatique est remis en cause** .... 2 points
- **Des tests biologiques d'activité et de fibrose s'y substituent** .... 2 points
- **À discuter avec le spécialiste** .... 1 point

Vous avez pris un avis auprès d'un spécialiste et il apparaît opportun de traiter Mme L.

Quelles sont les objectifs et les moyens thérapeutiques dans une hépatite C chronique comme celle présentée par Mme L. ?

- **Objectifs:**
  - **essentiellement l'éradication virale**.................................. 3 points
  - **secondairement freiner la fibrose**.................................. 2 points
- **Moyens:**
  - **association interféron retard** .... 3 points
  - **et ribavérine**.. 2 points

Quelles sont les modalités évolutives possibles de l'hépatite chronique C présentée par Mme L. ?

- **Guérison si l'éradication virale est obtenue** .... 5 points
- **Si le traitement échoue**
  - **persistance d'une activité mais sans aggravation** .... 2 points
  - **aggravation de l'hépatite chronique et constitution d'une cirrhose**.. 2 points
    - — **avec ses propres risques de complications**...................... 2 points
    - — **surtout survenue d'un hépatocarcinome**.......................... 4 points
  - **en cas d'aggravation sévère une transplantation peut être discutée** .... 5 points
- → *L'omission d'une évolution possible vers la cirrhose ou le cancer donnerait zéro à la réponse.*

Mme L. est très inquiète et a peur de contaminer ses petits enfants. Qu'allez-vous lui expliquer sur ce point de la contamination?

- **La contamination interhumaine se fait toujours à partir du sang**.. 4 points
- **Le risque de contamination est donc infime dans des conditions de vie normale et en respectant les règles élémentaires d'hygiène**.................................. 2 points
- **Veiller à ce que les enfants n'utilisent pas ses objets de toilette (coupe-ongles, brosses à dents) qui peuvent être contaminés**.................................. 2 points
- **Protéger d'éventuelles plaies personnelles pour ne pas risquer d'être au contact des petites plaies fréquentes chez les enfants** .... 2 points

---

COMMENTAIRES

La fatigue est le grand, et souvent unique, signe d'appel conduisant à découvrir une hépatite chronique.

La fatigue est un signe vague, subjectif, bien mal quantifiable. On peut l'apprécier en demandant aux sujets qui se plaignent de fatigue de préciser ce qu'ils pouvaient faire avant sans gêne et ce qu'ils font avec peine ou sont incapables de faire.

L'importance de ce sujet justifie qu'il soit au programme de l'ECN (item 186 ; *asthénie et fatigabilité*).

Dans ce dossier l'accent a été mis sur une cause organique de fatigue.

La fatigue est un signe majeur dans les affections hépatiques, souvent liée à l'insuffisance hépatique. Néanmoins dans les atteintes virales la fatigue peut ne pas être le reflet d'une insuffisance hépatique. Beaucoup d'hépatites virales C sont actuellement découvertes chez des sujets qui se plaignent depuis des années de fatigue sans que l'hépatite ait été diagnostiquée, soit que les dosages de transaminases n'aient pas été faits, soit qu'il n'ait pas été porté attention à des élévations estimées négligeables.

La notion générale qu'on doive écarter une lésion organique avant d'évoquer une origine psychique est à nuancer. Il n'est pas anodin de méconnaître un état dépressif ou anxieux, de l'accroître par des investigations vaines, et de ne pas le traiter.

Par contre le syndrome de fatigue chronique semble vraiment un diagnostic d'élimination.

La question 1 propose de présenter les hypothèses très susceptibles d'être en cause chez la patiente. Le but est de freiner la tendance à se lancer dans une énumération sans la moindre réflexion. Toutes les causes sont « payantes » mais il y a une gratification de pertinence dans la distinction.

Ensuite le dossier est sans surprise. Certes les hépatites auto-immunes ne sont pas au programme... mais si on est arrivé à ignorer leur existence après avoir appris les hépatites chroniques virales et le programme du module 8 (*Immunopathologie – Réaction inflammatoire*), il y a un problème...

La dernière question aborde un point qui est la hantise de beaucoup de gens atteints d'hépatites C : le risque de contaminer leur entourage. Entre leur propre inquiétude et l'ostracisme que peut leur imposer un entourage, ignorant (voire borné) familial, social ou professionnel, certains patients vivent dans un climat de rejet affectif et social profondément déstabilisant qui finit par retentir sur leur état psychique.

Mme F. Ginette, 42 ans, consulte pour une augmentation de volume de son abdomen.

Depuis environ quinze jours elle a constaté que son abdomen augmentait de volume et elle ne peut plus porter de vêtements serrés. Elle commence à être gênée dans son travail. En outre elle est un peu essoufflée aux efforts et à la marche.

Elle est surprise de grossir car son appétit a plutôt diminué. Son transit intestinal est normal.

Depuis longtemps elle ressentait par moments une gêne douloureuse de la région ombilicale ; en se massant l'abdomen au moment des douleurs elle avait le sentiment que cette gêne disparaissait. Depuis quatre jours elle est ennuyée, et surtout inquiète de voir une « boule » saillir au niveau de son ombilic.

Elle est apparemment en bon état général. C'est une femme de 1,80 m dont le poids habituel est de 104 kg.

Antécédents :

- Appendicectomie à l'âge de 16 ans.
- Deux accouchements sans problème il y a 21 et 18 ans.
- Une fracture de cheville il y a une dizaine d'années, accident de ski.
- Sa mère est décédée il y a trois ans d'un cancer de l'ovaire qui lui avait donné « un gros ventre » ; elle avait remarqué que sa mère avait, elle aussi, une boule sur l'ombilic : ce n'est pas fait pour la rassurer.

Contexte :

- Elle travaille avec son mari. Ils sont maraîchers à leur compte et ont cinq ouvriers permanents. Ce sont de robustes travailleurs, Mme F. assure en plus la tenue de la « paperasse ». Bons mangeurs, ils sont aussi bons buveurs et, originaires du Nord, grands amateurs de bière. Ils sont très insérés dans la vie de la collectivité (M. F. a des responsabilités syndicales, Mme F. fait partie du comité des fêtes). Ils restent très liés avec leur fils et leur fille.
- Un drame dans leur vie : le décès il y a deux ans de leur premier petit-fils emporté en deux mois par une tumeur cérébrale. Si la conversation porte sur ce sujet Mme F. ne peut retenir ses larmes.

Question 1

Avant de passer à l'examen vous avez quelques idées.

Énumérez les causes plausibles de gros abdomen chez Mme F.

Question 2

Le cœur est régulier, la pression artérielle à 12-8 cm Hg, le pouls à 80/min.

L'examen pulmonaire est normal.

L'abdomen est... celui d'une femme qui pèse aujourd'hui 115 kg. Il est donc augmenté de volume. Après palpation et percussion l'épaisseur du pannicule adipeux vous fait hésiter à parler d'ascite. Vous n'avez pas l'impression qu'il y ait une masse abdominale. Par contre il y a une hernie ombilicale saillante, de la grosseur d'une noix, réductible... mais se reproduisant immédiatement.

Il y a un peu d'œdème aux membres inférieurs.

Ascite ou pas : comment allez-vous pouvoir répondre à la question ?

Question 3

Il s'agit bien d'une ascite.

Quelles sont les causes possibles d'ascite chez Mme F. ?

Question 4

Vous revoyez deux jours plus tard Mme F. avec le bilan suivant.

Hématies	$3,85 \times 10^6$/mm³	γ-glutamyl tranférase	645 UI/l (N 7-40)
— Hémoglobine	11,9 g/dl	Glycémie	7,2 mmol/l (N 3,6-6,1)
— Hématocrite	42 %	Cholestérol	7,2 mmol/l (N 3-5,5)
— VGM	109 µ³	Triglycérides	18,5 mmol/l (N 0,4-1,8)
Leucocytes	10 500/mm³	Taux de prothrombine	62 %
Plaquettes	188 000/mm³	C réactive protéine	29 mg/l (N < 8)
Bilirubine totale	32 µmol/l	Protides	72 g/l (60-80)
— conjuguée	17 µmol/l (N = 0)	Albumine	35 g/l (35-50)
— non conjuguée	15 µmol/l (N < 17)	Na	138 mmol/l
Transaminases ASAT	392 UI/l (N < 35)	K	3,8 mmol/l
Transaminases ALAT	123 UI/l (N < 35)	Créatinine	108 µmol/l
Phosphatases alcalines	98 UI/l (N < 80)		

Commentez (interprétez) ce bilan.

Question 5

Retenons comme hypothèse diagnostique que Mme F. présente une *maladie alcoolique du foie*. Cette expression prudente sous-entend plusieurs hypothèses diagnostiques plus précises : lesquelles et comment pourrait-on les distinguer ?

Question 6

Deux semaines ont passé. Avec des conseils diététiques et un traitement diurétique le périmètre abdominal de Mme F. est revenu à son état antérieur, le poids est de 102 kg, il n'y a plus d'œdème des membres inférieurs.

L'avenir à long terme.

Analysez l'ensemble des facteurs du pronostic de Mme F. dont ceux liés aux différents états possibles regroupés sous l'expression *maladie alcoolique du foie* et à leur(s) cause(s). Relever les éléments de pronostic favorable et ceux de pronostic défavorable.

Question 7

Toujours l'avenir à long terme.

Quel(s) traitement(s) envisagez-vous ?

Question 8

Et encore l'avenir à long terme.

En vous limitant aux différents états possibles regroupés sous l'expression *maladie alcoolique du foie* et à leur(s) cause(s), quelles sont les modalités évolutives possibles ?

GRILLE DE CORRECTION

Question 1

5 points

Avant de passer à l'examen vous avez quelques idées.
Énumérez les causes plausibles de gros abdomen chez Mme F.

▦ **Obésité**	1 point
▦ **Grossesse**	1 point
▦ **Ascite**	1 point
▦ **Kyste de l'ovaire**	1 point
▦ **Tumeur abdominale au sens vague du terme**	1 point

Question 2

5 points

Le cœur est régulier, la pression artérielle à 12-8 cm Hg, le pouls à 80/min. L'examen pulmonaire est normal. L'abdomen est… celui d'une femme qui pèse aujourd'hui 115 kg. Il est donc augmenté de volume. Après palpation et percussion l'épaisseur du pannicule adipeux vous fait hésiter à parler d'ascite. Vous n'avez pas l'impression qu'il y ait une masse abdominale. Par contre il y a une hernie ombilicale saillante, de la grosseur d'une noix, réductible… mais se reproduisant immédiatement. Il y a un peu d'œdème aux membres inférieurs.

Ascite ou pas : comment allez-vous pouvoir répondre à la question ?

▦ **Faire une échographie abdominale**	5 points
→ *Effectuer une ponction abdominale donne zéro à la réponse.*	

Question 3

10 points

Il s'agit bien d'une ascite. Quelles sont les causes possibles d'ascite chez Mme F. ?

▦ **Maladie alcoolique du foie**	1 point
• **stéato-hépatite**	1 point
• **hépatite alcoolique**	1 point
• **cirrhose**	1 point
▦ **Cancer de l'ovaire**	2 points
▦ **Syndrome de Demons Meigs**	1 point
▦ **Carcinose péritonéale**	1 point
▦ **Tuberculose péritonéale**	1 point
▦ **Insuffisance cardiaque (myocardiopathie alcoolique)**	1 point

Question 4

10 points

Commentez (interprétez) ce bilan.

- ▪ **Atteinte alcoolique du foie avec**
  - ○ **macrocytose**..**2 points**
  - ○ **cytolyse évoquant une hépatite alcoolique
    ASAT/ALAT > 2**...**2 points**
  - ○ **ictère mixte** ....**1 point**
  - ○ **hypertriglycéridémie cohérente avec l'alcoolisme**....................**2 points**
  - ○ **insuffisance hépatique (albumine et TP abaissés)**....................**2 points**
  - ○ **possibilité d'hypersplénisme (taux de plaquettes un peu bas).1 point**

Question 5

10 points

Retenons comme hypothèse diagnostique que Mme F. présente une maladie alcoolique du foie. Cette expression prudente sous-entend plusieurs hypothèses diagnostiques plus précises : lesquelles et comment pourrait-on les distinguer ?

- ▪ **Hépatite alcoolique** ....**3 points**
- ▪ **Stéatose ou stéato-hépatite** ....**2 points**
- ▪ **Cirrhose**...**2 points**
- ▪ **La biopsie hépatique est le meilleur moyen pour les distinguer ... 3 points**

Question 6

20 points

Deux semaines ont passé. Avec des conseils diététiques et un traitement diurétique le périmètre abdominal de Mme F. est revenu à son état antérieur, le poids est de 102 kg, il n'y a plus d'œdème des membres inférieurs.

L'avenir à long terme.

Analyser l'ensemble des facteurs du pronostic de Mme F. dont ceux liés aux différents états possibles regroupés sous l'expression maladie alcoolique du foie et à leur(s) cause(s). Relever les éléments de pronostic favorable et ceux de pronostic défavorable.

- ▪ **Obésité**...**2 points**
- ▪ **Consommation excessive d'alcool**...**4 points**
- ▪ **Type de l'atteinte hépatique dont l'évolution est liée
  à l'arrêt ou non de l'alcool :**
  - ○ **guérison possible d'une stéatose
    ou d'une hépatite alcoolique** ....**1 point**
  - ○ **stabilisation d'une cirrhose** ....**1 point**
- ▪ **Hernie ombilicale**..**1 point**
- ▪ **Peut-être une hypercholestérolémie (à vérifier après cet épisode) 1 point**
- ▪ **Éléments favorables :**
  - ○ **bonne insertion professionnelle et socio-familiale**....................**2 points**
  - ○ **capable de comprendre ses problèmes**....................................**2 points**
  - ○ **probablement pas de dépendance alcoolique**............................**2 points**
- ▪ **Éléments défavorables :**
  - ○ **culture de consommation excessive** ....**2 points**
  - ○ **état dépressif possible**...**2 points**

Toujours l'avenir à long terme.

Quel(s) traitement(s) envisagez-vous?

■ **Traiter l'alcoolisme et l'obésité**..2 points
  • **poursuite du sevrage**..2 points
  • **diminution des apports caloriques**..2 points
  • **suivi psychologique**...1 point
  • **éventuellement psychothérapie si état dépressif**........................2 points
■ Traiter la maladie hépatique
  • **le sevrage suffit en cas d'hépatite alcoolique
    ou de stéatose**..3 points
  • **en cas de cirrhose le sevrage reste très important:**
    — **mais le pronostic est à l'hypertension portale**...................1 point
    — **d'où l'intérêt d'une endoscopie**..1 point
    — **et en cas de varices traitement préventif**..........................1 point
■ **Faire opérer la hernie ombilicale car risque de rupture
  en cas d'ascite**..5 points

Et encore l'avenir à long terme.

En vous limitant aux différents états possibles regroupés sous l'expression *maladie alcoolique du foie* et à leur(s) cause(s) quelles sont les modalités évolutives possibles.

■ **L'avenir dépend essentiellement de la poursuite
  ou non de l'alcoolisme:**
  • **situation favorable: abstinence**..2 points
  • **situation défavorable poursuite de l'alcoolisation
    avec risques:**
    — **d'aggravation de l'état hépatique**.....................................1 point
    — **de pancréatite**...1 point
    — **de lésions neurologiques**..1 point
    — **de cancer des voies aéro-digestives**..................................1 point
■ **Si Mme F. a une hépatite alcoolique:**
  • **celle-ci peut disparaître avec le sevrage**................................2 points
■ **Si Mme F. a une stéato-hépatite:**
  • **le sevrage alcoolique peut être insuffisant**.............................1 point
  • **l'obésité joue un rôle**..4 points
■ **Si Mme F. a une cirrhose:**
  • **en cas de sevrage stabilisation des lésions mais**.....................1 point
    — **risque d'hémorragie si elle présente des varices
      œsophagiennes**...1 point
    — **risque d'hépatocarcinome**..1 point
  • **en cas de poursuite de l'intoxication aggravation de la cirrhose:**
    — **récidive de l'ascite et des œdèmes**...................................1 point
    — **hémorragie**..1 point
    — **ictère**..1 point
    — **encéphalopathie**..1 point

COMMENTAIRES

Plusieurs domaines pratiques sont abordés dans ce dossier.

Le premier est celui du diagnostic d'ascite devant un gros ventre. Le débat paraît académique tant qu'on n'est pas confronté aux gros abdomens de patients obèses qui viennent se plaindre du « *gonflement de leur ventre* ». S'il est aisé d'éliminer une distension par de l'air (l'abdomen serait alors tympanique), il peut être impossible d'affirmer ou d'infirmer une ascite. Bien sûr c'est l'échographie qui fait le diagnostic et il n'y a plus lieu « *de mettre une aiguille pour voir* » ; le geste peut induire en erreur si on conclut à l'absence d'ascite alors que l'aiguille n'a pas franchi le pannicule adipeux, il peut être dangereux en cas de kyste de l'ovaire... ou de grossesse. Le fait de ponctionner à l'aveugle serait pénalisé compte tenu des hypothèses qui ont dû être données dans la première réponse.

Ensuite ce dossier incite à revoir les causes d'ascites et à lutter contre l'abusive généralisation « *ascite = cirrhose... alcoolique* ».

Toute ascite en rapport avec une atteinte hépatique ne signifie pas que le foie est cirrhotique. Des hépatites alcooliques, des stéatoses alcooliques, l'état mixte que constitue la stéato-hépatite peuvent entraîner une ascite ; ces lésions anatomo-pathologiques sont totalement réversibles si le patient s'arrête de boire.

L'occasion est trop belle pour ne pas faire un clin d'œil aux *stéato-hépatites non alcooliques* (NASH pour les intimes de l'hépatologie en langue anglaise) qu'on observe de plus en plus souvent avec l'appesantissement d'une population qui se laisse gaver aux glucides sous toutes les formes.

Peut-on être obèse et cirrhotique ? Plusieurs fois oui :

— les NASH peuvent conduire à des cirrhoses en dehors de toute prise d'alcool ;

— on peut être obèse et avoir une hépatite chronique C ou B ;

— on peut être obèse et présenter une cirrhose alcoolique : on est loin du stéréotype de l'alcoolique maigre, peau et os autour d'un fardeau d'eau.

Bien sûr, c'est le moment de réviser les définitions de cirrhose, stéatose, hépatite alcoolique et les quelques mots de physiopathologie qu'on trouve partout.

Le pronostic à long terme est la partie la plus importante de ce dossier ; déjà infiltré dans la question sur le traitement il accapare la moitié des points.

La seule difficulté est de trouver le plan de présentation le plus simple. Une bonne occasion pour construire un organigramme : à vous !

Enfin, « *cerise sur la brioche* », la hernie ombilicale. Il fait partie de l'ennuyeux item 245 *Hernie pariétale chez l'enfant et chez l'adulte*. Il n'y a guère que trois occasions pour en parler : l'occlusion intestinale, le risque de rupture chez le cirrhotique et la femme enceinte. La rupture de hernie ombilicale chez un cirrhotique n'est pas nécessairement le geyser, mais entraîne une sérieuse fuite d'ascite plus ou moins difficile à contrôler par la fixation d'une poche pour stomie. C'est un service à rendre à Mme F. que de la faire opérer de cette hernie (et on demandera au chirurgien de profiter de l'intervention pour faire une biopsie hépatique car, finalement, nous ne savons toujours pas comment est son foie !).

M. Olivier L., 38 ans, veut acheter un appartement.

Il a donc décidé de faire un emprunt, ce qui implique de souscrire une assurance dont le montant de la prime est fonction de l'espérance de vie.

Ceci a donc conduit M. L. à vous demander de lui faire pratiquer un bilan.

Antécédents :

- Son seul antécédent notable est d'avoir été une des victimes, en 1986, d'un incendie criminel dont la presse s'était fait l'écho en son temps. Il avait eu des brûlures du torse et du cou (les membres, le visage avait été épargné) et passé deux mois dans un service des Brûlés.

- Il a eu les affections éruptives de l'enfance.

- Il avait douze ans lorsque son père est décédé dans un accident d'avion. Sa mère a 62 ans et est bien portante ; elle vit toujours dans les Ardennes, berceau de la famille. Il a une sœur coiffeuse.

Contexte :

- M. L. travaille pour une grosse société automobile. Il est marié, a trois enfants ; son aînée atteint l'âge de 16 ans, veut faire des études, et c'est pourquoi il a préféré rentrer en France après avoir passé une partie de son activité professionnelle en Amérique du Sud.

À l'examen que vous aviez fait il y a une semaine vous n'aviez rien trouvé de particulier.

- M. L. a tous les signes apparents d'une bonne santé : il mesure 1,80 m, pèse 83 kg, fait du sport, s'alimente sainement. Il boit modérément, prenant tout au plus un verre de vin par repas, et souvent ne prenant que de l'eau. Il a fumé pendant quatre ou cinq ans, lors de ses études, puis a arrêté spontanément. Il ne prend aucun médicament. Il n'a jamais fait usage de drogues.

- Il ne se plaint pratiquement de rien. Quelquefois il a l'impression d'être fatigué indûment, mais il sait qu'il est sous pression car le marché automobile n'est pas au beau fixe. De temps en temps il ressent des douleurs au niveau des mains lorsqu'il bricole.

- Au plan cardio-vasculaire tout vous a paru normal : tension artérielle 131-85 mm de Hg, pouls à 76/min. Le reste de l'examen est normal.

Lui et vous êtes donc désagréablement surpris des résultats du bilan de routine que voici.

Transaminases ASAT	134 UI/l (N < 35)
Transaminases ALAT	198 UI/l (N < 35)
Phosphatases alcalines	123 UI/l (N < 80)
γ-glutamyl transférases	453 mmol/l (N < 55)
Protides	78 g/l (60-80)
Albumine	43 g/l (35-50)
Glycémie	5,02 mmol/l (N 3,5-6)
Cholestérol	3,8 mmol/l (N 3-5,5)
Triglycérides	0,7 mmol/l (N 0,4-0,8)
Créatinine	108 µmol/l (N 60-120)
Hématies	$4,82 \times 10^6$/mm³
— Hémoglobine	14,9 g/dl
— VGM	92 µ³
— Hématocrite	44 %
Leucocytes	6 500/mm³
— neutrophiles	72 %
— éosinophiles	1 %
— lymphocytes	20 %
— monocytes	7 %
Plaquettes	248 000/mm³

Un tel bilan chez un patient asymptomatique conduit à discuter un certain nombre d'hypothèses. Discutez ces hypothèses dans le cas précis de ce patient.

Le collègue biologiste qui a fait le bilan de M. L. est un de ses amis et spontanément il a prolongé le bilan. Ce complément vous arrive par fax.

Taux de prothrombine	72 %
Bilirubine totale	15 µmol/l
conjuguée	0 µmol/l (N = 0)
non conjuguée	15 µmol/l (N < 17)
Acide urique	260 µmol/l (150-550)
Na	138 mmol/l
K	3,8 mmol/l
Créatinine	108 µmol/l (60-120)
Fer	41 µmol/l (10-27)
Transferrine	2,2 g/l (2-3,8)
Coefficient de saturation	0,84 (0,27-0,44)
Ferritine	1 640 µg/l (20-300)

1. Commentez ce bilan.
2. Quelle(s) hypothèse(s) doit-il faire retenir?

Comment allez-vous compléter le bilan pour arriver au diagnostic? Justifiez votre réponse.

1. Retenons l'hypothèse que le bilan permette de retenir une maladie métabolique par surcharge : Quelle est cette affection?
2. Quelles sont les conséquences
– pour M. L. (prendre connaissance de la question suivante pour éviter de faire des répétitions) ;
– pour sa famille ;
– pour sa carrière ;
– pour sa vie sociale.

Toujours dans l'hypothèse que le bilan permette de retenir une maladie métabolique par surcharge, précisez quels sont les facteurs possibles du pronostic à long terme chez M. L. (en s'en tenant aux lésions hépatiques).

GRILLE DE CORRECTION

Question 1

20 points

Un tel bilan chez un patient asymptomatique conduit à discuter un certain nombre d'hypothèses. Discutez ces hypothèses dans le cas précis de ce patient.

- ■ **Les anomalies sont une élévation des transaminases et des gamma-GT**
- ■ **Il semble qu'on puisse exclure :**
  - • **une atteinte alcoolique du foie** ....**1 point**
    - — **apparemment pas de consommation excessive** ....**1 point**
    - — **cytolyse prédominant sur les ALAT (contre une hypothèse d'hépatopathie alcoolique)** ....**2 points**
    - — **pas d'augmentation du VGM** ....**1 point**
  - • **une cause médicamenteuse** ....**1 point**
    - — **l'observation ne fait pas état de prise de médicament** ....**1 point**
  - • **une stéatose ou stéato-hépatite** ....**2 points**
    - — **pas de surcharge pondérale** ....**1 point**
    - — **glycémie, cholestérol, triglycérides, sont à des taux normaux** ....**1 point**
- ■ **On peut évoquer :**
  - • **une hépatite chronique virale** ....**1 point**
    - — **cytolyse prédominant sur les ALAT** ....**2 points**
    - — **plutôt hépatite C car probable utilisation de produits sanguins en 86 lors du traitement des brûlures** ....**1 point**
    - — **mais il a pu contracter une hépatite B** ....**1 point**
  - • **une hémochromatose** ....**1 point**
    - — **à évoquer de principe** ....**1 point**
    - — **dans cette hypothèse les douleurs des mains seraient à préciser (douleurs métacarpo-phalangiennnes des 2ᵉ et 3ᵉ doigts ?)** ....**1 point**
  - • **une hypo ou une hyperthyroïdie :**
    - — **à évoquer de principe mais il n'y a pas ici de signe clinique évocateur** ....**1 point**

Question 2

10 points

1. Commentez ce bilan.
2. Quelle(s) hypothèse(s) doit-il faire retenir ?

1. **Ce bilan montre une surcharge ferrique** ....**1 point**	
• **commentaire des résultats** ....**3 points**	
2. • **hémochromatose primitive** ....**3 points**	
• **surcharge ferrique dans une hépatite chronique C** ....**3 points**	

Comment allez-vous compléter le bilan pour arriver au diagnostic ?
Justifiez votre réponse.

> ■ **Recherches des marqueurs viraux :**
> - • **anticorps anti-VHC** .... 1 point
>   - — **recherche de l'ARN si positif**............................... 1 point
> - • **antigène HBs et** .... 1 point
>   - — **recherche de l'ADN si positif** .... 2 points
> ■ **Recherche de la mutation C282Y du gène HFE** .... 2 points
> - • **à l'état homozygote**.. 2 points
> - • **avec le consentement du patient**.............................. 1 point

1. Retenons l'hypothèse que le bilan permette de retenir une maladie métabolique par surcharge : Quelle est cette affection ?
2. Quelles sont les conséquences
– pour M. L. (prendre connaissance de la question suivante pour éviter de faire des répétitions) ;
– pour sa famille ;
– pour sa carrière ;
– pour sa vie sociale.

> 1. **Une hémochromatose primitive**.. 3 points
> 2. **Les conséquences :**
> ■ **Pour M. L. :**
> - • **traitement par saignées**.. 2 points
> - • **jusqu'à normalisation des taux de fer sérique et de ferritinémie**... 3 points
> - • **un traitement bien suivi prévient :**
>   - — **l'évolution vers une cirrhose** .... 3 points
>   - — **un hépatocarcinome** .... 2 points
> ■ **Conséquences pour sa famille :**
> - • **recherche de la mutation C282Y du gène HFE**
> - • **chez les membres de sa famille** .... 2 points
> - • **avec leurs autorisations**.. 4 points
> - • **chez sa femme** .... 3 points
> - • **et si elle a la mutation recherche de la mutation :**
>   - — **chez ses enfants**.. 2 points
>   - — **à leur majorité** .... 2 points
>   - — **dans sa fratrie s'il a des frères et sœurs** .... 2 points
>   - — **éventuellement chez ses ascendants** .... 2 points
>   - — **qui eux-mêmes seraient pris en charge en cas de mutation :**
>   - — **simple suivi en cas d'absence de surcharge en fer.** 3 points
>   - — **saignées en cas de surcharge** .... 3 points
> ■ **Conséquences pour sa carrière :**
> - • **aucun retentissement**.. 2 points
> ■ **Conséquences pour sa vie sociale :**
> - • **le coût de la prime d'assurance sera probablement plus élevé que s'il n'avait pas d'hémochromatose** .... 2 points

Question 5

20 points

Toujours dans l'hypothèse que le bilan permette de retenir une maladie métabolique par surcharge, précisez quels sont les facteurs possibles du pronostic à long terme chez M. L. (en s'en tenant aux lésions hépatiques).

- Son observance du traitement...4 points
- L'état du foie lors de la prise en charge..3 points
- Bon pronostic en l'absence de cirrhose si le traitement est bien suivi..3 points
- Aggravation si le traitement n'est pas suivi :
  - risques des complications de la cirrhose.......................................5 points
  - risque de survenue d'un hépatocarcinome.....................................5 points

COMMENTAIRES

Ce dossier illustre d'abord les réflexions diagnostiques et la conduite du bilan chez un patient asymptomatique présentant des anomalies biologiques hépatiques.

Il questionne ensuite sur l'hémochromatose : tout est bien banal sauf peut-être la formulation de la question 4. Il s'agit de s'entraîner...

M. Émile F., 57 ans consulte pour une sensation de lourdeur épigastrique remontant à quelques jours. Il a moins d'appétit, moins d'entrain.

Par contre il ne présente aucun autre signe fonctionnel.

Examen clinique :

- M. F. apparaît en bon état général, pesant 86 kg pour 1,67 m.
- Vous avez la surprise de palper un foie augmenté de volume, débordant de 6 cm le rebord costal dans le creux épigastrique, de 4 cm dans l'hypochondre droit, régulier, sensible mais pas réellement douloureux. La consistance de ce foie est... vous hésitez entre dure et ferme, La surcharge pondérale de M. F. ne vous permet pas de bien apprécier le bord inférieur.
- Le reste de l'examen clinique... (voir question 2).

Antécédent :

- Appendicectomie à 23 ans.
- En 1985 il a eu un accident de voiture responsable d'un traumatisme de la face, de fractures de côtes avec un hémothorax.
- Accès de paludisme lors d'un séjour au Cameroun il y a quinze ans.

Contexte :

- M. F. a pris sa retraite il y a deux ans. Il travaillait à la SNCF comme ingénieur.
- Divorcé d'un premier mariage il y a 15 ans, il s'est remarié il y a six ans.
- C'est un homme qui fume deux cigares par jour depuis l'âge de 25 ans. Il prend du vin à table (1 à 2 verres) et une ou deux fois par semaine un apéritif.

Question 1

Sans surprise le fait de découvrir ce gros foie chez M. F. conduit à évoquer une atteinte cirrhotique ou une atteinte cancéreuse.
Détaillez les causes possibles, chez M. F., d'une atteinte cirrhotique ou d'une atteinte néoplasique.

Question 2

Compte tenu de ces causes possibles sur quels points votre examen clinique est-il particulièrement vigilant ?

Question 3

Votre examen clinique ne vous a rien appris de nouveau, et ce malgré le soin que vous y avez apporté.

C'est donc en fonction des hypothèses présentées en réponse à la première question que vous allez établir une stratégie d'investigation en deux étapes : la première de débrouillage, la seconde d'investigations plus ciblées. L'objectif est d'arriver avec efficience au diagnostic. On souhaite d'une stratégie qu'elle soit efficace et efficiente. Donnez une définition de l'efficience.

Question 4

Pour l'étape de débrouillage, vous demandez des examens de laboratoire et une échographie hépatique.

Quel(s) examen(s) de laboratoire(s) demandez-vous ? Pour chaque proposition précisez ce que vous en attendez.

Question 5

Première éventualité au terme de cette étape de débrouillage
Voici les résultats de quelques examens de laboratoires.

Hématies	$3,95 \times 10^6$/mm³
— Hémoglobine	12,2 g/dl
— Hématocrite	36 %
Leucocytes	10 500/mm³
Plaquettes	198 000/mm³
Taux de prothrombine	72 %
Bilirubine totale	15 µmol/l
— conjuguée	0 µmol/l (N = 0)
— non conjuguée	15 µmol/l (N < 17)
Transaminases ASAT	43 UI/l (N < 35)
Transaminases ALAT	38 UI/l (N < 35)
Phosphatases alcalines	1 698 UI/l (N < 80)
Glycémie	4,6 mmol/l (N 3,6-6,1)
Protides	72 g/l
Albumine	40 g/l

L'échographie a montré une douzaine de nodules hépatiques dont le diamètre va de 10 mm à 35 mm, trois dans le foie gauche, les autres disséminés dans le foie droit.

1. Quelle est votre interprétation de cet ensemble ?
2. Quelles informations peut apporter la réalisation d'un scanner à cette étape ?

Seconde éventualité au terme de cette étape de débrouillage
Ci-contre voici les résultats de quelques examens de laboratoire.

Hématies	$3,95 \times 10^6/mm^3$
— Hémoglobine	12,2 g/dl
— Hématocrite	36 %
Leucocytes	6 500/mm³
Plaquettes	96 000/mm³
Taux de prothrombine	54 %
Bilirubine totale	15 µmol/l
— conjuguée	0 µmol/l (N = 0)
— non conjuguée	15 µmol/l (N < 17)
Transaminases ASAT	126 UI/l (N < 35)
Transaminases ALAT	237 UI/l (N < 35)
Phosphatases alcalines	87 UI/l (N < 80)
Protides	67 g/l
Albumine	36 g/l

L'échographie a montré un gros foie hétérogène sans nodule individualisable
1. Quelle est votre interprétation de cet ensemble?
2. Quels examens à visée diagnostique sont nécessaires?

GRILLE DE CORRECTION

Détaillez les causes possibles d'une atteinte cirrhotique ou d'une atteinte néoplasique chez M. F.

- ▪ **Cirrhose :**
  - • post-hépatitique ....1 point
  - • alcoolique ....1 point
  - • hémochromatose ....2 points
- ▪ **Cancer du foie :**
  - • secondaire : le primitif pouvant être
    - — bronchique ....1 point
    - — digestif (gastrique, pancréatique, rectal ou colique) ...... 3 points
    - — prostatique..1 point
    - — rénal...1 point
    - — testiculaire ....1 point
    - — thyroïdien ....1 point
    - — mammaire ....1 point
    - — une tumeur neuro-endocrine pas toujours localisable .... 1 point
  - • primitif : hépato ou cholangio-carcinome.................................1 point

Compte tenu de ces causes possibles sur quels points votre examen clinique est-il particulièrement vigilant ?

- ▪ **Dans l'hypothèse de cirrhose, recherche :**
  - • d'une ascite, d'une circulation collatérale, d'œdème des membres inférieurs ....2 points
  - • d'angiomes stellaires..2 points
  - • d'une splénomégalie ....2 points
  - • des petits signes d'imprégnation alcoolique ....1 point
- ▪ **Dans l'hypothèse de cancer :**
  - • recherche d'adénopathie (surtout ganglion de Troisier) ....2 points
  - • palpation soigneuse de l'abdomen à la recherche d'une masse...1 point
    - — gastrique ou colique ....1 point
  - • toucher rectal :
    - — cancer du rectum ....2 points
    - — cancer de la prostate ....2 points
  - • palpation des reins..1 point
  - • palpation des seins..1 point
  - • palpation de la thyroïde..1 point
  - • palpation des testicules ....1 point
  - • recherche de métastases cutanées ....1 point

On souhaite d'une stratégie qu'elle soit efficace et efficiente. Donnez une définition de l'efficience.

▪ **De façon générale atteindre l'efficacité au moindre coût** .... 5 points
▪ **En médecine ce moindre coût est en termes :**
• **de risques, de pénibilité des examens pour le patient**............... 3 points
• **de coût financier**... 2 points

Pour l'étape de débrouillage, que feriez-vous comme examen(s) de laboratoire(s) ? Pour chaque proposition précisez ce que vous en attendez.

▪ **Hémogramme à la recherche d'une anémie, d'une macrocytose**.. 2 points
▪ **Dosage des phosphatases alcalines :**
• **souvent élevé en cas d'atteinte néoplasique du foie** .... 2 points
• **et en cas de cholestase, même anictérique**.................................... 1 point
▪ **Dosage des gamma-glutamyl tranférase :**
• **marqueur de consommation excessive d'alcool**........................... 1 point
• **mais aussi signe de cholestase** .... 2 points
▪ **Transaminases à la recherche d'une cytolyse**................................... 1 point
▪ **Glycémie à la recherche d'un diabète** .... 1 point
→ *À cette étape où on hésite entre cirrhose et cancer, la recherche des marqueurs tumoraux et des sérologies virales ne donne pas de points ; ces recherches coûteuses doivent être faites après le résultat de l'échographie. Une batterie excessive de tests peut donner zéro à la réponse.*

1. Quelle est votre interprétation de cet ensemble ?
2. Quelles informations peut apporter la réalisation d'un scanner à cette étape ?

---

1. **Foie présentant des métastases**..**2 points**

2. **On suppose que le scanner demandé est thoraco-abdomino-pelvien. Les informations qu'il peut apporter sont nombreuses :**

  - **au niveau de l'abdomen :**
    - **il précise le nombre et le siège des métastases hépatiques**..**1 point**
    - **et il y a possibilité de suspecter ou affirmer :**
      - **un cancer gastrique**..**2 points**
      - **un cancer du pancréas**..**2 points**
      - **un cancer colique**..**2 points**
      - **un cancer du rein**..**2 points**
    - **parfois une masse tumorale dont on ne peut préciser l'organe de départ**..**1 point**
    - **des adénopathies profondes**....................................**1 point**

  - **au niveau pelvien il y a possibilité de suspecter ou affirmer :**
    - **un cancer du rectum**..**2 points**
    - **un cancer prostatique**..**1 point**
    - **un cancer de la vessie**..**1 point**

  - **au niveau thoracique il y a possibilité de suspecter ou affirmer :**
    - **un cancer bronchique**..**1 point**
    - **des adénopathies**..**1 point**
    - **une tumeur médiastinale**..**1 point**

1. Quelle est votre interprétation de cet ensemble?
2. Quels examens à visée diagnostique sont nécessaires?

1. **L'ensemble est évocateur d'une cirrhose car...** .... 2 points
   - **il y a une cytolyse** .... 1 point
     — **avec un rapport ASAT/ALAT qui n'est pas en faveur d'une atteinte alcoolique** .... 2 points
   - **il y a une insuffisance hépatique : albumine et TP** .... 2 points
   - **la thrombopénie évoque un hypersplénisme** .... 2 points
2. - **Recherche des marqueurs du virus C :**
     — **anticorps anti-VHC** .... 1 point
     — **et si positif recherche de l'ARN** .... 2 points
   - **recherche de marqueurs du virus B**
     — **antigène HBs et anticorps anti-HBc** .... 1 point
     — **et si positif recherche de l'ADN** .... 2 points
   - **recherche d'une hémochromatose : recherche d'une élévation**
     — **du fer sérique** .... 2 points
     — **du coefficient de saturation de la sidérophiline** .... 2 points
     — **du taux de ferritinémie** .... 2 points
     — **en cas d'élévation**
        — **recherche de la mutation C282Y du gène HFE** .... 2 points
        — **à l'état homozygote** .... 2 points

COMMENTAIRES

Devant la découverte d'une hépatomégalie isolée il faut procéder par étapes pour arriver au diagnostic. Actuellement les moyens d'investigations biologiques et d'imagerie non invasifs permettent d'aller loin.

Se lancer immédiatement après l'étape clinique dans des demandes de marqueurs tous azimuts est une attitude critiquable. Il faut savoir attendre les résultats d'une première série d'examens biologiques et biochimiques, d'une échographie, d'une radiographie pulmonaire (dont il n'a pas été question ici) avant d'aller plus loin.

Après l'étape de débrouillage il vous a été demandé de réfléchir à la suite à donner dans deux éventualités, celle de la mise en évidence de métastases, celle d'un gros foie cirrhotique.

Vous pouvez réfléchir à d'autres éventualités :

— biologie de cirrhose et mise en évidence d'un nodule hépatique ;

— découverte de lacunes hépatiques et ;

— ou d'une image ronde thoracique ;

— ou d'une tumeur abdominale (rein, pancréas, côlon) ;

— hémogramme d'hémopathie et gros foie homogène.

Télévisions, radios et journaux apportent quotidiennement leurs lots d'informations sur les conséquences d'un catastrophique tsunami en Asie du sud-est.

M. Éric M., 27 ans, était parti passer quelques jours de vacances en Thaïlande. Il a été d'autant plus épargné qu'il ne se trouvait pas dans la région concernée.

Il a entendu parler de la crainte de la survenue d'épidémies dans ces régions sinistrées. Fatigué, il vient de constater que son teint est un peu jaune.

Il ne présente (et n'a pas présenté) ni douleur, ni fièvre.

Ses conjonctives sont effectivement un peu jaunes.

Question 1

Énumérez vos hypothèses diagnostiques ; ensuite reprenez-les une à une en précisant les points d'interrogatoire sur lesquels vous insisteriez.

Question 2

Décrivez votre examen clinique

Question 3

En donnant un exemple chiffré quels résultats biochimiques vous permettraient d'affirmer une hépatite aiguë virale ?

Question 4

Voici le résultat du bilan effectué chez ce patient :
– Hémogramme normal.
– Bilirubine 53 µmol/l – (conjuguée 15 – non conjuguée 38).
– Transaminases normales.
– Recherche positive des anti-VHA totaux, négative des IgM.
– Présence d'anticorps anti-HBs, mais absence d'anticorps anti-HBc, absence d'antigène HBs.
– Absence d'anticorps anti-VHC.
Interprétez ces résultats tout en précisant le diagnostic qui s'impose.

Question 5

Quel est le mécanisme physio-pathologique en cause ?

Question 6

M. Éric M. vous demande si sa maladie est grave, si son avenir est compromis.
Que lui répondez-vous ?

GRILLE DE CORRECTION

Question 1

25 points

Énumérez vos hypothèses diagnostiques ; ensuite reprenez-les une à une en précisant les points d'interrogatoire sur lesquels vous insiste-riez.

- Surtout une hépatite aiguë A, B ou C, qui pourrait être en lien avec son voyage, une maladie de Gilbert, une hépatite chronique qu'on découvrirait
- Qualité de l'énumération précédente, sans hypothèse farfelue .... 3 points
- Hépatite aiguë :
  - hépatite A :
    - région d'endémie .... 2 points
    - a-t-il été vacciné ? .... 3 points
  - hépatite B ou C :
    - a-t-il été vacciné contre l'hépatite B .... 4 points
    - a-t-il des comportements à risques ....1 point
      - vagabondage sexuel sans préservatif ....1 point
      - usage de drogues IV ....1 point
      - tatouages ou piercing ....1 point
  - autres hépatites virales aiguës ....2 points
    - mononucléose infectieuse ....1 point
    - cytomégalovirus ....1 point
- « Maladie » de Gilbert : à évoquer systématiquement du fait de sa fréquence ....2 points
- Une hépatite chronique B ou C pourrait être découverte à cette occasion sans lien avec le récent voyage ....3 points
- → *La formulation d'autres hypothèses n'apporte pas de point, et peut même en retirer en cas de propositions aberrantes.*
- → *L'omission d'une des trois grandes hépatites (A, B, C) donne zéro à la question.*

Question 2

15 points

Décrivez votre examen clinique

- Cet examen clinique insiste particulièrement sur la recherche :
  - d'un gros foie .... 3 points
  - d'une splénomégalie .... 3 points
  - d'adénopathies périphériques (cervicales et axillaires +++)... 3 points
  - d'une angine .... 2 points
  - d'une éruption cutanée .... 2 points
  - de tatouages, piercing .... 2 points

En donnant un exemple chiffré quels résultats biochimiques vous permettraient d'affirmer une hépatite aiguë virale?

→ *Considérez pour cet exemple que la limite supérieure du taux normal des transaminases est à 30.*
- **Dosage des transaminases** .... **2 points**
- **Exemple chiffré** .... **8 points**
  - **si résultats supérieurs à 1000, ou N x 30 et plus** .... **(les 8 points)**
  - **si résultats entre 300 et < 1000, ou N x 10 à 29** .... **(4 points)**
  - **résultats inférieurs à 300, ou N x 2 à 9** .... **(aucun point)**

Voici le résultat du bilan effectué chez ce patient:
– Hémogramme normal.
– Bilirubine 53 µmol/l – (conjuguée 15 – non conjuguée 38).
– Transaminases normales.
– Recherche positive des anti-VHA totaux, négative des IgM.
– Présence d'anticorps anti-HBs, mais absence d'anticorps anti-HBc, absence d'antigène HBs.
– Absence d'anticorps anti-VHC.
Interprétez ces résultats tout en précisant le diagnostic qui s'impose.

- **Les taux normaux de transaminases écartent les hypothèses d'hépatite aiguë** .... **5 points**
- **Il s'agit d'une banale maladie de Gilbert** .... **5 points**
  - **car transaminases et hémogramme normaux** .... **5 points**
- **Il a eu dans le passé un contact avec le virus A** .... **3 points**
  - **ou a été vacciné contre l'hépatite A** .... **2 points**
- **Il a été vacciné contre l'hépatite B** .... **5 points**
- **Il n'a pas été en contact avec le virus de l'hépatite C** .... **5 points**

Quel est le mécanisme physio-pathologique en cause?

- **Un déficit de la glycuro-conjugaison de la bilirubine (ou déficit de la glycuronyl-transférase)** .... **3 points**
- **À l'intérieur du foie** .... **2 points**
- **Qui touche 5 % de la population** .... **3 points**
- **Est transmis comme un caractère autosomal dominant** .... **2 points**

M. Éric M. vous demande si sa maladie est grave, si son avenir est compromis.
Que lui répondez-vous?

- **Cette anomalie biochimique est sans gravité** .... **5 points**
- **Il ne doit avoir aucune crainte pour son avenir** .... **5 points**

COMMENTAIRES

Ce dossier permet de revenir sur le diagnostic des hépatites virales aiguës et impose de connaître la maladie de Gilbert (certains disent le syndrome).

Il ne s'agit pas d'un exercice académique et sophistiqué pour l'ECN. Cette anomalie fréquente est méconnue et sa méconnaissance est à la source d'une débauche d'examens complémentaires (sérologies virales, bilans immunologiques, échographie, scanner) inutiles et coûteux.

Question 1 : dans la grille de correction vous avez lu « maladie de Gilbert : à évoquer systématiquement du fait de sa fréquence ».

Attention ! Cette « évocation » n'est valable qu'en cas d'ictère peu intense chez un sujet en parfait état général, qui n'a ni douleur, ni fièvre. Il est rare qu'un patient atteint de maladie de Gilbert présente un taux de bilirubine qui atteigne les 50 mg/l.

Par contre chez un patient qui présente une tout autre affection qui l'amène à jeûner une journée on peut observer un léger ictère (le jeûne majore l'anomalie). Les dosages de la bilirubine montrant une hyperbilirubinémie non conjugée, des transaminases normales, et un hémogramme sans anémie, permettent d'identifier la maladie de Gilbert et de ne pas s'égarer dans des hypothèses fumeuses.

La question 3 vous impose d'avoir des « modèles » clairs. On vous demande un exemple et il serait saugrenu votre part de donner celui d'une hépatite fruste (transaminases peu ou moyennement élevées) comme on en voit de temps en temps (cf. un autre dossier de cet ouvrage). La notation privilégie une réponse franche et assurée.

La question 4 illustre ce qu'aurait pu être une démarche excessive, certes induite par le contexte du voyage en Thaïlande et l'inquiétude de M. M. Normalement le bilan aurait dû s'en tenir à un bilan simple (NFS, transaminases, bilirubines) qui aurait permis de porter le bon diagnostic. Ici on vous a entraîné dans le tourbillon des sérologies : belle occasion de réviser l'interprétation de résultats qui ne sont pas banalement « négatifs ».

La question 5 rentabilise vos connaissances de base de biochimie et de génétique.

La question 6 enfonce le clou : le Gilbert, en pratique ce n'est « rien ».

Mais ça permet de faire un dossier susceptible de rapporter gros à l'ECN.

M. L. Franck, 46 ans, informaticien, est gêné parce que son « estomac gonfle ».

Depuis plusieurs mois, il présente après les repas une sensation de distension épigastrique, de lourdeurs, même lorsque ceux-ci sont banals.

Lorsqu'il fait un repas un peu plus important, ou boit un peu de vin il est mal à l'aise le lendemain avec volontiers des maux de tête.

Il dit avoir mauvaise haleine et la langue « chargée ».

Il présente de temps en temps des selles pâteuses.

Il manquerait d'entrain. Il aurait tendance à somnoler après les repas.

En cinq ans il a pris dix kilos.

En semaine il ne boit que de l'eau et occasionnellement, l'été, de la bière ; au cours des week-ends il prend volontiers un ou deux apéritifs.

Antécédents :

- Marié – Il a un fils de 12 ans.
- Une luxation de l'épaule à 22 ans.
- Il y a dix ans il a dû être opéré du ménisque du genou gauche.

Examen :

- M. R., est en bon état général : 1,75 m et 91 kg. L'examen clinique est normal.

Vous percevez, au moins intuitivement, que cette situation est banale et semble peu inquiétante.

Quelles données de l'interrogatoire vous donnent ce sentiment.

Question 2

Quelles données sont à retenir pour mener les réflexions diagnostique et thérapeutique ?

Question 3

Il est signalé que ce patient présente parfois des selles pâteuses. Doit-on évoquer une stéatorrhée ? Argumentez votre réponse.

Question 4

Vous avez fait un bilan biochimique simple : glycémie, cholestérol, triglycérides transaminases et, gamma-glutamyl transférase.

Différents résultats possibles de ce bilan vous sont présentés.

Première éventualité :

Glycémie	5,4 mmol/l (3,6-6,1)
Cholestérol	4,2 mmol/l (3-5,5)
Cholestérol HDL	1,5 mmol/l (0,9-1,7)
Triglycérides	14,3 mmol/l (0,4-1,8)
Bilirubine totale	12 µmol/l
Transaminases ASAT	32 UI/l (N < 35)
Transaminases ALAT	26 UI/l (N < 35)
γ-Glutamyl transférase	48 UI/l (N < 38)

Quel facteur de risque doit être retenu ?
Quel est le risque majeur ?

Question 5

Deuxième éventualité :

Glycémie	9,4 mmol/l (3,6-6,1)
Cholestérol	7,2 mmol/l (3-5,5)
Cholestérol HDL	3,3 mmol/l (0,9-1,7)
Triglycérides	8,3 mmol/l (0,4-1,8)
Bilirubine totale	14 µmol/l
Transaminases ASAT	92 UI/l (N < 35)
Transaminases ALAT	85 UI/l (N < 35)
γ-Glutamyl transférase	184 UI/l (N < 38)

Quelle lésion anatomo-pathologique du foie peut être évoquée devant ce bilan ?
Quel en est le risque majeur ?

Troisième éventualité: le bilan ne montre aucune anomalie biologique.

Quel(s) diagnostic(s) peut-on retenir chez ce patient?

Toujours dans la troisième éventualité (bilan biochimique normal).

Quelle parasitose digestive peut contribuer à un tel tableau clinique?

À quel niveau du tube digestif est ce parasite?

Comment diagnostiquer cette parasitose?

GRILLE DE CORRECTION

Question 1

10 points

Vous percevez, au moins intuitivement, que cette situation est banale et semble peu inquiétante.
Quelles données de l'interrogatoire vous donnent ce sentiment.

> ▪ **Les troubles sont mineurs (pas de vraie douleur,**
>   **pas de vomissement)**... 3 points
> ▪ **Ils remontent à plusieurs mois**.. 3 points
> ▪ **Et le patient a pris du poids**.. 4 points

Question 2

10 points

Quelles données sont à retenir pour mener les réflexions diagnostique et thérapeutique?

> ▪ **Sensation de distension gastrique, de lourdeur**................................... 1 point
> ▪ **Des maux de tête**... 1 point
>   • **nécessité d'en préciser les caractères par l'interrogatoire**.......... 1 point
>   • **s'agit-il de migraines?**.. 1 point
> ▪ **Selles pâteuses de temps en temps seulement**................................... 1 point
> ▪ **Prise de 10 kg en 5 ans**.. 1 point
> ▪ **Faible consommation d'alcool**... 1 point
> ▪ **91 kg pour 1,75 m**.. 1 point
>   • **soit un IMC à 29,7**.. 1 point
> ▪ **Le reste de l'examen clinique est normal**.. 1 point

Question 3

10 points

Il est signalé que ce patient présente parfois des selles pâteuses. Doit-on évoquer une stéatorrhée? Argumentez votre réponse.

> ▪ **Il n'y a pas à évoquer une stéatorrhée**.. 2 points
> ▪ **Aucun signe évocateur de malabsorption du grêle**.......................... 2 points
> ▪ **Aucun signe évocateur d'une pancréatite chronique**......................... 2 points
>   • **au stade de l'insuffisance pancréatique**.. 2 points
> ▪ **L'absence de consommation excessive d'alcool rend**
>   **peu plausible une pancréatite chronique chez M. L**........................ 2 points

Vous avez fait un bilan biochimique simple : glycémie, cholestérol, triglycérides transaminases et, gamma-glutamyl transférase.

Différents résultats possibles de ce bilan vous sont présentés.

Première éventualité

Quel facteur de risque doit être retenu ?

Quel est le risque majeur ?

▪ **Une hypertriglycéridémie**	**5 points**
▪ **Pancréatite aiguë**	**10 points**

Deuxième éventualité

Quelle lésion anatomo-pathologique du foie peut être évoquée devant ce bilan ?

Quel en est le risque majeur ?

▪ **Une stéato-hépatite non alcoolique**	**10 points**
▪ **Évolution vers une fibrose**	**10 points**

Troisième éventualité : le bilan ne montre aucune anomalie biologique.

Quel(s) diagnostic(s) peut-on retenir chez ce patient ?

▪ **Dyspepsie**	**5 points**
• **motrice**	**5 points**
▪ **Surcharge pondérale**	**5 points**
▪ **Possibilité de migraine**	**5 points**

Toujours dans la troisième éventualité (bilan biochimique normal).

Quelle parasitose digestive peut contribuer à un tel tableau clinique ?

À quel niveau du tube digestif est ce parasite ?

Comment diagnostiquer cette parasitose ?

▪ **Giardiase (ou lambliase)**	**6 points**
▪ **Intestin grêle**	**3 points**
▪ **Analyse de selles**	**3 points**
• **recherche des kystes**	**3 points**

COMMENTAIRES

Ce dossier peut surprendre. À partir d'un tableau d'une extrême banalité il conduit à sonder vos connaissances dans divers domaines du programme :

- item 83 : ... Anomalies biologiques hépatiques chez un sujet asymptomatique ;
- item 100 : parasitoses digestives : lambliase, etc. ;
- item 186 : asthénie et fatigabilité ;
- item 229 : colopathie fonctionnelle ;
- item 267 : obésité de l'enfant et de l'adulte ;
- item 268 : pancréatite aiguë (ici pour cibler sur une cause souvent oubliée) ;
- item 303 : diarrhée chronique ;
- item 313 : Hépatomégalie et masse abdominale (les stéatoses sont au chapitre des hépatomégalies).

Il aurait pu aussi conduire aisément aux items :

- n° 129 : facteurs de risque cardio-vasculaire et prévention (vous imaginez aisément qu'une question aurait pu exploiter ce filon) ;
- n° 136 : Insuffisance veineuse chronique. Varices. (il suffisait d'ajouter des varices à l'examen de M. L.) ;
- n° 179 : prescription d'un régime diététique (il aurait suffi d'ajouter une question sur les conseils précis à donner à M. L. en fonction des seules données de l'histoire) ;
- n° 233 : diabète sucré de type 1 et 2 ;
- et quelques autres au passage...

La présentation faite de M. L. conduit essentiellement à évoquer une dyspepsie motrice, affection qui ne fait pas explicitement partie du programme, mais apparaît au moins dans le diagnostic différentiel des gastrites et doit être mentionnée comme susceptible d'être associée à une colopathie fonctionnelle. La notation de ce dossier tient compte de cette ambiguïté : parler de dyspepsie donne 5 points, ajouter « motrice » 5 autres ; cela signifie qu'on peut avoir 90 points à ce dossier sans mentionner le mot dyspepsie.

Le dossier a été axé sur quelques troubles métaboliques qui peuvent se présenter sous ce masque.

Contrairement aux autres dossiers il ne vous a pas été demandé de faire des hypothèses sur les données initiales. La raison en est que le candidat mal préparé irait s'enferrer, contre toute logique, dans le piège des hypothèses de cancers (de l'estomac, du pancréas, du côlon), de malabsorption, d'insuffisance pancréatique. Si vous en êtes encore là, il vous reste beaucoup de travail.

Il a été choisi d'orienter votre réflexion par la présentation de trois résultats possibles d'un bilan biochimique de base. Vous pouvez vous-même imaginer d'autres variantes.

La lambliase peut parfois donner (ou contribuer) à un tableau de ce type. Il faut traiter la parasitose : si les troubles disparaissent on a tout gagné, s'ils persistent c'est probablement sur d'autres mesures (telles modifications du régime alimentaire et pratique du sport) qu'on peut espérer remettre en forme le patient.

En pratique une telle situation clinique ne doit pas conduire à demander systématiquement des examens complémentaires. Il est possible dans un premier temps de donner à M. L. les conseils nécessaires pour qu'il perde du poids, de lui prescrire un médicament susceptible d'influencer favorablement sa dyspepsie (trimébutine ou DÉBRIDAT®). Ensuite, si ses troubles persistent, dans un second temps, on peut effectuer le bilan biochimique.

Néanmoins, chez un homme de 46 ans pléthorique, il est logique de faire d'emblée un bilan dans une attitude de prévention des risques cardio-vasculaires.

Polynésie française : infirmerie de Tikehau.

Lundi matin. Le père de Teariki, 13 mois, vous amène son enfant à la consultation pour diarrhée.

Vous aviez vu cet enfant pour sa visite des 12 mois : il est à jour de ses vaccinations, il pesait 10 200 g et a une courbe de croissance staturo-pondérale harmonieuse. Il n'a pas d'antécédent notable.

Mode de vie : famille de huit personnes : les parents, cinq enfants (deux filles de 7 et 8 ans, deux garçons de 3 et 5 ans et Teariki) et la grand-mère paternelle. Ils habitent au secteur (sur un motu distant du village principal), dans une maison sommaire en tôles. La famille vit de l'exploitation du coprah sur une petite parcelle dont ils ne sont pas propriétaires (la moitié du revenu de la parcelle revient à son propriétaire). Il n'y a ni eau courante, ni électricité.

Les trois aînés sont scolarisés grâce à Maro, un voisin, qui les emmène en bateau avec ses propres enfants à l'école tous les jours. Le papa est aujourd'hui venu avec le bateau du voisin.

L'histoire clinique commence le samedi matin par une diarrhée liquide.

Cliniquement : Teariki est apathique, dans les bras de son père, et ne se préoccupe pas de l'entourage. Il est geignard. Il est pâle, a les yeux cernés, les muqueuses sèches. Son hygiène est insuffisante, notamment au niveau des phanères (cheveux et ongles longs et sales). Il pèse 9 380 g. Sa température axillaire corrigée est de 36,8 °C. Il a une fréquence cardiaque à 180/min (normale pour l'âge : 100-135/min), une saturation à 99 % en air ambiant. Son abdomen est souple. Il ne vomit pas. Le reste de l'examen est non contributif.

Question 1 Relevez les signes de déshydratation chez cet enfant. Parmi ces signes, lequel permet de préciser la gravité de la déshydratation?

Question 2 Quelle est la mesure thérapeutique immédiate à mettre en œuvre? Argumentez ce choix.

Question 3 Quels sont les éléments objectifs et subjectifs de votre surveillance?

Question 4 Après avoir été gardé en observation 4 heures, l'enfant va mieux et vous vous apprêtez à le laisser rentrer à domicile. Quelles recommandations faites-vous?

Question 5 En discutant avec le père, vous vous apercevez que, ces dernières semaines, tous les enfants de cette famille ainsi que la maman sont venus consulter pour une diarrhée.
Vous décidez de vous rendre au domicile pour évaluer les risques liés aux conditions d'hygiène. Vous dressez le croquis suivant de la situation du domicile (voir croquis page suivante)
Relevez les facteurs de risque oro-fécal?

Question 6 Quelles recommandations faciles à mettre en œuvre peut-on proposer avant même de quitter le site?

Question 7 À plus long terme les aménagements cohérents avec les possibilités des Tuamotu sont le recueil de l'eau de pluie dans une cuve et l'installation de fosse septique. Mais cette famille est pauvre: quelles ressources institutionnelles allez-vous mobiliser pour participer à ces aménagements?

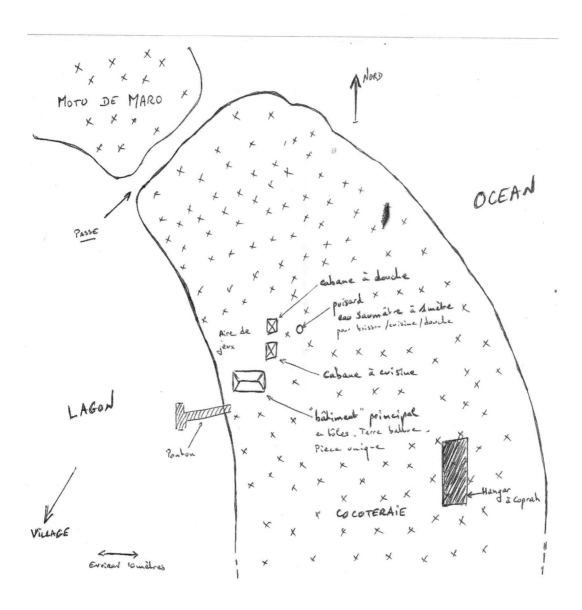

MOTU DE MARO

OCEAN

NORD

PASSE

cabane à douche

puisard
eau saumâtre à 1 mètre
pour boisson / cuisine / douche

Aire de
jeux

Cabane à cuisine

LAGON

"bâtiment" principal
en tôles _ Terre battue _
Pièce unique

Ponton

Hangar
à Coprah

VILLAGE

COCOTERAIE

Environ 10 mètres

GRILLE DE CORRECTION

Relevez les signes de déshydratation chez cet enfant. Parmi ces signes, lequel permet de préciser la gravité de la déshydratation ?

■ Apathie..3 points
■ Yeux cernés ....3 points
■ Muqueuses sèches..2 points
■ Tachycardie ....4 points
■ Perte de poids indicateur de gravité de déshydratation.................3 points
   • 820 g..2 points
   • soit 8 % du poids de référence...3 points

Quelle est la mesure thérapeutique immédiate à mettre en œuvre ? Argumentez ce choix.

■ Hydratation...2 points
   • orale ....4 points
   • par soluté de réhydratation orale...................................4 points
   • car bonne tolérance digestive/pas de vomissements ....4 points
   • un sachet dans 200 ml d'eau minérale ....3 points
■ Proposer des petits volumes toutes les 5 à 10 minutes ....3 points
→ *Comme une question identique du dossier cette question*
   est importante et repose sur le progrès thérapeutique
   qu'est la mise au point des solutions de réhydratation orale.
   Leur méconnaissance entraîne automatiquement une note
   de 0 à cette question, mais ne les citer n'apporte que le quart
   de la note. Si le candidat propose une réhydratation IV,
   ce n'est pas faux mais pas le plus approprié.
→ *Vérifier l'argumentation et la cohérence du soluté*
   de remplissage :
   – Hydratation IV par soluté de réhydratation orale = 0
   – Hydratation IV par sérum physiologique ou ringer Lactate = 5
   – Hydratation IV par autres solutés compatibles IV = 4

Quels sont les éléments objectifs et subjectifs de votre surveillance ?

■ Mal quantifiables :
   • éveil et/ou tonus..3 points
   • état des muqueuses et ou cernes orbitaires ....3 points
■ Mesurables :
   • fréquence cardiaque...3 points
   • poids...3 points
   • diurèse ....3 points
→ *Remarque : – 2 points par réponse inappropriée*

Après avoir été gardé en observation 4 heures, l'enfant va mieux et vous vous apprêtez à le laisser rentrer à domicile. Quelles recommandations faites-vous ?

▪ **Poursuite soluté de réhydratation orale**..	5 points
▪ **Régime alimentaire anti-diarrhéique**	5 points
▪ **Ongles courts**	5 points
▪ **Lavage (ou hygiène) des mains**..	5 points

En discutant avec le père, vous vous apercevez que, ces dernières semaines, tous les enfants de cette famille ainsi que la maman sont venus consulter pour une diarrhée.

Vous décidez de vous rendre au domicile pour évaluer les risques liés aux conditions d'hygiène. Vous dressez le croquis suivant de la situation du domicile (voir croquis)

Relevez les facteurs de risque oro-fécal ?

▪ **Absence de toilettes**..	5 points
▪ **Proximité immédiate puisard-douche-cuisine**	5 points

Quelles recommandations faciles à mettre en œuvre peut-on proposer avant même de quitter le site ?

▪ **Installer des latrines sèches à distance du puisard**..........................	3 points
▪ **Éloigner la cabane de douche du puisard**	3 points
▪ **Faire bouillir l'eau du puisard avant consommation**	4 points

À plus long terme les aménagements cohérents avec les possibilités des Tuamotu sont le recueil de l'eau de pluie dans une cuve et l'installation d'une fosse septique. Mais cette famille est pauvre : quelles ressources institutionnelles allez-vous mobiliser pour participer à ces aménagements ?

▪ **Services municipaux**...	2 points
▪ **Services sociaux**...	3 points

COMMENTAIRES

Ce dossier, rédigé par le Docteur SPAAK, médecin à Moorea, nous fait découvrir une vision âpre de la Polynésie Française.

C'est le contexte qui fait l'originalité de ce dossier qui doit être rapproché du dossier 14 dû au Pr Thierry LAMIREAU.

Vous avez donc l'illustration d'une prise en charge d'une diarrhée infectieuse pour laquelle il ne faut pas chercher loin pour en trouver l'origine.

Aux complexes enquêtes sanitaires que nous pouvons suivre dans les affaires de gastro-entérites graves en Europe (l'année 2011 a été particulièrement illustratrice) on peut opposer les mesures simples qui pourraient rendre paradisiaques les Îles de Polynésie.

Concours 2003 – Zone sud

Une femme, âgée de 38 ans, est adressée en consultation de gastro-entérologie pour une diarrhée chronique apparue deux ans auparavant. Le seul antécédent de cette patiente est une appendicectomie à l'âge de 12 ans. Il n'y a pas d'antécédent de maladie digestive dans sa famille. Elle ne prend aucun médicament.

À l'interrogatoire, elle mentionne l'émission de selles grasses, non impérieuses, deux à trois fois par 24 heures. Il n'y a pas d'émission de glaires ni de sang. Elle se plaint aussi d'une asthénie chronique. Elle pèse 52 kg pour 1,60 m. La température est normale. L'examen clinique est normal.

Des examens biologiques récents montrent une anémie microcytaire à 8 g/dl d'hémoglobine avec un volume globulaire moyen de 75 fl. Les leucocytes sont à 8,500/µl avec 62 % de polynucléaires neutrophiles et 15 % de lymphocytes. La natrémie et la kaliémie sont normales, l'urée et la créatininémie également. Il existe une hypocalcémie à 1,99 mmol/l. Les tests hépatiques et l'amylasémie sont normaux. Le taux de prothrombine est à 51 % et le facteur V à 95 %. La vitesse de sédimentation est normale. Le fer sérique et la ferritinémie sont bas.

Au terme de la consultation, le diagnostic évoqué est celui de maladie cœliaque.

Question 1   Indiquez les arguments cliniques et biologiques évocateurs du diagnostic dans ce cas.

Question 2   Quel test biochimique fécal demanderez-vous devant la présence de selles grasses chez cette patiente?

Question 3   Pour confirmer le diagnostic de maladie cœliaque, quels examens complémentaires proposez-vous et qu'en attendez-vous?

Question 4   Le taux de prothrombine est abaissé à 51 %. En l'absence de prise médicamenteuse et de maladie hépatique sous-jacente, comment interprétez-vous cette anomalie?

Question 5   Citez le test explorant l'absorption du grêle proximal dans cette maladie

Question 6   Après instauration du régime sans gluten, quels éléments évolutifs plaident en faveur du diagnostic de maladie cœliaque?

Comment aborder ce dossier?

Voici un dossier qui ne pose guère de problème, le diagnostic est donné et l'histoire est typique, sans aucun souci de transversalité.

Il suffit de lire soigneusement les questions et d'y répondre sans chercher où il pourrait y avoir un piège.

Question 1

30 points

Indiquez les arguments cliniques et biologiques évocateurs du diagnostic dans ce cas

■ **Des éléments sont en faveur d'une malabsorption :**
- **diarrhées chroniques avec selles peu nombreuses, émission de selles grasses**.. 2 points
- **asthénie et amaigrissement**.. 2 points
- **anémie microcytaire**.. 2 points
  - — **par malabsorption du fer**.. 3 points
- **hypocalcémie**... 2 points
  - — **par malabsorption du calcium et de la vitamine D**........ 3 points
- **hypoprothrombinémie avec facteur V normal**........................... 2 points
  - — **évoquant une carence en vitamine K** .... 3 points

■ **D'autres sont en faveur d'une maladie cœliaque à l'origine de la malabsorption :**
- **jeune âge** .... 2 points
- **absence de douleurs abdominales**... 2 points
- **pas d'émission de glaires ou de sang**..................................... 2 points
- **absence de syndrome inflammatoire (écarte une maladie de Crohn)**... 5 points

Question 2

8 points

Quel test biochimique fécal demanderez-vous devant la présence de selles grasses chez cette patiente ?

■ **Recherche d'une stéatorrhée sur la totalité des selles**...................... 2 points
- **recueillies trois jours de suite après surcharge en beurre (50 g/j)**.. 3 points
- **stéatorrhée si plus de 15 g de graisses éliminées en trois jours**.. 3 points

Question 3

25 points

Pour confirmer le diagnostic de maladie cœliaque, quels examens complémentaires proposez-vous et qu'en attendez-vous ?

■ **Recherche des anticorps anti-endomysium IgA**.............................. 10 points
■ **Ces anticorps peuvent être faussement négatifs en cas de déficit en IgA**.. 5 points
■ **Biopsie de la muqueuse duodénale à la recherche d'une atrophie villositaire totale** .... 10 points

Le taux de prothrombine est abaissé à 51 %. En l'absence de prise médicamenteuse et de maladie hépatique sous-jacente, comment interprétez-vous cette anomalie ?

▪ **L'atrophie villositaire entraîne une malabsorption de la vitamine K**	2 points
▪ **Qui est lipo-soluble**	3 points
▪ **Vitamine K nécessaire au foie pour fabriquer les facteurs VIII, X**	5 points

Citez le test explorant l'absorption du grêle proximal dans cette maladie.

▪ **Test d'absorption du D-xylose (sucre absorbé mais non métabolisé)**	5 points
▪ **Avec dosage dans le sang au bout de 1 h et 2 h, dans les urines de 24 h**	5 points

Après instauration du régime sans gluten, quels éléments évolutifs plaident en faveur du diagnostic de maladie cœliaque ?

▪ **Disparition de la stéatorrhée**	3 points
▪ **Reprise du poids**	2 points
▪ **Correction des anomalies biologiques (anémie, hypocalcémie)**	2 points
▪ **Diminution puis disparition des anticorps anti-endomysium, anti-gliadines, transglutaminases**	5 points
▪ **Repousse des villosités et diminution de l'infiltration du chorion**	5 points

COMMENTAIRES

À propos de l'énoncé

Ce dossier clinique sans problème diagnostique (dans l'énoncé les selles sont précisées « grasses », le diagnostic est donné au terme de la présentation, le principe du traitement est donné à la question 6) porte simplement sur quelques points de compréhension.

Il est précisé que l'*amylasémie est normale*. Cette information est superflue et suggère à tort que cet examen permet d'écarter une affection pancréatique.

En effet :

— les taux d'amylase sont élevés essentiellement dans les pancréatites aiguës : il est clair que dans cette histoire il n'y a aucune raison d'évoquer l'hypothèse de pancréatite aiguë ;

— dans l'absolu une pancréatite chronique ou un cancer du corps du pancréas peuvent entraîner une insuffisance pancréatique responsable d'une stéatorrhée, mais en dehors de toute douleur les taux d'amylase sont normaux. En outre l'idée que chez une femme de 38 ans une stéatorrhée soit la première manifestation d'une pancréatite chronique ou d'un cancer est une fiction.

À propos des réponses aux questions

Les réponses proposées sont dans l'esprit de la réforme : elles apportent des commentaires témoignant d'une bonne connaissance des conséquences de l'atrophie villositaire et des investigations en faisant la preuve et en en explorant les conséquences.

Une femme de 32 ans fait une chute en avant de bicyclette à 18 heures. Elle est amenée aux Urgences à 20h30. Interrogée à l'entrée, elle dit souffrir du membre supérieur gauche ainsi que de la région épigastrique. Il n'y a pas de signe de choc : pression artérielle 12-7 ; pouls 92/min ; température 37,6 °C.

Le poignet gauche est le siège d'une déformation typique d'une fracture de l'extrémité distale du radius. Il existe de nombreuses plaies superficielles des membres inférieurs.

L'examen de l'abdomen montre une ecchymose de 8 cm de diamètre environ dans la région épigastrique. La palpation de cette zone est très légèrement douloureuse, sans défense pariétale. Le toucher rectal est sans particularité. Une miction spontanée ne décèle pas d'hématurie.

La numération montre une hémoglobine à 14 g/dl, des leucocytes à 10 500/mm^3, dont 62 % de polynucléaires et des plaquettes à 170 000/mm^3.

On réalise un parage des plaies accompagné d'une sérothérapie anti-tétanique. Le membre supérieur droit est immobilisé temporairement et une échographie abdominale en urgence ne montre pas d'épanchement liquidien intra-abdominal, ni de lésion du foie ou de la rate. Les reins sont mal vus en raison de la présence assez importante de gaz digestifs.

La patiente est hospitalisée en vue du traitement de sa fracture du radius.

À 22 heures apparaissent des vomissements bilieux et des douleurs épigastriques croissantes. Un nouvel examen clinique montre une défense de la région sus-ombilicale.

La numération montre une hémoglobine à 12 g/dl et un chiffre de polynucléaires neutrophiles à 12 000/mm^3. La glycémie est à 8 mmol/L. L'amylasémie est élevée à 6 fois la normale. L'ionogramme sanguin et la fonction rénale sont normaux.

Une radiographie de l'abdomen sans préparation montre une anse grêle distendue dans la région sus-ombilicale. Il n'y a pas de pneumopéritoine.

Vous évoquez une contusion pancréatique.

Question 1   Quels sont les arguments à l'appui de cette hypothèse?

Question 2   Quels examens morphologiques proposez-vous pour confirmer cette hypothèse?

Question 3   Quel(s) traitement(s) mettez-vous en œuvre?

Question 4   Quelles sont les complications à craindre au cours des deux premières semaines?

Question 5   Quelle complication peut éventuellement survenir dans les semaines qui suivent le traumatisme?

Comment aborder ce dossier ?

Voici un dossier où le diagnostic est lourdement évoqué dès la fin de l'énoncé « *Vous évoquez une contusion pancréatique* » et aucune des cinq questions ne tend la perche pour la moindre discussion. Il s'agit donc d'une banale question de cours déguisée en *dossier clinique*.

GRILLE DE CORRECTION

Question 1

25 points

Quels sont les arguments à l'appui de cette hypothèse?

- Chute en avant et ecchymose épigastrique...3 points
- Apparition de vomissements...2 points
- Palpation abdominale d'abord douloureuse,
  puis 1 h 30 plus tard défense..5 points
- Sur l'abdomen sans préparation
  - pas de pneumo-péritoine, pas de niveau hydro-aérique..........3 points
  - anse sentinelle du fait d'un iléus réflexe.................................3 points
- Augmentation de l'amylasémie...3 points
- Pas d'anémie qui ferait évoquer un hématome....................................3 points
- À l'échographie absence d'hémopéritoine,
  pas de lésion splénique..3 points

Question 2

15 points

Quels examens morphologiques proposez-vous pour confirmer cette hypothèse?

- Un scanner abdominal
  - avec injection..2 points
  - (après avoir vérifié l'absence d'allergie)...2 points
  - qui peut montrer
    - un œdème du pancréas...2 points
    - une ou des coulées de nécrose...2 points
    - une fracture du pancréas..3 points
- Une radiographie thoracique ou un scanner thoracique
  - à la recherche d'un hémothorax, d'un pneumothorax..............4 points

Question 3

25 points

Quel(s) traitement(s) mettez-vous en œuvre?

- C'est une urgence médico-chirurgicale..2 points
- Mise en soins intensifs avec:
  - aspiration naso-gastrique...2 points
  - instauration d'une réhydratation: 2 à 3 l/24 h...............................2 points
    - sérum glucosé 5 % avec ClNa 4 g et ClK 2 g......................2 points
    - quantités à adapter en fonction de l'évolution....................2 points
  - antalgiques...3 points
  - pas d'antibiothérapie systématique...3 points
- Suivi:
  - clinique: conscience, respiration (fréquence), paramètres
    hémodynamiques (pouls, tension artérielle), diurèse...............3 points
  - biologique et biochimique: NF, CRP, glycémie, calcémie,
    créatinine...3 points
- Discuter du moment de la réduction de la fracture du poignet...3 points

Quelles sont les complications à craindre au cours des deux premières semaines ?

- **Extension de la pancréatite** .... 2 points
- **Complications viscérales :**
  - **insuffisance respiratoire** .... 2 points
  - **collapsus** .... 2 points
  - **insuffisance rénale** .... 2 points
  - **troubles de la conscience** .... 2 points
  - **au maximum syndrome inflammatoire systémique** .... 2 points
- **Constitution de collections susceptibles** .... 2 points
  - **de s'infecter** .... 2 points
  - **d'éroder un gros vaisseau et responsables d'hémorragies** .... 2 points
- **Phlébites et embolies pulmonaires** .... 3 points
- **Infections (urinaires, respiratoires)** .... 4 points

Quelle complication peut éventuellement survenir dans les semaines qui suivent le traumatisme ?

- **Survenue d'un pseudo-kyste du pancréas** .... 5 points
  - **par organisation de coulées de nécrose** .... 2 points
  - **ou collection alimentée par une lésion du pancréas ouvrant le wirsung** .... 3 points

COMMENTAIRES

Il s'agit d'un dossier dont l'énoncé est sans ambiguïté et les questions pertinentes quoique parfaitement ciblées.

La difficulté de rester cohérent dans la rédaction d'un dossier est illustrée par le fait que la patiente a une fracture du poignet gauche au début de l'énoncé... et qu'un peu plus loin c'est le membre supérieur droit qui est immobilisé.

Concours 2000 – Zone nord

Un homme de 55 ans est hospitalisé aux urgences pour une hématémèse survenue 4 heures avant son arrivée.

L'interrogatoire trouve une consommation excessive d'alcool depuis plus de 20 ans. Il n'a pas d'autres antécédents.

L'**examen clinique** met en évidence une pression artérielle à 90/50 mm Hg, la fréquence cardiaque est à 110/min. Le patient est pâle, couvert de sueur, il n'a pas d'ictère ; son abdomen est souple, indolore, il n'a pas d'ascite. Il existe une circulation veineuse collatérale, une hépatomégalie dure à bord inférieur tranchant. Le toucher rectal objective un melæna. La conscience est normale, il n'y a pas de flapping.

Question 1 Quelles mesures thérapeutiques d'urgence préconisez-vous ?

Question 2 Compte tenu du contexte, quelles sont les causes d'hémorragie les plus fréquentes à évoquer ?

Question 3 Après stabilisation de l'état hémodynamique, une fibroscopie œso-gastro-duodénale est réalisée. Elle objective une varice œsophagienne en cours de saignement. Que faut-il faire ?

Question 4 En dehors des mesures à visée hémostatique, quelles autres méthodes thérapeutiques doivent être dès maintenant envisagées ?

Question 5 Dans quelles circonstances peut-on être amené à discuter l'indication d'une dérivation porto-cave ?

Comment aborder ce dossier ?

Une histoire bien courte et des questions très précises. On est plus près d'une question de cours que d'un cas clinique nécessitant beaucoup de réflexion.

GRILLE DE CORRECTION

Question 1

25 points

Quelles mesures thérapeutiques d'urgence préconisez-vous ?

- **Le patient a une sévère anémie (pâle, en sueurs, tachycarde, hypotendu)** .... 2 points
  - **les données de l'examen imposent le diagnostic de cirrhose** .... 2 points
  - **ce qui conduit à évoquer une hypertension portale** .... 2 points
- **Il faut donc :**
  - **une hospitalisation en milieu spécialisé médico-chirurgical** ..... 1 point
  - **en unité de soins intensifs ou de réanimation** .... 1 point
  - **assurer deux voies veineuses de bon calibre** .... 1 point
  - **rétablir une masse circulatoire permettant de maintenir l'hémodynamique** .... 1 point
  - **essentiellement avec du sang** .... 2 points
  - **en attendant avec des macro-molécules** .... 2 points
- **Mettre en place un traitement par des substances vaso-actives** .... 1 point
  - **(terlipressine ou somatostatine)** .... 2 points
  - **qui diminuent la pression portale** .... 2 points
- **Oxygénothérapie par sonde nasale (3 l/min)** .... 1 point

Question 2

15 points

Compte tenu du contexte, quelles sont les causes d'hémorragie les plus fréquentes à évoquer ?

- **Varices œsophagiennes** .... 3 points
- **Et/ou cardio-tubérositaires** .... 2 points
- **Ulcère gastrique ou duodénal** .... 5 points
- **Gastropathie hypertensive (ectasies vasculaires)** .... 2 points
- **Éventuellement syndrome de Mallory Weiss** .... 3 points

Question 3

15 points

Après stabilisation de l'état hémodynamique, une fibroscopie œso-gastro-duodénale est réalisée. Elle objective une varice œsophagienne en cours de saignement. Que faut-il faire ?

- **Le constat d'un saignement actif** .... 5 points
- **Impose de faire une ligature élastique ou des injections sclérosantes** .... 5 points
- **En cas d'échec pose de sonde de Blakemore** .... 5 points

Question 4

25 points

En dehors des mesures à visée hémostatique, quelles autres méthodes thérapeutiques doivent être dès maintenant envisagées ?

- **Poursuite pendant 2 à 5 jours du traitement vaso-actif**.................. 5 points
- **Discuter du relais par bêtabloquants**
  - **en l'absence de contre-indication**.. 3 points
  - **pour la prévention au long cours des récidives hémorragiques**.. 2 points
- **Antibiothérapie systématique pour prévenir toute infection**........ 2 points
  - **l'hémorragie favorise la translocation bactérienne**................... 2 points
  - **Augmentin ou Noroxine**.. 1 point
  - **après s'être assuré de l'absence de réactions allergiques connues**.. 2 points
- **Prévenir l'encéphalopathie hépatique par administration orale de lactulose**... 2 points
- **Prévention du syndrome de sevrage alcoolique (vitaminothérapie B$_1$ B$_6$ en IV)**... 2 points
- **Sédation en cas d'agitation**.. 2 points
  - **sous strict contrôle de la ventilation et de l'hémodynamique**... 3 points

Question 5

25 points

Dans quelles circonstances peut-on être amené à discuter l'indication d'une dérivation porto-cave ?

- **L'objectif thérapeutique est de :**
  - **faire diminuer durablement l'hypertension portale**................. 2 points
  - **en établissant une communication entre les systèmes porte et cave**... 3 points
- **Actuellement pose d'un shunt intra-hépatique par voie transjugulaire (TIPS)**... 5 points
  - **en urgence ou à froid**
  - **en cas d'hémorragies itératives**... 3 points
  - **non ou mal contrôlées**... 2 points
    - **par les mesures médicales**.. 2 points
    - **les tentatives de sclérose ou de ligature de varices**.......... 2 points
- **L'anastomose porto-cave est discutée dans l'impossibilité de mettre un TIPS :**
  - **du fait d'une thrombose portale**.. 3 points
  - **d'impossibilité technique**... 3 points

COMMENTAIRES

Ce dossier clinique posé au concours de l'internat en 2000 garde toute son actualité.

Les réponses proposées ne sont jamais abruptes : elles sont accompagnées de justifications prises dans l'énoncé du cas clinique dans les connaissances théoriques.

La question 5 serait actuellement formulée ainsi « *Quelles sont les possibilités thérapeutiques en cas d'hémorragies par varices œsophagiennes non contrôlées par les moyens médicaux et endoscopiques* ».

La conférence de consensus sur le traitement de l'hypertension portale (décembre 2003) met l'accent sur la rareté de la situation (probablement moins de 10 % des hémorragies sont réfractaires au traitement) et la nécessité d'optimiser la prise en charge par les traitements médicaux (changement de susbstance vaso-pressive) et endoscopiques.

Ensuite, d'abord la possibilité de réaliser un shunt porto-cave, puis le choix entre pose d'un shunt porto-systémique intra-hépatique par voie transjugulaire (TIPS) et chirurgie dépendent des centres. Dans les centres les mieux équipés et organisés, où il y a possibilité de réaliser l'un ou l'autre de ces gestes en urgence, la préférence va au TIPS et l'anastomose porto-cave est devenue une intervention exceptionnelle.

Le risque de survenue d'une encéphalopathie hépatique du fait du shunt, qu'il soit réalisé par un TIPS ou une anastomose chirurgicale, intervient dans la discussion de l'indication, et la recherche d'une optimisation du traitement médical.

Cet ouvrage a été achevé d'imprimer en août 2012
sur les presses de Normandie Roto Impression s.a.s.
61250 Lonrai
N° d'imprimeur : 123120
Dépôt légal : août 2012

Imprimé en France